VERÖFFENTLICHUNGEN DER SOCIETAS URALO-ALTAICA

Herausgegeben von
Klaus Röhrborn und Ingrid Schellbach-Kopra

Band 53

2000
HARRASSOWITZ VERLAG · WIESBADEN
in Kommission

Anna Widmer

Die poetischen Formeln der nordostjakischen Heldendichtung

2000
HARRASSOWITZ VERLAG · WIESBADEN
in Kommission

Die Deutsche Bibliothek – CIP-Einheitsaufnahme

Ein Titeldatensatz für diese Publikation ist bei Der Deutschen Bibliothek erhältlich

Die Deutsche Bibliothek – CIP Cataloguing-in-Publication-Data

A catalogue record for this publications is available from Die Deutsche Bibliothek

e-mail: cip@dbf.ddb.de

Dissertation zur Erlangung des philosophischen Doktorgrades
an der Philosophischen Fakultät
der Georg-August-Universität zu Göttingen
vorgelegt am 14. Oktober 1999

Gedruckt auf alterungsbeständigem Papier.
Druck und Verarbeitung: Hubert & Co., Göttingen
Printed in Germany

ISSN 0408-8107
ISBN 3-447-04357-1

Inhaltsverzeichnis

Vorwort

Die Ostjaken (Chanten; Eigenbezeichnung VT-J *kăntəγ(-)*, Irt.-Š *χăntə*, Kaz.-O *χănti*) und die mit ihnen sprachlich, kulturell und anthropologisch eng verwandten Wogulen (Eigenbezeichnung So. *mańśi* usw.) werden zusammenfassend Obugrier genannt, eine Bezeichnung, die besagt, daß es sich um Ugrier handelt, die im Gebiet des Ob in Westsibirien siedeln. Den ugrischen Zweig der finnisch-ugrischen Sprachfamilie bilden die obugrischen Sprachen zusammen mit dem Ungarischen.

Die Wohngebiete der Ostjaken befinden sich überwiegend im Autonomen Kreis der Chanten und Mansen am Ob und an dessen Zuflüssen (s. die Karte von GRÜNTHAL / SALMINEN 1993). Dialektal werden grob drei Gruppen unterschieden: Von den Flüssen Vach und Vasjugan bis nach Surgut im westlichen Teil des Kreises Narym erstrecken sich die Siedlungsräume der Ostostjaken. Die Südostjaken bewohnten das Gebiet entlang des Ob von der Irtyschmündung und am Unterlauf des Irtysch bis südlich von Aleschkiny. Sie wurden Anfang dieses Jahrhunderts teils russifiziert, teils turkisiert. Am Unterlauf des Ob und dessen Nebenflüssen, zum Großteil im Autonomen Kreis der Jamal-Nenzen, siedeln die Nordostjaken.[1] Süd- und Nordostjakisch werden auch zusammenfassend Westostjakisch genannt. Zwischen diesen Dialektgruppen werden Übergangsdialekte von Ost nach Süd sowie von Süd nach Nord gesprochen.

Die traditionellen Wirtschaftsformen bis in unsere Tage hinein sind Fischfang und Jagd. Vor allem die Nord- und Surgutostjaken haben von den Juraken die Rentierhaltung übernommen.

Die Dichtersprache der Ostjaken, die große Ähnlichkeiten mit der der Wogulen aufweist, verfügt über eine beeindruckende poetische Kraft und Vielfalt. Eine treffende Würdigung dieser Volksdichtung stammt aus der Feder von Dávid FOKOS:

> „Die Erzeugnisse der Ob-ugrischen epischen Volksdichtung mit ihren uns ungewohnten Bildern und den auffallenden, schwer verständlichen Eigennamen werden einen – nicht dem Ob-ugrischen Kulturkreis angehörenden – Leser im ersten Augenblick gewiss fremdartig anmuten. Man nehme sich aber die Mühe, sich ein wenig in den Geist und den Stil dieser Volkspoesie

1 Zur aktuellen sprachlichen Situation der Ostjaken s. SALMINEN 1997: 98 f.

einzuleben, und man wird sich reich belohnt fühlen, man wird sich – um mit den Worten des Heldenliedes (...) zu sprechen – von der Fee des Gesanges »auf einen märchenhaften zauberigen Ort« entführt fühlen, man wird prächtige Dichtungen kennen gelernt haben, die mit Recht den schönsten epischen Volksdichtungen der Weltliteratur an die Seite gestellt werden können" (Reg.[3b]: 265).

In der vorliegenden Arbeit wird in einem bislang kaum rezipierten nordostjakischen Heldenlied der poetischste Teilbereich der epischen Volksdichtung der Ostjaken untersucht: die sogenannten poetischen Formeln. Sie werden hier ins Deutsche übersetzt, und nach semantischen, grammatikalischen und verstechnischen Kriterien in Form und Funktion erläutert.

Es ist mir eine angenehme Pflicht, mich an dieser Stelle bei denen zu bedanken, die zur Entstehung dieser Arbeit beigetragen haben: Herrn Prof. Dr. Dr. h.c. János GULYA für die Übernahme der Betreuung; Herrn Prof. Dr. István FUTAKY dafür, daß er sich bereit erklärt hat, das Amt des Zweitgutachters zu übernehmen; Herrn Dr. Gert SAUER für die Überlassung der handschriftlichen Formelsammlung aus dem Nachlaß von Wolfgang STEINITZ und dafür, daß er mir mit wertvollen Ratschlägen Einblick gewährt hat in sein umfassendes ostjakologisches Wissen; Frau Dr. Rosemarie RADOMSKI v. a. für die frühzeitige Zusendung ihres Manuskripts „Anfang und Ende in ostjakischen Märchen"; Frau Prof. Dr. Raija und Herrn Dr. Hans-Hermann BARTENS für Literaturhinweise und ein immer offenes Ohr. Frau Prof. Dr. Ingrid SCHELLBACH-KOPRA bin ich für die bereitwillige Aufnahme der Arbeit in die Reihe *Veröffentlichungen der Societas Uralo-Altaica* sehr verbunden. Schließlich gilt mein innigster Dank meinem Mann Paul WIDMER, der mich in jeder Hinsicht unterstützt und durch fruchtbare Diskussion das Gedeihen dieser Arbeit gefördert hat.

Abkürzungen und Symbole

AADJ	attribuiertes Adjektiv
ABESS	Abessiv
ABSTR	Abstraktum
ADJ	Adjektiv
ÄQU	Äquativ
DEWOS	s. Bibliographie
DU	Dual
EWAia	s. Bibliographie
Fn.	Fußnote
G1–4	Glied 1–4 (s. Kapitel I 2.4.2)
GER	Gerundium
gr.	griechisch
i. d. R.	in der Regel
i. e.	it est
i. ü.	im übrigen
i. w.	im wesentlichen
Kap.	Kapitel
KL	s. Bibliographie
KT	s. Bibliographie
KV	s. Bibliographie
LOK	Lokativ
MHV	s. Bibliographie
MK	s. Bibliographie
(Mu.)	Schreibweise von MUNKÁCSI
OA	s. Bibliographie
ORD	Ordinale
ostj.	ostjakisch
(Paas.)	Schreibweise von PAASONEN
Páp.(1-3)	s. Bibliographie
(Páp.)	Schreibweise von PÁPAY
PápB	s. Bibliographie
PápE	s. Bibliographie
PápV	s. Bibliographie
(Patk.)	Schreibweise von PATKANOV
PL	Plural
PPS	Partizip Präsens
PPT	Partizip Präteritum
PTZ	Partizip
PV	s. Bibliographie
PX1–3SG	Possessivsuffix der 1–3. Person Singular
PX1–3SG/DU/PL	Possessivsuffix der 1–3. Person Singular mit dual. / plural. Objekt
Reg.	s. Bibliographie
(Reg.)	Schreibweise von REGULY
RV	Rigveda
s.	siehe
S.	Seite
SG	Singular
(St.)	Schreibweise von STEINITZ
u. v. m.	und vieles mehr
v. a.	vor allem
V.	Vers
ved.	vedisch
VNGy.	s. Bibliographie
vs.	versus
wog.	wogulisch
WV	s. Bibliographie
Z.	Zeile

Ziffern nach „Paas.“ verweisen auf die betreffenden Einträge in PAASONENS Wörterbuch. Ziffern nach „DEWOS“ verweisen auf die Spaltennummer.

Zu den in Kapitel III vor Nummern verwendeten Symbolen „=“ und „~“ s. dort Fn. 8, zu „*“ ebd. Fn. 17. Der Pfeil ↗ verweist auf poetische Formeln, die in Kap. IV behandelt worden sind.

In eckigen Klammern angeführte Übersetzungen nach ungarischsprachigen Texten stammen von mir.

Sonstige Sprach- und Dialektbezeichnungen sowie Abkürzungen von Zeitschriften und Reihen entsprechen den in der Finnougristik üblichen.

I Einleitung

1 Zur mündlichen Dichtung

Die Form und die Funktion der poetischen Formeln des Ostjakischen sind bisher nie zusammenhängend behandelt worden.

Da die individuelle Performanz der Sänger und die Umstände der Darbietung bzw. der Aufzeichnung nur begrenzt Verallgemeinerungen über die Verwendungsweise und den Bau von poetischen Formeln zuläßt, wird hier als erster Schritt zu einer ostjakischen oder ggf. obugrischen Verslehre exemplarisch ein Lied eines Sängers untersucht, damit innerhalb eines abgrenzbaren Systems argumentiert werden kann. Es gilt auch hier das Diktum von KAYSER:

> „Eine Dichtung lebt und entsteht nicht als Abglanz von irgend etwas anderem, sondern als in sich geschlossenes sprachliches Gefüge. Das dringendste Anliegen der Forschung sollte demnach sein, die schaffenden sprachlichen Kräfte zu bestimmen, ihr Zusammenwirken zu verstehen und die Ganzheit des einzelnen Werkes durchsichtig zu machen“ (KAYSER 1976: 5).

Daraus ergibt sich vorab die Notwendigkeit der Katalogisierung und der philologischen Erschließung der poetischen Formeln des ausgewählten Liedes. Als Referenzpunkte werden auch poetische Formeln aus anderen Texten und Dialekten sowie aus dem nahverwandten Wogulischen herangezogen.

Auf der formalen Seite wird die metrische Struktur und Gliederung der poetischen Formeln erschlossen. An diese rein formale Seite schließen sich formelinterne syntaktische Phänomene an, nämlich Wortfolge, die Rolle von Syntagmen und generell der Gebrauch und die syntaktischen Relationen von Wortarten, sowie die Verhältnisse der poetischen Formeln untereinander.

Auf der pragmatisch-stilistischen Seite stellt sich die Frage, wie grundlegende Sachverhalte mit poetischen Formeln ausgedrückt werden, wie einzelne Positionen in der poetischen Formel und einzelne poetische Formeln selbst semantisch besetzt sind. Weiter wird die Interaktion der wesentlichen Stilmerkmale der obugrischen Liedersprache – Variation, Wiederholung und Parallelismus – mit dem vorgegebenen Rahmen der poetischen Formel aufgezeigt.

Die gesamte ältere versgebundene Dichtung der Ostjaken mit den Genres Bären-, Helden- und Schicksalslieder beruht auf mündlichem Vortrag und mündlicher Tradition und ist ihrem Stil nach formelhaft. Unter diesem Aspekt gehört sie in den Bereich der Oral-poetry-Forschung, die ihren Ausgangspunkt in der Gräzistik hat, sich aber bald als probater Forschungsrahmen für jegliche in mündlicher Tradition stehende Dichtung aus alter, mittelalterlicher und neuer Zeit erwies.

Der Meilenstein war das Erscheinen von Milman PARRYS Pariser Thèse *L'épithète traditionnelle dans Homère: Essai sur un problème de style homérique* (PARRY 1928 = MHV 1–190)[1], die z. T. unter der Obhut des damals führenden Linguisten Antoine MEILLET entstanden war. Was als Beitrag zur Homerischen Frage (s. HEUBECK 1974) seinen Ausgang genommen hatte, zeitigte weit über seinen ursprünglichen Fokusbereich hinaus Wirkung und wurde zum inspirierenden Instrument im Umgang mit Textgestalt, Textentstehung und Urheberschaft.

In der Debatte um die Herausbildung der Homerischen Epen setzte M. PARRY den festgefahrenen Positionen der Analytiker und Unitarier eine Position entgegen, die deren Vorstellung eines einmaligen Zusammenstellens bzw. Dichtens zu einem bestimmten Zeitpunkt auflöste und vielmehr die Tradition der Dichter bzw. HOMERS zum zentralen Ausgangspunkt machte. Wohl sind nach M. PARRY an der Ausformung der Ilias und der Odyssee mehrere Dichter beteiligt gewesen, diese bilden aber historisch vorgelagert die lange Tradition, aus der HOMER als genialer Dichter geschöpft hat, um schließlich seine Version zu verewigen.

In der Ausformulierung seines Ansatzes konnte M. PARRY innerhalb der Altphilologie auf die Ergebnisse älterer Forscher zurückgreifen, u. a. auf WOLF (zur Oralität)[2], DÜNTZER (Formelgebrauch, dichterische Lizenz im Formelgebrauch) und auf fast zeitgleich wirkender Forscher wie WITTE und MEISTER (1921), die beide implizit bereits mit der Oral-poetry-Theorie gearbeitet haben, sowie auf MEILLET (1923), dessen Diktum „L'épopée homérique est toute faite de formules que se transmettaient les poètes" einer Vorwegnahme der Erkenntnisse M. PARRYS gleichkommt und in seiner Bedeutung nicht hoch genug eingeschätzt werden kann. Es

1 Seine Vorstellung von HOMER hatte M. PARRY bereits in seiner *Master of Art thesis* 1923 dargelegt (s. MHV: xxi), diese Arbeit wurde aber erst in MHV: 421–436 breiteren Kreisen zugänglich.

2 WOLFs Postulat der Mündlichkeit HOMERs behält seinen Wert, auch wenn das zentrale Argument, daß HOMER die Schrift noch gar nicht gekannt haben konnte, wohl nicht stichhaltig ist, da die Spätdatierung HOMERs in das 7. oder gar 6. Jh. durchaus möglich scheint, so jedenfalls prominente Gräzisten wie WEST, BURKERT und PETERS (s. PETERS 1998: 598 mit Lit.).

verdient hervorgehoben zu werden, daß M. PARRY auch insofern in der Tradition dieser Philologen stand, als er nicht von einer neuartigen Idee ausgehend die Daten zu interpretieren suchte, sondern erst nach minutiösen Untersuchungen v. a. der Epitheta zur Ausformulierung seiner Ergebnisse fand. So steht M. PARRY am Ende einer längeren Forschungsentwicklung, in der sich HOMERS Dichtkunst und Sprache erst auf dem Hintergrund ihrer traditionellen Verwurzelung adäquat erschließt.

Das zentrale sprachliche Element der Oral poetry ist nach M. PARRY die Verwendung von Formeln, mittels derer grundlegende Sachverhalte (diesen entsprechen in PARRY 1928: 16 die „idée essentielle", in MHV: 13 die „essential idea") vermittelt und der Vers – gelenkt vom immer neu im Vortrag schaffenden, traditionsverhafteten Dichter mit seinem Genie[3] – in sicheren Bahnen fortschreiten konnte. Die Homerische Diktion fußt auf dem bewußten Einsatz von in langer Tradition herausgebildeten Stilelementen.

Ein wichtiger Anstoß zu M. PARRYS Verständnis der Homerischen Epen kam von außerhalb seines Faches, aus Publikationen über neuzeitliche mündlich tradierte und formulierte Dichtung. Diese initiierten auch seine Zuwendung zur lebendigen neuzeitlichen Dichtung speziell des südslavischen Raumes. Wichtig waren dabei die Werke von Matija MURKO über die südslavische Dichtung. MURKO hatte schon früh (MURKO 1909) darauf aufmerksam gemacht, daß die mündliche Tradition der südslavischen Epik interessante Anhaltspunkte für das Verständnis epischer Dichtung überhaupt und speziell der Homerischen Werke liefern kann. Weiter waren für M. PARRY vom vergleichenden Standpunkt aus von Wichtigkeit HANOTEAU 1867 (Berbersprachen), RAMBAUD 1876 (Russisch), RADLOV 1885, der die Diktion der kirgisischen Dichtung analysierte, die Technik der Dichter beschrieb und auch bereits den Bogen zu HOMER schlug, COMPARETTIS Untersuchungen über den Bau des Kalevala und die Art des Vortrags der Runen (COMPARETTI 1891) und Kaarle KROHNS Kalevalastudien (KROHN 1924–28), sowie BASSET 1920 (Berbersprachen).[4]

3 „The oral poet expresses only ideas for which he has a fixed means of expression. He is by no means the servant of his diction: he can put his phrases together in an endless number of ways" (MHV: 270).

4 Zur Entstehung und Rezeption der Oral-poetry-Theorie berichten im Detail das eindrückliche Vorwort in MHV (von Milman PARRYS Sohn Adam PARRY), A. PARRY 1971, FOLEY 1988; vgl. weiter für HOMER MORRIS/POWELL 1997 mit relevanten Beiträgen von FOLEY 146 ff., RUSSO 238 ff., EDWARDS 261 ff. jeweils mit Lit. Bibliographisch aufgearbeitet ist die Oral poetry in FOLEY 1985, weitere Literatur und Artikel zu einzelnen Themen erscheinen in der Zeitschrift *Oral Tradition* (1986–).

Zwecks Überprüfung seiner am Material einer ausgestorbenen Sprache gewonnenen Erkenntnisse wandte sich M. PARRY unter der Mitarbeit seines Schülers A. LORD, der mit seinem epochalen *The Singer of Tales* (LORD 1960) später die Forschung wesentlich beeinflussen sollte, der Erforschung der noch lebendigen dichterischen Tradition der südslavischen *guslari* zu und fand seine Resultate dort bestätigt. Auch hatte er damit die Verbreitung der Oral-poetry-Theorie in eine Vielzahl von Dichtungstraditionen in aller Welt hinein initiiert, so auch die Anwendung auf die finnisch-ugrischen Sprachen, s. BARTENS 1986a und die Sammlung in HONKO et alii 1993 mit Lit. S. 769–785, sowie HONKO ibid. S. 43–57.

Das reduktionistische Gerüst des Ansatzes von M. PARRY und seiner Anhänger mit dem Hauptaugenmerk auf der formalen Seite[5] erwies sich in der Folge bei seiner Anwendung auf andere Dichtungen der Welt als zu starr. Speziell Ruth FINNEGAN, die grundsätzliche Beiträge besonders zum afrikanischen Raum (FINNEGAN 1970) beigesteuert hatte, hat auf diesen Sachverhalt hingewiesen (FINNEGAN 1977) und zu Recht die ästhetische, soziologische und pragmatische Seite der mündlichen Dichtung hervorgehoben. FINNEGAN stellt für viele Faktoren der mündlichen Dichtung ein breites Spektrum fest: Dieses reicht z. B. im Fall der Dichter- bzw. Sängerkompetenz je nach Tradition, Genre und sonstigen Umständen vom reinen Hersagen eines auswendig gelernten Textes über vorheriges Einstudieren bis hin zum improvisierenden Vortrag (FINNEGAN 1977: 52 ff.). In der Kontroverse Mündlichkeit vs. Schriftlichkeit eröffnet sich ein Spektrum von reiner Mündlichkeit über schriftliche Gedächtnisstützen bis hin zur Reoralisierung schriftlicher Werke.[6] FINNEGANS Herangehensweise birgt allerdings die Gefahr in sich, ohne tieferes Eindringen in die einzelnen Texte rein deskriptiv zu verbleiben. So verläuft sich ihr Bestreben zu zeigen, daß mündliche Dichtung mit keinem methodologischen Gerüst erfaßt werden kann und eine inhärente Diversität aufweist, allein durch die Bandbreite der erfaßten Quellen letztendlich im Trivialen, da HOMER am einen Ende und moderne U-Musiker am anderen Ende ihrer Skala sich eben schwerlich jemals in ein Schema werden pressen lassen. Was bleibt, ist der Ausdruck des Bestrebens, mit dem weiteren Blickwinkel, aber ohne übergestülptes methodisches Korsett, Sängern und Dichtern, ihren Werken und Ausdrucksmitteln in ihrem sozialen

5 „There is nothing in the poem that is not formulaic“ (LORD 1960: 47).

6 FINNEGAN 1977: 134 ff. – S. 165 f. erwähnt sie das Beispiel eines in die orale Tradition überführten Gedichts von PETŐFI (nach ORTUTAY 1959: 211 f.). Ähnlich hatten die russischen Sänger von Klageliedern in Ermangelung mündlicher Vorlagen nach dem Zweiten Weltkrieg auf die Aufzeichnungen von Irina FEDOSOVA (1831–1899) zurückgegriffen (HONKO in HONKO et alii 1993: 59).

Umfeld kasuistisch gerecht zu werden: ein pluralistisches Modell der mündlichen Dichtung, in dem Formeln nicht nur formalen Zwängen wie Metrum, Vortragsweise usw. untergeordnet sind, sondern selbst wesentliche Funktionen verschiedener Art erfüllen. Wichtige pluralistische Ansätze waren bereits im exzellenten Werk *Heldendichtung* von BOWRA (BOWRA 1964) vorweggenommen worden.

Um in der Beschreibung einer mündlichen Dichtung wie der obugrischen ein unvoreingenommenes Bild zu erhalten, muß von den dieser Dichtung inhärenten Parametern ausgegangen werden: Jede mündliche Dichtung verfügt über eine eigene Geschichte und Tradition mit speziellen Eigenheiten. Darunter fallen darbietungstechnische, inhaltliche, prosodische, metrische und sprachliche Vorgaben, die innerhalb einer Tradition genrespezifisch variieren und interagieren können. Zusätzlich sollte, wenn irgend möglich, für jeden Text der externe Kontext der Aufzeichnung bzw. Darbietung festgehalten und dessen mögliche Auswirkungen auf die Textgestalt festgestellt werden. Es ist für eine konkrete Tradition mutatis mutandis dies, was FOLEY 1988: 109 f. für den komparativen Part der Oral-poetry-Forschung in drei Prinzipien (tradition-dependence, genre-dependence, text-dependence) postuliert hat.

Daß in dieser Untersuchung zur ostjakischen Formelsprache vorrangig formalsprachliche und sachinhaltliche Aspekte behandelt werden, ist dadurch bedingt, daß aufgrund der von Umgangssprache und prosaischer Diktion abweichenden Sprachgestalt und der speziellen Thematik vielfach der einzelne Text und seine inhaltliche, formale, kompositorische Ausgestaltung zuerst erschlossen werden muß.[7] Es ist ein hinlänglich bekanntes Phänomen, daß in Dichtungen am Schnittpunkt zwischen individueller dichterischer Kompetenz und vorgelagerter Tradition Teile der synchronen und diachronen Grammatik und Stilistik sowie sachkundliche Aspekte verfälscht, verzerrt und neu interpretiert werden[8] bzw. auch Archaismen bewahrt werden. Diese diversen Probleme textkritischer, grammatikalischer und sachkundlicher Art müssen zuerst angegangen werden.

---

7 „And it also demandes, of course, that all comparanda, even those briefly summoned, be consulted in their original languages and with philological precision, a practice unfortunately not uniformly observed in the past" (FOLEY 1988: 110).

8 Diesem Phänomen bei HOMER hat LEUMANN ein ganzes Buch gewidmet (LEUMANN 1950). Verzerrungen bei der Weitergabe von traditioneller Dichtung zeigt aufs schönste KROHN über estnische Lieder, die in finnischem Kontext auf der Insel Lavansaari in der Nähe der westingermanländischen Küste aufgezeichnet wurden: „Der estnischen aufforderung zum tanze, bis eine mark aus dem boden, ein ferding zwischen den zehen, aus der drehung des schuhabsatzes hervorspringt (*marko maasta, veerik varvaste vahelta, kinga kanna kierämistä*), entspricht in dem finnischen abklatsch: *marka* (statt *markka*) *maasta, verikorvat ei vaella* 'die blutigen ohren wandern nicht', *kimmi kammi kieremästä* (unverständlich)" (KROHN 1924: 76 f.).

2 Die ostjakische mündliche Dichtung

2.1 Gattungen der traditionellen Dichtung

Nach ihrer Thematik werden im Ostjakischen drei Hauptgattungen gesungener Dichtung unterschieden:

1) Die Bärenlieder, die bei den sog. Bärenfesten nach Erlegung eines Bären zu dessen Ehre verfaßt und gesungen werden.[9]

2) Die Heldenlieder, welche die Heldentaten der Ahnen in vergangenen Zeiten besingen[10]; marginal zu den Heldenliedern gehören auch die sog. Heldenmärchen ohne Charakteristika der Liedersprache[11], die aufgrund des Niederganges der ostjakischen Erzähltradition und Liedersprache in Prosa abgefaßte Heldenlieder sind bzw. auf solche zurückgehen.[12] R. JAKOBSON legt diesen Prozeß im Zusammenhang mit russischer Heldendichtung dar:

> „Where the tradition of the Russian heroic epos is still alive, this difference in types of folklore is clearly felt, and a true rhapsode of *byliny*, if he also tells tales, has recourse to quite other subjects and artistic devices; but where the heroic tradition ceases, many of the usual formulas and sometimes even entire plots are taken over from the epic song by the fairy tale" (JAKOBSON 1966: 95).[13]

Ähnliche Verhältnisse mit Mischformen von Heldenepik und Heldenmärchen hat auch HEISSIG in der Heldenepik der Mongolen konstatiert:

> „Alle hier aufgezeichneten stilistischen Parallelen zum Sprachgebrauch der mongolischen Heldenepen unterstützen die schon mehrfach geäußerte Auffassung, daß das Prosa-Heldenmärchen aus dem Vorbild der Heldenepik über die

---

9 Die Literatur zu den Bärenfesten und den Bärenliedern der Ostjaken und Wogulen ist reichhaltig. Hier mögen nur einige grundlegende Werke angeführt werden: KANNISTO 1958: 333–383, ČERNECOV 1974, BARTENS 1986a und b, HONKO et alii 1993, letztere mit Lit.

10 S. PATKANOV 1975. Literatur zu diesem Genre s. BARTENS 1986b, SAARINEN 1992: 61 ff. und HONKO et alii 1993 jeweils mit Lit.

11 S. auch VÉRTES 1979: 158 zur Koexistenz von Prosaform und Epik in den ostjakischen Aufzeichnungen von KARJALAINEN und PAASONEN.

12 Die Nichtbeachtung dieser Tatsache hat dazu geführt, daß selbst KANNISTO glaubte, „dass der unterschied zwischen dem wogulischen lied und der sage [i. e. Prosa] formell oft sehr gering ist" (KANNISTO 1908: 170).

13 So sind die Ausführungen von HONKO (HONKO et alii 1993: 626) nur synchron stimmig.

prosimetrische Mischform von Prosa und alliterierenden Versen entstanden ist" (HEISSIG 1991: 112).[14]

Wie im Heldenlied werden auch im Bärenlied als Gottheiten verehrte Ahnen besungen (die Ostjaken und Wogulen sehen im Bären einen Verwandten).[15] Die Thematik der beiden Genres überschneidet sich in vielen Punkten: das Heranwachsen der Helden bzw. Bären, ihr Drang in die Ferne, ihre Jagdzüge, die gefährlichen Folgen ihres Wagemutes; auch wird in derselben Weise wie i. d. R. am Ende eines Heldenliedes vom Helden auch vom Bären berichtet, daß er sich in einen Schutzgeist verwandelt (s. KL 1958b: 182; in Form einer Bitte) u. v. m., und es sind denn auch diese immer wiederkehrenden Sachverhalte, die mit denselben Bildern und Formeln in den beiden Arten Dichtung geschildert werden.

3) Die sog. Schicksalslieder (individuelle Lieder), die Einzelschicksale namentlich bekannter Personen der Gegenwart thematisieren, was an sich ein Charakteristikum von dramatischer Dichtung ist und sich schon aus diesem Grund von den Bären- und Heldenliedern unterscheidet.[16]

2.2 Darbietungsanlässe epischer Dichtung

Auch bezüglich der Darbietungspraxis und des Inventars an Formeln gehören von diesen drei Arten epischer Dichtung die Heldenlieder und die Bärenlieder näher zusammen. Heldenlieder wurden und werden i. a. zur Zerstreuung und zu Unterhaltungszwecken anläßlich von Jagd- und Fischzügen, Kalender- und Bärenfesten sowie rituellen Zusammenkünften und Opferzeremonien dargebracht.[17] Dabei steht der Unterhaltung auch ein wesentliches rituelles Moment zur Seite, da mit dem Vortrag von Heldenliedern und der darin verankerten rituellen Verehrung der Helden, die sich am Ende der Geschichte meist als eine lokale Gottheit niederlassen und als solche dann auch Verehrung genießen, stets auch das Ziel verfolgt wird, sich deren Segen für anstehende Unternehmungen einzuholen (s. HONKO in HONKO et alii 1993: 626 f. mit Lit.).

---

14 Daneben bleibt für andere Traditionen sicherlich generell die Möglichkeit bestehen, daß auch primäre Heldenmärchen in epische Form gegossen werden konnten.

15 KL 1958a: 348 f., 350 ff., ITKONEN 1976: 42 f. mit Literatur.

16 Zur Gattung s. KANNISTO 1930, TIMONEN in HONKO et alii 1993: 339 f. mit Lit.

17 Die Lieder dienten zwar der Unterhaltung, waren aber keineswegs zur profanen Vergnügung gedacht, was man auch daran ersieht, daß Frauen dem Vortrag (von Bärenliedern und anderen Bestandteilen der Bärenzeremonie teilweise, von Heldenliedern gänzlich) fernbleiben mußten.

2.3 Die poetische Formel

Ein wesentliches Merkmal der Heldenepik besteht darin – und dies gilt generell für alle Heldenepik –, daß die bestimmende Kompositionseinheit durch die Verszeile konstituiert wird. Die Verszeile wiederum besteht aus Einzelteilen, die zusammen eine sich ständig wiederholende metrische Einheit bilden.[18] Die konstituierenden Einheiten der Verszeile in der ostjakischen Heldendichtung sind Kola, i. e. aus einem oder auch mehreren Wörtern bestehende Teile, die im Vortrag durch leichte Einschnitte oder Pausen als Einheiten kenntlich gemacht werden. Mit der Einteilung in Kola geht die den Vortrag tragende Melodie einher.

Auf der technisch-pragmatischen Seite erweisen die Formeln dem Vortragenden unentbehrliche Dienste. Einerseits wäre improvisiertes Vortragen ohne diese sich mit größeren oder kleineren Variationen wiederholenden Elemente kaum realisierbar: Sie lassen den Sänger kurz verweilen und neue Kräfte sammeln, und helfen ihm dabei, die Erzählung in Gang zu halten[19], was auch für den Ruf und die Ehre eines Sängers entscheidend sein kann. Vortragstechnisch hilfreich sind z. B. Formeln, die dem Sänger ermöglichen, am Anfang in eine Erzählung einzusteigen, Pausen in der Geschichte zu überbrücken und einen Abschluß zu finden. Durch die Formeln, die immer in ähnlichem Kontext auftreten, kann der Sänger mit wenigen Worten beim Zuhörer die als dazugehörig empfundenen Bilder evozieren und gegebenenfalls mit Variationen auf spezielle Sachverhalte eingehen.

Fast genauso wichtig wie für den Sänger sind die Formeln für das Publikum. Die Formeln sind

> „... einer langen Tradition entnommen und daher bekannt, und gerade diese Familiarität gibt dem Publikum das Gefühl, zu Hause zu sein und sich in einer Phantasiewelt zu bewegen, die es kennt" (BOWRA 1964: 253).

Daher kommt es,

> „... daß die Formeln um ihrer selbst willen geliebt und wie alte gute Bekannte begrüßt wurden, während ihre Auslassung das Publikum beunruhigt und unbefriedigt gelassen haben würde, als wäre es um die ihm zustehende Portion Poesie betrogen worden" (BOWRA 1964: 253).

---

18 S. BOWRA 1964: 38 mit Lit. Für die komparativ seltene Heldendichtung in Strophenform s. BOWRA 1964: 39 ff., der dieses Phänomen mit dem Zerfall der Dichtung in Verbindung bringt.

19 RADLOV (1885: XIII) reportiert den Fall eines Sängers, der aus einem Stoff, der ihm nicht lag, mit Hilfe seines Formelrepertoires dennoch eine passable Geschichte improvisieren konnte.

Die Formeln vermitteln den Eindruck der speziellen ästhetischen Stilebene, wie dies R. BARTENS anhand der speziellen Folkloresprache, v. a. der poetischen Bilder ostjakischer und wogulischer Bärenlieder, treffend beschreibt:

> „Der Wortschatz, die Benutzung des Wortes, macht jedoch die obugrische Folklore zur Kunst, auch wenn sie von der Musik getrennt ist" (BARTENS 1986a: 31).
> „Für den Sänger wie auch für den Zuhörer ist das Bild ein Signal dafür, daß man sich auf einer bestimmten stilistischen Ebene bewegt; durch das Bild wird der Ausdruck zur Dichtung" (BARTENS 1986a: 46).

Zudem verbinden die Formeln Sänger und Zuhörerschaft und sind technische Hilfsmittel.[20]

Das Zusammenwirken dieser Elemente im vorgegebenen metrischen Rahmen läßt den Vortrag – je nach Inspiration des Sängers – zu richtiger Dichtung gedeihen.

Schon zur Zeit der ersten Aufzeichnung von ostjakischer Heldenepik im 19. Jahrhundert hatte die ostjakische Heldendichtung ihren Zenit überschritten. Die fehlende Kompetenz der Sänger wurde schon von REGULY beklagt, und fünfzig Jahre nach REGULY mußte PÁPAY feststellen, daß den Ostjaken ihre eigenen Heldenlieder nicht mehr zugänglich waren (s. auch CSEPREGI 1997: 54):

> „Az énekeket nem tanulják s nem is szívesen hallgatják, mert annak nyelvét nem értik"
> [Man lernt die Lieder nicht und hört sie auch ungern, denn ihre Sprache ist unverständlich] (Páp.[3]: XXXIX).

Gleichzeitig mit dem Überhandnehmen der russischen Sprache im alltäglichen Gebrauch ist ein gewisser Verfall bezüglich der Variabilität in der Dichtersprache eingetreten, auf die in anderem Zusammenhang auch schon B. SCHULZE hingewiesen hat (s. SCHULZE 1988: 7 f., gegen STEINITZ OA II: 30 Fn. 1, mit irrtümlich angenommener Entwicklungsrichtung). Neben dem Verlust von Lexemen, der v. a. im Gebrauch des Parallelismus durch den Verlust synonymer Ausdrücke bemerkbar wurde, hat die Frequenz der poetischen Formeln in der Volksdichtung abgenommen. Gerade dieses Kriterium charakterisiert den allmählichen Niedergang der ostjakischen Dichtkunst: Die Epitheta, deren spezifische Reihung die poetische Formel ausmacht, ist auf der informativen Ebene der Sprache weitgehend überflüssig (vgl. in allgemeinem Zusammenhang TODOROV 1967: 2017).

---

20 Vgl. ZUMTHOR „à la fois signe et symbole, paradigme et syntagme, la formule neutralise l'opposition entre la continuité de la langue et la discontinuité des discours" zit. nach FOLEY 1988: 80.

2.3.1 Forschungsstand

2.3.1.1 Formel vs. Phraseologismus

Die poetischen Formeln werden ganz bewußt in bestimmten, abgrenzbaren Kontexten eingesetzt. Sie sind das Mittel, mit dem inhaltliche Begriffe ihre Ausformulierung finden. Insofern stehen sie den Phraseologismen nahe, die als

> „Verbindung von zwei oder mehr Wörtern dann, wenn (1) die Wörter eine durch die syntaktischen und semantischen Regularitäten der Verknüpfung nicht voll erklärbare Einheit bilden, und wenn (2) die Wortverbindung in der Sprachgemeinschaft, ähnlich wie ein Lexem, gebräuchlich ist" (BURGER/BUHOFER/SIALM 1982: 1)

definiert werden können. Sowohl für die poetischen Formeln als auch für die Phraseologismen ist eine besondere Dichte des Ausdruckes bezeichnend.

2.3.1.2 Der Formelbegriff bei B. MUNKÁCSI: Attribute in schmückender und rhythmischer Funktion

In den Kommentarteilen seiner reichhaltigen *Vogul Népköltési Gyűjtemény* (VNGy. I–IV passim) erfaßt und diskutiert Bernát MUNKÁCSI eine Vielzahl von poetischen Formeln des Wogulischen und zieht dabei auch ostjakische Entsprechungen heran. Diese Kommentare sind nicht systematisch, sondern richten sich v. a. nach inhaltlichen Kriterien und werden eingebettet in eine sehr bilderreiche und liebevolle Darstellung über das Leben der Helden und die Mythologie der Wogulen. Im allgemeinen Teil behandelt MUNKÁCSI die poetischen Formeln – ohne sie freilich so zu bezeichnen – unter dem Aspekt der Attribute, die als Spezifika der Nominalverse wesentlich zu den poetischen Formeln gehören:

> „A vogul költői nyelvnek egy [...] különös sajátságát alkotják a diszítő jelzők (epitheton ornans) minők főkép a műgonddal előadott énekek majdnem minden gondolatszakában találhatók. [...] E fontosságuknál fogva a jelzőkkel a népköltés minden egyes tárgyköre keretében külön s tüzetesebben kell foglalkoznunk; miért is e helyt csak azt említjük föl, hogy ritkán állanak egy szóból [...], hanem rendesen több, még pedig gyakran egymásra vonatkozó szóból, a midőn a jelzőt az előbbi »egyszerű« fajtával szemben »csoportosított«-nak nevezhetjük."
>
> [Eine [...] besondere Eigenheit der wogulischen Dichtersprache stellen die schmückenden Attribute (Epitheta ornantia) dar, welche in fast allen Gedankenabschnitten vor allem der kunstvoll vorgetragenen Lieder aufzufinden sind. [...] Aufgrund dieser ihrer Wichtigkeit werden wir uns mit den Attributen im Rahmen eines jeden Themas der Volksdichtung einzeln und eingehend befassen; weswegen wir an dieser Stelle nur erwähnen, daß sie selten nur aus einem Worte bestehen [...], sondern im allgemeinen aus mehreren, und zwar sich auf einander

beziehenden Wörtern. In diesem Fall können wir diese Attribute im Gegensatz zu der vorerwähnten, »einfachen« Art als »gruppiert« bezeichnen] (VNGy. I: XLV).

In diesem Zusammenhang unterstreicht MUNKÁCSI auch die metrische Funktion der Attribute:

„Már fentebb volt alkalmunk látni, hogy a jelző gyakran egyszersmind ismétlő alakzatnak eleme. Az ily esetekben feladata legtöbbnyire nem a diszítés, hanem az éneksor szabályos terjedelmének kiegészítése, vagyis a rithmus elősegitése."
[Wir hatten schon weiter oben die Gelegenheit zu sehen, daß die Attribute zugleich Elemente der Wiederholung sind. In solchen Fällen ist ihre Funktion zumeist nicht die Ausschmükkung, sondern die Ergänzung des Verses auf den regelrechten Umfang, d. h. die Vervollständigung des Rhythmus] (VNGy. I: 045).

2.3.1.3 Der Formelbegriff bei W. STEINITZ: Formeln in liedersprachlichen und prosasprachlichen Texten

STEINITZ (OA II: 46–50) beschrieb als erster die verszeilenbildenden formelhaften und wiederholt eingesetzten Elemente der versgebundenen Dichtung der Obugrier in einem eigenständigen Aufsatz und verwendete für sie den Ausdruck „poetische Formeln". Er unterscheidet dabei

1) „formal in ihrem Bau festgelegte Formeln", worunter er Formeln versteht, die eine etymologische Figur enthalten;
2) „formal freie Formeln", die
   a) „einen attributiven Ausdruck mit mehreren Epitheta ornantia enthalten" bzw.
   b) „einen ganzen Satz enthalten" (OA II: 46).

Unter seinen Beispielen 1.–5. führt STEINITZ Belege für die Klasse 2a) an, die in seiner Umschreibung „formal freie poetische Formeln bestehend aus einem attributiven Ausdruck mit mehreren Epitheta ornantia" sind; im Unterschied zu prosasprachlichen Formeln nehmen diese „in Liedern mit vierfüssigen Versen einen ganzen Vers (Nominalvers)" ein (OA II: 48).

Die Märchenschlußformeln behandelt STEINITZ getrennt unter 6. und kennzeichnet diese Gruppe auch durch gesperrten Druck des Begriffes als eigene Kategorie (OA II: 48). Ebenfalls zum Formelrepertoire der Märchen gehört das unter 7. angeführte „ganze formelhaft dargestellte Motiv" (OA II: 49).

STEINITZ diskutiert Formeln, die „sowohl in Märchen wie in Liedern" vorkommen (OA II: 48). Dabei führt er als Beispiel das prosasprachliche *tŭ̮n't tur nēkmaŋ miγeŋ posət* ‘von Gänsegeschrei erfüllter gewundener Flussarm’ an und setzt es in Bezug mit den liedersprachlichen a) *tū̯ntijen turə nēkmaŋ posət* ‘von Gänsegeschrei erfüllter Flussarm’ und b) *tū̯ntijen turə miγeŋ posət* ‘gänseschreiiger gewundener Flussarm’. STEINITZ nimmt an, in der Liedersprache sei aus rhythmischen Gründen eines der Attribute weggelassen worden.

Auf die Variabilität der Formeln weist STEINITZ an anderer Stelle hin:

> „Die Hinzufügung der Füllelemente kann aber auch [...] aus Gründen der rhythmischen Abwechslung und wegen der Melodie erfolgen [...]; dies ist der Fall in folgenden Entsprechungen der Prosa- und der gesungenen Sprache, in denen die Formel der Prosasprache unverändert als metrisch vollständiger normaler Vers auftreten könnte:
>
> *tiləś χ̬a̭nšep jēməŋ χ̬ɔ̄t.* *tilśijen χ̬a̭špə jēməŋ χ̬ɔ̄t*[21].
> *śɔ̄rńə toŋʻχ̬pə toŋχ̬əŋ pa̭san.* *śɔ̄rńijen toŋʻχ̬pə toŋχ̬əŋ pa̭san*[22]“ (OA II: 6).

2.3.1.4 Der Formelbegriff bei R. RADOMSKI: Variabilität und individuelle Verwendung der Formeln

Ein wesentlicher Faktor, der die Variabilität einer poetischen Formel beeinflußt, ist das individuelle Repertoire und die Schaffenskraft des jeweiligen Sängers. Die Persönlichkeit des Sängers beeinflußt sowohl Verwendung (Kontext, Frequenz) als auch Ausformung der Formeln. In dieser Hinsicht stellt RADOMSKI 1980 einen bedeutenden Schritt in der obugrischen Formelforschung dar. Hier werden nach thematischen Gesichtspunkten ausgesuchte „Formeln und Wendungen“ (RADOMSKI 1980: 177 f.; 181) in ihrem vom Sänger abhängigen Gebrauch untersucht. RADOMSKI legt überzeugend die Wichtigkeit der individuellen Vorlieben und Begabungen des jeweiligen Sängers im Formelgebrauch dar:

> „Vergleiche zwischen den Texten verschiedener Sänger zeigen jedoch, daß es weitere, offenbar systematische Variationen gibt: Manche festen Formeln und Wendungen unterscheiden sich je nach Sänger in der lexikalischen Substanz, in der Funktion und in der Frequenz, manche kommen überhaupt nur bei einem Sänger vor. Daraus läßt sich schließen, daß die Sänger die Möglichkeit hatten, die formal normierten Textteile innerhalb bestimmter Grenzen zu variieren und daß ferner der Einsatz von Formeln nicht allein vom Inhalt der Lieder bzw. der Überlieferung vorgegeben war, sondern auch im Ermessen der Sänger lag“ (RADOMSKI 1980: 177).

---

21 ‘mondbuntes heiliges Haus’ [...].
22 ‘goldhufiger Tisch’ [...].

Dabei arbeitet sie ohne eine genaue Definition der poetischen Formel, umschreibt sie jedoch, indem sie bemerkt, daß „lexikalische Veränderungen bei Attributen und attribuierten Substantiven von Nominalphrasen“ untersucht werden.

Die Verwendung der Formeln beschränkt sich nicht darauf, daß floskelhaft gleichlautende Variationen von einem Sänger wiederholt gebraucht werden. R. RADOMSKI betont, daß der Formelgebrauch zum einen von der Überlieferung und dem Liedinhalt bestimmt wird, zum anderen aber – einem in seiner Bedeutung bisher unterschätzten Element – von der Persönlichkeit des Sängers.

Im erwähnten Aufsatz von R. RADOMSKI werden auch längere Passagen behandelt. Dazu wird bemerkt: „Die Komplexität einzelner Beschreibungen ist subjektiv variabel“ (RADOMSKI 1980: 187). Als Beispiel für diese Komplexität wird folgende Beschreibung genannt:

> „Die Sonne … fällt auch *tŏm ńa̭dî u̯ɒrŋă-ńɒl ńōzəŋ keu̯ sås̊ᵊlnå̭ kårdəŋ nårì pălåtånå, tŏm àm'səm ăl'åŋ keû̯ i̯ēməŋ sås̊ᵊlnå lērəŋ i̯ōγə̂l pălåtnå* ‘auf den Rücken des dort erscheinenden krähenschnabligen glänzenden Ural bis zur Höhe eines eisernen Säbels, auf den heiligen Rücken des dort liegenden bunten Ural bis zur Höhe eines wurzligen Baumes’“ (RADOMSKI 1980: 183).

Hier liegt eine syntaktische Konstruktion vor, die sich über mehrere Verse hinweg erstreckt.

2.3.1.5 Der Formelbegriff bei R. BARTENS: Bilder und Metaphern

Die poetischen Formeln stellen zwar in BARTENS 1986a nicht den eigentlichen Untersuchungsgegenstand dar, es werden aber dazu wichtige Aussagen gemacht.[23] R. BARTENS nimmt explizit Bezug auf STEINITZ’ Aufsatz in OA II: 46 ff., spricht dabei von den Bildern, die im Gegensatz zu den etymologischen Figuren „formal freier“ (S. 31) sind. Dies beinhaltet gegenüber STEINITZ, der diese Formeln als „formal frei“ charakterisiert (OA II: 46), die Erkenntnis, daß die Freiheit der Form nicht uneingeschränkt gilt.

In Hinsicht auf die in den ostjakischen und wogulischen Bärenliedern verwendeten Metaphern untersucht R. BARTENS im ersten Teil ihres Aufsatzes den Typ poetischer Bilder, der genau einen Nominalvers umfaßt. Es sind dies ihre Beispiele 1–19, die formal folgendermaßen beschrieben werden: „In den Metaphern der Bärenlieder ist zunächst das typische, aus zwei Nominalgliedern bestehende Bild

23 Nur eine Untermenge der poetischen Formeln bilden ihr Untersuchungsobjekt, nämlich diejenigen, die eine Metapher enthalten bzw. ausmachen.

vertreten“ (BARTENS 1986a: 35). Diese Nominalglieder verteilen sich auf jeweils einen Halbvers, wobei zu jedem Nominalglied noch ein Attribut zu stehen kommt: „Die Metapher hat die Form der Attributkonstruktion: das den Vehikel-Teil vertretende Nominalglied steht als Attribut vor dem Nominalglied, das den Tenor-Teil vertritt“ (a. a. O. 35 f.), und weiter: „die Vehikel-Komponente ist stets zweigliedrig, wie auch die Tenor-Komponente “ (a. a. O. 39 f.).

Wichtig ist für unsere Belange auch die Feststellung, daß als Attribut des im zweiten Halbvers stehenden Tenor-Gliedes[24] ein für das Bild wenig bedeutsames („naheliegendes“) Lexem zu stehen kommt: „Als Attribut für das Tenor-Glied, wie es der Rhythmus offenbar verlangt, verwendet der Sänger ein naheliegendes Adjektiv – schließlich ist seine Leistung, das Bild, bereits fertig“ (BARTENS 1986a: 40).

2.3.1.6 Der Formelbegriff bei É. SCHMIDT: Metrik der Nominalverse

Der nähere Zusammenhang zwischen poetischen Formeln und Nominalvers im Kontext der Metrik wurde von É. SCHMIDT 1990: 188 deutlich gemacht:

> „...a verselés (...) alapja a főnévi utótagú, összetett jelzős szerkezettel ellátott sorok formula jellege (...). A metrika azt határozza meg, hogy legalább egy sort kell kitölteniük.“
>
> [Die Grundlage der Dichtkunst ist der Formelcharakter der Verse mit zusammengesetzten attributiven Konstruktionen, die ein substantivisches Hinterglied aufweisen. Die Metrik bestimmt, daß sie mindestens einen Vers ausmachen müssen.]

Diese Beschreibung hat sich auch für das vorliegende Heldenlied als zutreffend erwiesen. Die Wichtigkeit der in SCHMIDT 1990 dargelegten Prinzipien zeigen sich weiter in morphosyntaktischen und semantischen Belangen.

2.3.2 Formelhafte Elemente mit syntaktischer und metrischer Struktur

Die oben genannten Forscher haben mit großer Umsicht Teilaspekte der poetischen Formeln in der ostjakischen Epik beschrieben. Erst durch die Zusammenfügung und Verknüpfung dieser Teilaspekte, die teilweise noch revidiert, ergänzt oder neu formuliert werden müssen, gelangt man zu einem Gesamtbild, das der ostjakischen Dichtkunst gerecht werden kann.

24 Falls die Tenor-Komponente überhaupt genannt wird, s. BARTENS 1986a: 40: „Die Metapher (...) bleibt mitunter sogar ohne Tenor-Komponente, wie ein Bild in der modernen Lyrik“.

V. a. aus der älteren Volksdichtung geht deutlich hervor, daß die formelhaften Elemente der epischen Sprache die Lieder nicht nur ausschmücken, sondern daß sie die verskonstituierenden Elemente sind.

Von der Klasse des Phraseologismus, die vom Standpunkt der Kodifizierung aus vergleichbar ist, lassen sich die poetischen Formeln wie folgt abgrenzen:

Bei den poetischen Formeln handelt es sich um einen Code, der im Unterschied zum Phraseologismus durch eine festgelegte syntaktische Struktur und eine festgelegte Abfolge der Epitheta als formale Klasse etabliert ist. Sie sind feste Bestandteile der Liedersprache.

Zum Beispiel liegt ein (wohl gemeinugrischer) Phraseologismus für 'von Grund auf, gänzlich' mit dem Ausdruck '(wie) von der Mutter geboren' vor in ung. *anyaszült meztelen* 'ganz nackt; nackt, wie von der Mutter geboren' (wörtl. 'muttergeboren-nackt') und den ostjakischen Belegen (Paas. 1652) *àŋki̯̬·t tậî̯ə·m səmə·ŋ pāγərti̯̬·w̭з χòî̯à·î̯* 'gerade ins [wörtl. ins mutter-geborene] Herz (eig. in den Herzbalken) [wurde er getroffen]', (Paas. 3001) *àŋki̯̬·t tậî̯ə·m ńô̯χ*$^{3·}$ 'Fleisch (wie von der) Mutter geboren', (Patkanov 1900: 62) *anka tājem rōχ vės kėŋnem māgatta en medem* '(unschuldig) wie von der Mutter geboren, gestatte ich dir nicht, meinen jungfräulichen Gürtel zu lösen' (Steinitz MS erklärt es als: 'ich lasse dich nicht das Band meines [unversehrten, wie von der] Mutter-geborenen *roχ*(?)[25]-Loches lösen'). Dieser Phraseologismus tritt auch als Teil einer poetischen Formel auf in (Patkanov 1900: 54) *aŋa tājem t́ōràs tēn* 'tausend Knochen wie wenn von der Mutter geboren'.

Sowohl die Phraseologismen als auch die poetischen Formeln weisen eine besondere Vorliebe für bestimmte Motive auf, und häufig ist allein der Umfang einer Textstelle und ihre Verbreitung auch in anderen Sprachgebieten das einzige Kriterium, um die sprachgebundenen und formal stärker festgelegten Klassen Phraseologismus und poetische Formel von der sprachübergreifenden, ausschließlich inhaltlich festgelegten Klasse Motiv zu unterscheiden (vgl. OA II: 49 f.).

Als nächstes erhebt sich die Frage, ob liedersprachliche Formeln von märchensprachlichen zu trennen sind, und wenn ja, anhand welcher Kriterien.

Die von Steinitz diskutierten Formelvarianten, die „sowohl in Märchen wie in Liedern" (s. hier 2.3.1.1) vorkommen, nämlich das prosasprachliche *tŭn't tur nēkmaŋ miγeŋ posət* 'von Gänsegeschrei erfüllter gewundener Flussarm' vs. die liedersprachlichen a) *tŭntijen turə nēkmaŋ posət* 'von Gänsegeschrei erfüllter Fluss-

25 Fehlt in Paas. Entspricht wohl *rōḱ* 'Kragen'.

arm' und b) *tŭ̮ntijen turə miγeŋ posət* 'gänseschreiiger gewundener Flussarm' (OA II: 48), lassen sich auch anders als in der von STEINITZ vorgeschlagenen Weise – nämlich Weglassung eines der Attribute in der Liedersprache – interpretieren: Die Formel könnte auch sekundär in die Märchensprache eingedrungen sein. Dabei lassen sich für das Attributpaar 'erfüllt' ~ 'gewunden' zwei Ausgangspunkte ausfindig machen:

a) Sie entstammen zwei Parallelversen.[26] In dieser Weise interpretiert STEINITZ selbst in anderem Zusammenhang die Varianten (diktiert) *tāpət wēśpə, χŭ̮t wēśpə χŭ̮nəŋ tŭ̮rəm* vs. (gesungen) *tāpət wēśpə χŭ̮nəŋ tŭ̮rəm, χŭ̮t wēśpə χŭ̮nəŋ tŭ̮rəm* 'siebter Himmel mit Firstbalken und Rauchloch, sechster Himmel mit Firstbalken und Rauchloch' (OA II: 13).

   Es zeigt sich durchgehend, innerhalb einzelner Lieder ebenso wie im externen Vergleich mit anderen Liedern desselben Sängers, ja sogar dialekt- und sprachübergreifend im obugrischen Sprachgebiet (vgl. OA II: 46, Fn. 1), daß Formeln auch in demselben Kontext immer wieder verwendet werden, mit mehr oder minder großen Abweichungen.

b) Die Formel ist in derjenigen Ausprägung, wie sie in der Märchensprache verwendet wird, auch im ursprünglichen Genre, dem nach STEINITZ „vierfüßigen Vers" der Liedersprache, metrisch korrekt: *tŭ̮n't tur | nēkmaŋ | miγeŋ | posət;* die beiden anderen in Liedern belegten Ausformungen sind gleichwertige Varianten derselben Formel (vergleichbar mit den hier S. 24 aus OA II: 6 zitierten Formeln).

So bleiben diejenigen Formeln der Märchensprache, die

1) aus der Liedersprache in identischer oder ähnlicher Form bekannt sind,

2) aus einem mehrfach attribuierten Substantiv bestehen und

3) metrisch einem nach STEINITZ vier- bzw. sechsfüßigen Vers entsprechen,

zunächst einmal verdächtig, aus der Liedersprache in die Prosa verschleppte poetische Formeln zu sein.

Die in den Märchen üblichen Anfangs- und Schlußformeln (s. RADOMSKI 1997 /1998) und andere, nicht metrisch gebundene Formeln wie 'sie aßen und tranken, legten sich schlafen' sind offensichtlich von Haus aus prosasprachliche Formeln, die hier keiner weiteren Erläuterung bedürfen.

---

26 Entsprechend (prosasprachlich) *āj ēw āj poχ nŭ̮pət* 'die Lebenszeit der kleinen Mädchen, der kleinen Knaben' vs. (liedersprachlich) *ājen ēwə χuw nŭ̮pət, āj poχə χuw jḁm nŭ̮pət* 'die lange Lebenszeit der kleinen Mädchen, die lange gute Lebenszeit der kleinen Knaben' (OA II: 5).

Auf der anderen Seite stellt sich die Frage nach der „formalen Freiheit“ (OA II: 46) der poetischen Formeln, die in der Liedersprache vorkommen. Es zeigt sich, daß dieser Begriff nur bedingt für die liedersprachlichen poetischen Formeln anwendbar ist: Die Form ist zwar nicht in der Art wie in der etymologischen Figur (OA II: 41–46) lexikalisch festgelegt, doch folgt ihr Bau speziellen festgelegten Regeln. Diese sollen im Kapitel III eingehender betrachtet werden.

Entscheidend für die Einordnung der Formeln durch STEINITZ ist

1) die Frequenz und Verbreitung innerhalb des Sprachgebietes
2) die Beschaffenheit der Attribute.

Ad 1): Der klassische Formelbegriff, nach dem Formeln immer wieder in unveränderter Form wiederkehren – der auch STEINITZ’ Konzeption zugrunde lag, obwohl auch er zumindest interdialektal und -sprachlich eine Variabilität, die aus dem „selbstverständlichen lautlichen und lexikalischen Wechsel zwischen den Dialekten und Sprachen“ resultiert, einräumte (OA II: 46 Fn.1) – ist für die obugrische Dichtung nicht brauchbar, da eine große Variabilität – sowohl innerhalb eines Textes als auch in der gesamten Folklore der Obugrier – allein schon durch das Stilmittel des Parallelismus gegeben ist. Es muß bedacht werden, daß durch den Parallelismus – den wichtigsten Träger der Variation in der obugrischen Folklore – in seiner ursprünglichen Form bis auf ein Glied alle Bestandteile der Formel austauschbar sind (s. SCHULZE 1988: 7–9); dies verleiht den Formeln im obugrischen Märchen- und Liedgut eine „Elastizität“, die nicht unterschätzt werden darf.

Erscheint z. B. der von STEINITZ als poetische Formel bezeichnete Nominalvers *χō̆r pō̆ŋχəl ṷ̄n lājəm* ‘Elchkeulen-große Axt’ (OA II: 47) im Parallelvers in der Form ‘Rentiervorderlauf-große Axt’ und hat offensichtlich denselben Gebrauch, dieselbe Bedeutung und dieselbe syntaktische Struktur, so wäre die Behauptung, es handele sich beim zweiten Vers – allein aufgrund seiner niedrigeren Frequenz – um keine poetische Formel, nicht haltbar.

Ad 2): Die Attribute, die dem Kernnomen zugeordnet werden, kann man i. w. drei Klassen zuordnen:

a) rein metrisch bedingte Attribute, z. B. ‘guter Held’ (als potentielle Bestandteile aller Formeln);
b) feste Attribute, also Epitheta ornantia i. e. S. Es handelt sich dabei um habituelle Epitheta des Kernnomens[27], wie ‘bezopft’, ‘pfeilhändig’ od. ‘mit zarter Hand’ in der Beschreibung der Heldin oder des Helden. Diese erscheinen in den auch

27 S. auch SCHULZE 1988: 74–82.

von STEINITZ als solche bezeichneten poetischen Formeln, den „etablierten Formeln“, die also typische Merkmale des Kernnomens enthalten und die auch in anderen epischen Liedern in ähnlicher oder identischer Form vorliegen. Sie sind häufig als allgemeine ostjakisch-wogulische Topoi identifizierbar.

c) situativ bedingte Attribute, z. B. ‘gesuchter Held’. Diese erklären sich nur aus dem Kontext, und die anhand solcher Attribute gebildeten Formeln sind demzufolge in Verbreitung und Häufigkeit nicht repräsentativ für die ostjakische und wogulische Folklore, sondern nur kraft ihrer festgelegten, morphosyntaktischen und metrischen Form als poetische Formeln definierbar. Sie gehören – soweit ersichtlich – in ihrer speziellen Prägung nicht zum gemeinsamen Formelfundus der Sänger, entsprechen aber der Form nach gemeinsamen Bildungsmustern. Man könnte sie als „okkasionelle Formeln“ bezeichnen. Als Beispiel mögen folgende Formeln dienen:

kăsti-ki jim ortȧn ‘gesuchter guter Held’ (1181): Es existiert kein allgemein verbreitetes Motiv, das vorgibt, daß ein Held jederzeit gesucht wird; er wird nur in diesem speziellen Kontext so bezeichnet. Hier beschreibt diese poetische Formel den jungen Helden, als er sich seinem Großvater zu erkennen gibt: Er fragt verwundert, warum er den Helden, den er sucht, nicht erkennt.

jiməs χălti ȧr ortȧn ‘gut sterbende viele Helden’ (1097), *ȧtmȧś χălti χujȧn* ‘schlecht sterbende Männer’ (1099): Die Helden der Südstadt werden als ‘sterbende’ bezeichnet, weil sie in diesem speziellen Kontext der Kampfeswut des jungen Helden zu Opfer fallen.

Gerade die mit den Attributen aus Klasse c) gebildeten poetischen Formeln weisen je nach inhaltlichen Gegebenheiten eine große Variationsbreite auf. Der syntaktisch und metrisch einheitliche Bau und die fließenden Übergänge zu den „etablierten Formeln“ weisen aber auch diese Klasse den poetischen Formeln zu. Die Tatsache, daß die Übergänge zwischen etablierten und okkasionellen Formeln fließend sind, ist der oben schon angesprochenen Motiv- bzw. Kontextgebundenheit der Formeln zu verdanken. Es handelt sich also bei den Klassen „okkasionelle“ vs. „etablierte Formeln“ um kernprägnante und nicht um randscharfe Begriffe.

Dabei tut sich zwischen den beiden Formelgruppen eine lange Spannbreite auf mit nicht ganz so häufig auftretenden Attributen. Dies ergibt sich logisch aus der Tatsache, daß die etablierten Formeln wie jede andere Formel parallelistisch abgewandelt werden können. Zwischen einer etablierten und einer okkasionellen Formel mit demselben Kernsubstantiv läßt sich dadurch anhand der entsprechenden Zwischenschritte ein nahtloser Übergang zeigen. Die beiden Gruppen sind also als

Extrempunkte eines Kontinuums zu verstehen, und es besteht kein Zweifel, daß diese Extrempunkte des Kontinuums und alle dazwischenliegenden Glieder ihrem Wesen nach gleichartig sind, nämlich poetische Formeln.

Was nun die Beschreibung des Formelgebrauchs durch R. RADOMSKI (s. hier 2.3.1.4) angeht, muß noch folgendes ergänzt werden: Die in eindrücklicher und überzeugender Weise vorgenommene kontrastive Darstellung formelhafter Wendungen im Sprachgebrauch einzelner Sänger rückt die kontextgebundene Bedeutung der jeweiligen Formel oder Wendung etwas zu sehr in den Hintergrund. Beispielsweise kann die poetische Formel 'von zehn Rentieren belaufener Ob' vielleicht in den von R. RADOMSKI untersuchten Texten von SELIMOV deshalb nicht verwendet worden sein, weil diese Formel nur in einen bestimmten Kontext paßt, der in diesen Texten gerade nicht vorkommt, nicht nur weil der Sänger sie in seinem Repertoire nicht führt. Diese prinzipielle Unsicherheit ist freilich auch Resultat der Beleglage: Die von E. VÉRTES publizierten Texte aus PÁPAYS Aufzeichnung lagen im Jahre 1980 der Öffentlichkeit nicht vor.

Der Stellenwert längerer formelhafter Fügungen, die in der Liedersprache erscheinen, muß ebenfalls noch geklärt werden. R. RADOMSKI spricht von „komplexeren Beschreibungen" (RADOMSKI 1980: 187). In diesem Sinne schreibt auch W. STEINITZ: „es kommen sogar attributive Ausdrücke vor, die (abgesehen von den Parallelversen) drei oder vier Verse einnehmen" (OA II: 40, mit Beispiel 30). Eine entsprechende Vorstellung setzt die oben S. 28 zitierte Formulierung von É. SCHMIDT 1990: 188 voraus, wenn sie schreibt, die Formel müsse „mindestens" einen Vers ausfüllen. Es stellt sich die Frage, ob es sich dabei um eigenständige, umfangreichere Formeln handelt, und wenn ja, in welche Beziehung sie mit den kürzeren zu setzen sind.

Es fällt auf, daß die – nach formalen Gesichtspunkten als poetische Formeln zu bezeichnenden – Teile der „komplexeren Beschreibungen" (im Beispiel von RADOMSKI 1980: 187 *ắl'àŋ keu̯ i̯ēməŋ sắsᵊl* 'heiliger Rücken des glänzenden Ural') auch in anderen Zusammenhängen, ohne weitere Glieder, verwendet werden. Die in RADOMSKI 1980: 187 angeführte Passage kann ohne methodisch schwerwiegende Implikationen in die Formeln *tŏm ńa̭dì u̯ɒrŋắ-ńɒl* | *ńōzəŋ keu̯ sắsᵊlnà* | *kàrdəŋ nàrì pắlàtànà*, | (*tŏm àm'səm* |) *ắl'àŋ keu̯ i̯ēməŋ sắsᵊlnà* | *lērəŋ i̯ōγə̂l pắlàtnà* 'auf den Rücken des glänzenden Ural | [der wie ein] dort erscheinender Krähenschnabel [ist] | bis zur Höhe eines eisernen Säbels, | auf den heiligen Rücken des (dort liegenden) bunten Ural | bis zur Höhe eines wurzligen Baumes' gegliedert werden (wobei der metrisch offensichtlich unvollständige Vers *tŏm àmʿsəm* ‘dort liegend’ wohl auf die Aufzeichnungsweise zurückzuführen ist).

Letztlich steckt in dieser Problematik ein syntaktisches (wenn nicht sogar „das“ syntaktische) Problem der ostj. Dichtersprache: Zwischen zwei in Kontaktstellung stehenden Nomina – und mutatis mutandis auch zwei oder mehr (mehrfach) attribuierten Nomina – können, ohne daß dies morphematisch ausgedrückt würde, diverse syntaktische Relationen bestehen.[28] Die Nomina *aśə* ‘Vater’ und *χɔt* ‘Haus’, in dieser Reihenfolge nebeneinander gesetzt, haben die Bedeutung ‘Haus des Vaters’, es ist also ein possessivisches Verhältnis, wobei das erste Wort Possessivattribut des zweiten ist. Ebenso kann man *aśə χɔt* aber auch als ‘väterliches Haus’ deuten; dies geht in diesem einen Fall auch in der deutschen Übersetzung, was aber sonst nicht der Fall ist, denken wir z. B. an die Fügung ‘männliches Haus’ statt ‘Haus des Mannes’, was etwas völlig anderes (bzw. nichts) bedeutet, im Ostjakischen aber ein Äquivalent von ‘Haus des Mannes’ wäre. Nomina, die sonst substantivisch verwendet werden, können also im Ostjakischen adjektivisch verwendet werden, ohne daß sie durch ein Adjektivsuffix markiert wären (dies auch in der Standardsprache; zum Phänomen vgl. Sauer 1983).[29] Es gibt aber andererseits auch morphologisch eindeutige attributive Nomina, die man traditionell als Adjektive bezeichnet. Besonders bedeutsam wird dieser Unterschied in der deutschen und ostjakischen Syntax, wenn es sich um poetische Texte des Ostjakischen handelt, da in solchen gewöhnlich Kasusmarker, also Kasusendungen und Postpositionen, weggelassen werden.

Die Wertung einer Versverbindung wie *tŏm ńə̑dì u̯ărŋà-ńăl ńōzəŋ ke̯u sӑ̆sᵊl* ‘Rücken des glänzenden Ural, [der wie ein] dort erscheinender Krähenschnabel [ist]’ vs. (mit adjektivischer Deutung von *u̯ărŋà-ńăl*) ‘auf den Rücken des dort erscheinenden krähenschnabligen glänzenden Ural’ (Radomski 1980: 187) als zum nächsten Vers gehöriger vs. syntaktisch eigenständiger Vers beruht darauf, welche syntaktische Relation zum ersten Vers dazugedacht (d. h. durch welchen Kasus er ergänzt) wird. Es ist also streng genommen ein Problem der Übersetzung: Im ostjakischen Original ist beides enthalten.

Man kann Radomskis und Steinitz’ Beobachtung beipflichten, daß eine kontextuelle Affinität der kettenartig aufgereihten poetischen Formeln untereinander vorliegt. Auf der formalen Seite aber sind alle poetischen Formeln innerhalb eines

---

28 Auch aus diesem Grund ist die Einteilung der Attribute in Kategorien je nach der in der Übersetzung gewählten (!) Wortart in Georgovits 1930 (fürs Wogulische) nicht adäquat.

29 S. auch Kertész 1914 passim (v. a. anhand des Ungarischen dargelegt).

metrisch einheitlichen Textes insofern von gleicher Komplexität, als sie immer einen Vers ausmachen. Im dichterischen Schaffensprozeß kann durch Ausweitung – meistens durch Anfügung weiterer Elemente, die ihrerseits formelhaft sein können – eine syntaktisch komplexere Struktur erreicht werden, die sich über mehrere Verse erstreckt. Diese kettenartig aufgereihten poetischen Formeln können – v. a. kraft ihrer starken Kontextgebundenheit – als Versguppe im Sinne von STEINITZ' Klassifikation 2b (s. o.) formelhaft sein, nicht aber im Sinne des hier geprägten formal faßbaren Formelbegriffes, mit dem sich präziser arbeiten läßt.

Die poetischen Formeln lassen sich also beschreiben als formelhafte Elemente der Liedersprache, die a) eine besondere syntaktische Struktur sowie b) eine besondere metrische Struktur aufweisen.

2.4 Verstechnik

2.4.1 Nominalvers, Verbalvers und andere Verstypen

Der wesentliche Schritt für das Verständnis der poetischen Formeln bedeutete die Heranziehung der Unterscheidung von Nominal- und Verbalvers, welche schon MUNKÁCSI VNGy. I: XLIX ff. eingeführt hatte, der nach „verbal" bzw. „nonverbal" differenzierte. Mit diesem Konzept operierte dann auch STEINITZ in seiner (Scherkal-) ostjakischen Verslehre (OA II: 1–29). Nominalverse von „vierfüßigen" Versen enthalten „einen mehrgliedrigen attributiven Ausdruck" (OA II: 5 Fn. 8).

Die Nominalverse sind dadurch gekennzeichnet, daß sie allesamt ein syntaktisch im Mittelpunkt stehendes Nomen aufweisen, das durch eine Reihe von Attributen charakterisiert wird: *torəm-weńśəŋ jim juχ* 'himmelsgesichtiger guter Baum' (V. 1324). Den syntaktischen Mittelpunkt nimmt *juχ* 'Baum' ein. Dieses syntaktisch zentrale Wort steht stets in der letzten Position des Nominalverses.

In vielen Fällen übernimmt das Nomen im syntaktischen Mittelpunkt auch die zentrale Rolle auf der semantischen Ebene, so wie im Beispiel oben, wo alle Aussagen sich auf *juχ* 'Baum' beziehen.

Es gibt aber auch Fälle, in denen der syntaktische Mittelpunkt sich mit dem semantischen Mittelpunkt nicht deckt. Diese Unterscheidung ist insofern von Bedeutung, als das Nomen im syntaktischen Mittelpunkt, wenn es nicht auch im semantischen Mittelpunkt steht, dazu tendiert, in grammatikalisierter Funktion verwendet zu werden (s. Kapitel III 1.4).

In *wurəŋ juχ lȧpət wur* ‘sieben Seiten des seitigen Baumes’ (V. 1185) steht *wur* ‘Seite’[30] im syntaktischen Mittelpunkt, es wird aber hier speziell etwas über den Baum ausgesagt:

mȧ-χośem	Er [der Großvater] [bis zur]
ńir-puni răχi wăl	nahen Stelle der Schaftschuh-Haare
ti śi sosəs.	schreitet da zu mir.
mȧnem	Er beginnt mich [wie die]
wurəŋ juχ lȧpət wur	sieben Seiten des seitigen Baumes
wantijtȧ pitmȧl.	zu betrachten. (V. 1184 f.)

Der Großvater beäugt seinen Enkel von allen Seiten, so wie ein Baum vor dem Fällen untersucht wird, ob er für einen bestimmten Zweck geeignet sei. Das syntaktisch im Mittelpunkt stehende Nomen ‘Seite’ übernimmt die Funktion eines Adverbs ‘rundherum’. Diese semantische Relation zwischen ‘Baum’ und ‘Seite’ wird lexikalisch auch dadurch verdeutlicht, daß der syntaktische Mittelpunkt *wur* ‘Seite’ in der Form eines Attributes *wurəŋ* ‘mit Seite; Seite habend’ nochmals aufgegriffen und dem semantischen Mittelpunkt *juχ* ‘Baum’ syntaktisch untergeordnet wird.

Noch klarer geht dies aus der Formel *wurəŋ juχ wurəl* ‘Seite des Baumes mit Seite’ (V. 711) hervor, in welcher der dritte jüngere Schwager mit einem Baum verglichen wird, als seine riesenhafte, Angst einflößende Gestalt ins Haus der Frau stürzt. Das Attribut *wurəŋ* ‘mit Seite’ und *wur* ‘Seite’ referieren darauf, daß der Baum beim Fällen auf eine seiner Seiten fällt. Es handelt sich um einen Vergleich: Wie ein fallender Baum stürzt er ins Haus. Daß wirklich das Fallen des Baumes gemeint ist, zeigt das Gerundium im Verbalvers *mărχəsijmȧn* ‘(krachend; Páp. „recsegve-ropogva“) zerbrechend’.

Das Nomen, das im semantischen und meist auch im syntaktischen Mittelpunkt steht, wird hier Kernnomen genannt.

30 Die oben genannte Deutung beruht auf der Schreibung <*wur*> sowie auf der Übersetzung PÁPAYs als „oldal“ [Seite], also /*wur*/, im Satzzusammenhang *ur* ‘Kante; scharfer Rand’ usw. (DEWOS 157 ff.), zu der Parallelen aus Kaz.folk. vorliegen: *ʌapət wŭrəp wŭrəŋ jŭχ* ‘Baum, aus dessen éinem Stamm sieben verschiedene Bäume wachsen, zuoberst eine Birke’ (mit einer südostj. Entsprechung PV IV: 96/97 Z. 1332 f. *tā̆pət səmpē· sə:mȧŋ i̯ù·χ* ‘[wie] ein sieben-inneriger inneriger Baum’, in der anstelle von *wur* usw. *səm* ‘Inneres’ erscheint). Die ebenfalls mögliche Lesung als Entsprechung zu Kaz. *wǫr* ‘böse, schlecht; Boshaftigkeit’ usw. (DEWOS 1620) mit der Adjektivableitung Kaz.folk. *wǫrəŋ: nărəŋ wǫrəŋ* ‘schuldig’ hat eine mögliche Parallele in Páp.[1]: 84 *orəŋ* (*urəŋ*) *juχ ḁ̄lŋem* ‘meinen gefährlichen Baum’, <*orəŋ*/*urəŋ*> erscheint also im Sinne von ‘gefährlich’; doch der Kontext spricht eindeutig für ‘Seite habend’.

Verbalverse enthalten ein verbales Prädikat (s. OA II: 5).

Diese beiden Verstypen, die Nominalverse und die Verbalverse, sind in syntaktischer Hinsicht die wichtigsten Typen der „vierfüßigen Verse" (s. OA II: 39).

Einen eigenen, mit dem Nominalvers eng verwandten Typ bilden die Partizipialverse, s. SCHMIDT 1990: 188:

> „Ha több sorra terjednek, a nem főnévre, hanem pl. melléknévi igenévre végződő sorokat függő sornak nevezhetjük, és kimutatható néhány rájuk vonatkozó metrikai szabályszerűség is."
> [Wenn sie (i. e. die attributiven Konstruktionen) sich über mehrere Verse ausdehnen, kann man die nicht auf Substantive, sondern auf z. B. Partizipia endenden Verse als (syntaktisch vom Nominalvers) abhängige/hängende Verse bezeichnen.]

Den Partizipialversen folgt stets ein Nominalvers. Sie bestehen aus einem (einfach oder mehrfach) attribuierten Partizip, das im folgenden als Konnektor-Partizip bezeichnet wird. In Partizipialversen wird häufig der Possessor des im folgenden Nominalvers genannten Kernnomens oder das Agens der Partiziphandlung genannt.

Füllverse, die nur aus inhaltlich nicht deutbaren Füllelementen bestehen, sind in der ostjakischen epischen Dichtung traditionell vertreten, erscheinen aber im vorliegenden Text nicht.

Die Abfolge von Nominal- und Verbalvers folgt nicht einem einzigen Muster, es ist vielmehr gerade der Wechsel zwischen einigen wenigen Mustern in der Abfolge der Verse, der die ostjakische epische Dichtung prägt und ihr einen wiegenden syntaktischen Rhythmus verleiht. Es gilt für die Helden- und Bärendichtung in noch höherem Maße das, was GÁLDI für die Kunstdichtung festgestellt hat:

> „Seitdem ich seine [i. e. AUSTERLITZ'] Auffassung über den Unterschied der nominalen und verbalen Zeilen kenne, versuche ich immer wieder diesen Unterschied in den Gedichten der verschiedenen Sprachen zu beobachten; ich fand dabei, dass die meisten Texte einfach nur infolgedessen, dass in ihm Satzglieder mit und ohne Verb abwechselnd vorkommen, einen eigentümlichen, bisher gar nicht beachteten syntaktischen Rhythmus bekommen" (GÁLDI 1963: 280).

Eine synoptische Betrachtung der verschiedenen Verstypen und des Liedbaues findet sich in WIDMER i. D. 2.

2.4.2 Melodie und Metrik

Grundlage der Liederdichtung ist die Melodie (s. BARTENS 1986b: 19). Die zweite Konstituente, der Text, ist mit ihr untrennbar verbunden. Eine metrische Analyse ohne Berücksichtigung der gesungenen Form eines Liedes ist praktisch nicht möglich; das Lied entsteht zeitgleich mit und in Abhängigkeit von der Melodie. Darauf hat STEINITZ in seinem Aufsatz zum ostjakischen und wogulischen Versbau (OA II: 1–29) als erster eindringlich hingewiesen.

Im Zusammenhang mit den Aufzeichnungsumständen eines Bärenliedes (OA I: 309 ff.) beschreibt STEINITZ den Vorgang, wie Lieder im Rahmen der mündlichen Tradition der Ostjaken (und Wogulen) entstehen, indem er Teile aus einer längeren Erzählung seines Gewährsmannes K. I. MAREMJANIN zitiert:[31]

> „Zuerst denkt man die Melodie aus; man sitzt und versucht, leise *mm* summend. Wenn einer die Melodie gefunden zu haben glaubt, singt er sie laut und fragt die anderen: 'Ist es richtig?' Die anderen versuchen auch zu singen und kritisieren. Wenn die Melodie für gut befunden wird, singt man dann das ganze Lied darauf. Dabei singt einer laut, ein zweiter summt oft mit; bisweilen vertauschen sie dann die Rollen – der erste summt, der zweite singt laut mit Worten" (OA II: 259).

Aufschlußreich im Hinblick auf die Einheit von Melodie und Text ist folgende, ebenfalls auf die Aufzeichnungsgeschichte des nämlichen Bärenliedes referierende, Mitteilung von STEINITZ:

> „Mar[emjanin] hatte sich nur schwer an diese Melodie erinnern können. Er sass lange da, dachte nach, probierte verschiedene Melodien und stellte immer wieder fest: »Diese geht nicht. – Das ist wieder eine andere Melodie. – Auf eine andere Melodie kann man es nicht singen.« Dann glaubte er, die richtige Melodie gefunden zu haben und sang den hier gegebenen Text darauf. Vier Wochen später [...] fiel ihm plötzlich »seine Melodie«, d. h. die Melodie seines Bärenliedes, ein. Er begann sofort, aus voller Kraft und voll Freude sein Bärenlied zu singen [...], wobei er viele Parallelverse brachte, die in der ersten [...] Aufzeichnung nicht vorkommen. Dann sagte er: »Das ist die richtige Melodie! Deshalb ging es auch so schwer, als ich dir damals das Lied sang. Nur so geht es glatt«" (OA II: 260).

Bei der Aufzeichnung von Liedern nach Diktat werden phonetische und phonologische (OA I: 212 f.)[32], morphologische (OA I: 228 ff.), syntaktische

---

31 Zu dieser Episode vgl. auch STEINITZ 1950a: 86 bzw. OA III: 195 § 6.

32 In PATKANOV-FUCHS 1911: 13 wird für den südostjakischen Dialekt an der mittleren Konda die Existenz von nur in der poetischen Sprache vorkommenden Diphthongen konstatiert: *teàbet* 'sieben' für *tābet*, *suòra* 'schnell' für *sora* etc.

(OA II: 5; WIDMER 2000 und WIDMER i. D. 1) und lexikalische (OA II: 57 ff.; S. 202; S. 260 f. Kommentar zu V.1) Eigenheiten der Liedersprache durch ihre prosasprachlichen Entsprechungen ersetzt, was häufig den völligen Wegfall bestimmter Elemente (bis hin zu ganzen Versen in parallelistischen Wiederholungen) bedeutet, die in der Prosasprache keine Äquivalente besitzen (s. OA II: 10 f., mit Fn. 23 f., für das Surgut-Ostjakische CSEPREGI 1997: 55). Diese in erster Linie metrische Funktionen erfüllenden Elemente werden von STEINITZ – offenbar aus Sicht der Prosasprache argumentiert – als *Füllelemente* (OA II: 4 ff.) bezeichnet (vgl. jedoch hier Kapitel III 1.4):

> „Die Bedeutung der Füllelemente für den Versbau [...] geht [...] klar und eindeutig hervor. Ohne die Füllelemente wären viele Verse metrisch unvollständig. Da die Füllelemente nur beim Singen, in den gesungenen Liedern, erscheinen, ist es klar, dass man die Lieder nach dem Gesang aufzeichnen muss und nur die gesungenen Liedertexte einer Analyse des Versbaus zu Grunde legen kann“ (OA II: 6).

Durch die Analyse metrisch intakter, nach Gesang aufgezeichneter Lieder aus den Dialektgebieten Scherkal und Synja entwarf STEINITZ die Verstypenlehre, derzufolge ein überwiegender Teil der Lieder aus vierfüßigen bzw. sechsfüßigen Versen besteht, wobei als Grundeinheit des Verses der Versfuß betrachtet wird (OA II: 2). Unter Versfuß versteht STEINITZ eine metrische Einheit, die mit einer akzentuierten Silbe („Hebung“) beginnt. Nach STEINITZ fallen diese Hebungen, also Versakzente, „fast ausnahmslos mit dem Wortakzent (...) zusammen“ (OA II: 3).[33]

---

33 Gegen den Begriff „Versfuß“ und „Hebung“ richtete sich die Kritik von AUSTERLITZ (1958: 29) und SCHMIDT (1990: 186). Allerdings dürfte dies, anders als SCHMIDT a. a. O. annimmt, nicht allein damit zusammenhängen, daß STEINITZ Deutsch als Muttersprache sprach und daher die Hebungen als maßgeblich erachtete, denn ebendiese Beschreibung liegt auch in der Charakterisierung des ostjakischen Versmaßes durch KARJALAINEN vor: „Das Versmass ist heutzutage in den verschiedenen Gegenden verschieden; die Silbenzahl der Zeilen oder Phrasen, der »Verse«, variiert, aber jede enthält eine bestimmte Anzahl von Hebungen, die dem Wortakzent folgen“ (Tietosanakirja, »Ostjakkien kansanrunous«, zit. aus VÄISÄNEN 1937: XXXVII). – Mit dem Terminus „Hebung“ wird im Deutschen eben gerade keine Aussage über die Quantität einer Silbe in der Hebung getroffen, nur über deren Akzentuierung: Wie im Ostjakischen können auch im Deutschen lange wie kurze Vokale den Akzent tragen. STEINITZ’ auf dieser Grundlage aufbauender Versfuß-Begriff als (musikalisch bedingte) Akzentuationseinheit wurde offenbar auch von AUSTERLITZ 1958: 28 f. nicht richtig interpretiert und daher verworfen. Die durchweg bezeichneten Akzente in SCHMIDT-HUSZÁR 1983 zeigen m. E. eindeutig, daß die gesungene Epik Entitäten aufweist, die mit dem Versfuß-Begriff von STEINITZ in Einklang zu bringen sind.

Obwohl zu seiner Zeit noch keine sich über einen ganzen Text erstreckende Aufzeichnungen von Text und Melodie vorlagen, konnte Austerlitz folgende Punkte feststellen:[34]

> „1. melodische Phrasen und Verse stimmen miteinander überein; 2. Verbalverse wie auch nichtverbale Verse bedienen sich derselben melodischen Phrasen: wo ein Unterschied in der Silbenzahl zwischen diesen vorliegt, werden zwei Silben auf eine Note gesungen (♫ pro ♩, usw.); 3. die phonologische Quantität (*a* ~ *ā*) wie auch der traditionelle Unterschied zwischen kurzen und langen Silben (*ata* ~ *anta*) ist metrisch sowie musikalisch irrelevant; 4. der musikalische Akzent (d. h., der erste [und dritte] »schwere« Takt) ist vom Wortakzent unabhängig (d. h. die beiden decken sich nicht konsequent)" (Austerlitz 1963: 278).

Schmidt (1990) hat dies aufgegriffen und den Bogen von der Einteilung in Kola zur Musik geschlagen: Die Zäsur in der Versmitte, die mit einer Wortgrenze zusammenfallen muß, und der eine hauptakzentuierte Silbe unmittelbar folgt, bildet den Schnittpunkt zwischen Musik und Text in den Nominalversen. Dies ergibt für Texte, für die verläßliche Hinweise wie Melodie oder Zeileneinteilung nicht vorhanden sind, die einfache formal-syntaktische Definition, daß Nominalverse aus einer syntaktischen Einheit von mehrfach attribuierten Nomina bestehen, die durch eine Zäsur in zwei Hälften geteilt sind. In dieses Konzept paßt genau die Beobachtung von R. Bartens, daß in den von ihr untersuchten Bildern je zwei Nominalglieder (Vehikel-Komponente und Tenor-Komponente) stehen, die jeweils ein Attribut zu sich nehmen, so „wie es der Rhythmus offenbar verlangt" (Bartens 1986a: 40). Die Zäsur hat in diesen Beispielen offenbar auch semantische Realität.

Der durch die Zäsuren erzeugte prägnante Rhythmus ist schon früh beschrieben worden (s. Steinitz OA II: 1 ff. mit Lit., Kálmán 1962: 178 mit Lit.), und als Basis für die Beschreibung des obugrischen Versbaus wurde versucht, silbenzählende Versfüße (Steinitz OA II: 1 ff., Kálmán 1962) oder Takte (VNGy. I: 049 ff.) als rhythmusbestimmende Grundelemente zu isolieren. Austerlitz 1958 und 1963 hat allerdings mit guten Argumenten bezweifelt, daß die Silbenzählung und die Einteilung in Versfüße für die obugrische Dichtung sinnvoll ist.[35] Wenn die Silbenzahl nicht das maßgebliche Kriterium der Metrik ist, darf daraus allerdings nicht

---

34 S. auch Kálmán 1962: 178.

35 Entsprechendes gilt für die alttürkische und z. T. auch für die mongolische Dichtung, s. Schirmunski 1965.

geschlossen werden, daß dem durch die Silbenzahl der einzelnen Kola erzeugten Rhythmus keine metrische Qualität zukäme (vgl. OA II: 4 ff., wo die Rolle von Füllelementen als Träger „rhythmischer Abwechslung und Mannigfaltigkeit" hervorgehoben wird). Die Silbenzahl hat in der Metrik durchaus ihren Platz, mit diesem Vorgehen allein kann aber nur ein marginaler Teilaspekt erfaßt werden, und der Kern der obugrischen Dichtung wird so nicht freigelegt. So stellen auch die acht Silben der „felező nyolcas" [halbierenden Achtsilbler], die von SCHMIDT 1990: 188 beschrieben werden, nur eine (gut vertretene) Möglichkeit unter anderen dar.[36]

Die poetische Formel weist neben der Hauptzäsur zwei weitere Zäsuren auf, welche die zwei von der Hauptzäsur getrennten Teile wiederum in je zwei Teile teilt. Diese allein in der Melodie obligatorischen Nebenzäsuren fallen im Gegensatz zu der Hauptzäsur nicht notwendigerweise mit einer Wortgrenze zusammen, und nach der Nebenzäsur folgt nicht notwendigerweise ein Wortakzent.[37] Durch die syntaktisch und melodisch vorgegebene Hauptzäsur ergeben sich zwei Teile, die É. SCHMIDT als Halbverse I und II bezeichnet. Diese werden durch die musikalischen Nebenzäsuren wiederum in jeweils zwei Glieder a und b geteilt. Jedes Glied besteht wiederum aus zwei Silben 1 und 2 (SCHMIDT 1990: 188). Mit den Zeichen || für die Hauptzäsur und | für die Nebenzäsur kann dies schematisch so dargestellt werden:

Ia | Ib || IIa | IIb

36 In den silbenzählenden metrischen Zauberliedern der Schamanen der Nganasanen und Nenzen konstituieren oktosyllabische Verse mit einer Zäsur in der Mitte eine eigene Klasse (s. HELIMSKI 1989 mit Lit.). Z. B. ngan. *küə hʷaa* || *bəδʷajl'əmu, ńirku hʷaa* || *bəδʷajl'əmu* '(ein Tag) günstig für das Wachstum einer Birke, günstig für das Wachstum einer Espe' (HELIMSKI 1994: 36 V. 67 f.); nenz. *maŕēlawa* || *ńē(ă)jērw(ă)! χunānānt(ă)* || *χäw(ă)ńān(ă)?* usw. 'Fee der Paarungsstätte! Wohin bist du gegangen?' (HELIMSKI 1989: 247 ff. nach LEHTISALO 1947: 469). Vgl. weiter KATZ 1986 zum Nordselkupischen, insbesondere das Kapitel zur metrischen Form S. 59 ff. (soweit die da untersuchten Lieder nicht CASTRÉNs Dichtkunst allein zu verdanken sind). Bemerkenswert aus vergleichender Sicht ist auf jeden Fall die prädominante Stellung der Zäsur. Ähnliche Verhältnisse sind über das Metrum des Kalevala und der ungarischen versgebundenen Volksdichtung geläufig. Zum Lappischen vgl. WINKLER 1996 mit Lit. Nach GÁLDI 1960: 322 sind v. a. die 2- und 4taktigen Versstrukturen als ursprünglich finnisch-ugrisch zu betrachten, die geraden Zahlen bezeugen implizit auch die Wichtigkeit der Zäsur.

37 SCHMIDT 1990: 187 hat in den von ihr ausgezählten Kazym-Texten in 65 % der Fälle einen Zusammenfall von musikalischer Nebenzäsur und nachfolgendem Wortakzent festgestellt.

Dieses Gliederungsprinzip wurde in der vorliegenden Arbeit befolgt.[38] Auf die sich aus diesem Prinzip ergebenden vier Glieder der poetischen Formel wird mit G1–4 referiert:

G1 | G2 || G3 | G4.[39]

38 SCHMIDT führt a. a. O. S. 188 noch eine weitere Ebene an: a und b unterteilen sich nochmal jeweils in 1 und 2. Da dies nur für spezielle achtsilbige Verse gilt und in unserem Material – zumindest deskriptiv – auch andere Verstypen vertreten sind, wurde diese Unterteilung hier nicht übernommen.

39 'Glied' entspricht in etwa dem 'Versfuß'-Begriff von STEINITZ, der weder von AUSTERLITZ, noch von SCHMIDT als reelle Entität akzeptiert wurde. Man könnte 'Glied' auch als Viertelvers umschreiben, mit der Einschränkung, daß er keine randscharf festgelegte Entität wie der Halbvers darstellt. Dies dürfte v. a. in Kap. III 2, bei der Behandlung der dreigliedrigen Formeln, klar hervorgehen.

II Das Textkorpus: Das „Lied des Volkes von der Eisstadt“

1 Die Textgestalt

Da jeder Sänger – sofern er nicht einfach auswendig Erlerntes wortwörtlich wiedergibt, was hier aber nicht der Fall ist – mit jedem Vortrag ein individuelles Opus erzeugt, muß, wie schon betont wurde, der Gebrauch der poetischen Formeln systemintern innerhalb eines Werkes betrachtet werden.

Das hier behandelte Lied *joŋk-wasəŋ jaχ är* (*soptəŋ ort är*) ‘A jégvárosi nép éneke (A *soptəŋ* folyómelléki fejedelemhős éneke)’ [Lied des Volkes von der Eisstadt (Lied des Helden vom Flußlauf *soptəŋ*)[1]] stammt aus dem zweiten Band (PápV II: 6–153) der äußerst verdienstvollen, von Edit VÉRTES herausgegebenen Faksimile-Reihe mit den Texten aus dem Nachlaß József PÁPAYS (i. f.: PápV).

Mehrere Faktoren haben diese Wahl beeinflußt: Das Lied zeichnet sich durch seine außerordentliche Qualität aus: Es ist sehr poetisch, und in der Ausgestaltung seines Werkes ist der Dichter feinfühlig und stilsicher vorgegangen, er wird dem „epischen Gesetz“ von SCHILLER

> „Der Zweck des epischen Dichters liegt schon in jedem Punkte seiner Bewegung; darum eilen wir nicht ungeduldig zu einem Ziele, sondern verweilen uns mit Liebe bei jedem Schritte“ (SCHILLER in einem Brief an GOETHE, zit. nach KAYSER 1976: 350)

in jeder Weise gerecht. Das Lied weist auch eine intakte, für Heldenlieder typische Handlung auf, die in sich geschlossen und in ihrer Art typisch episch ist: Sie entspricht in vielem HORAZ’ bekannter Charakterisierung des Wesens des Epos als „res gestae regumque ducumque et tristia bella“ (*De arte poetica* 73). Gleichzeitig fällt es jedoch auf durch seine sehr individuelle Prägung im Hinblick auf die sprachliche und inhaltliche Ausgestaltung.

---

1 Zum Ortsnamen s. RADOMSKI 1994: 368 s. v. *Sopteŋ jŏχan:* „rechter Nebenfluß eines rechten Nebenarms des Ob (wohl Ikarskaja Ob‘)“.

Für die Wahl des Heldenliedes „Lied des Volkes von der Eisstadt" spricht auch die Tatsache, daß im Vergleich mit manch anderen Texten PÁPAYS sehr wenig korrumpierte oder inhaltlich unverständliche Stellen vorkommen.

Das Lied ist auch aus dialektologischer Sicht interessant: Es stammt aus dem in jüngerer Zeit spärlich belegten nordostjakischen Obdorsker Dialekt, der eine lebendige Dichtungstradition aufweist.[2]

Zudem hat das „Lied des Volkes von der Eisstadt" nach der Übersetzung von PÁPAY ins Ungarische – wie die anderen Texte dieser Reihe (PápV I–VI) – noch keine weitere Bearbeitung erfahren, was nicht zuletzt durch die teilweise schwer leserliche Wiedergabe bedingt sein mag.

Als interessanter Aspekt kommt hinzu, daß aus dem Nachlaß von PÁPAY in PápE: 164–255 ein Lied mit dem etwas prosaischeren Titel „Lied vom Durchbrechen des löcherigen Felsens" nach dem Diktat von Grigorij TORYKOPTYN aus *às-pōγəl* (ein Dorf unweit von Muži) überliefert ist, das eine eigene Version des „Liedes des Volkes von der Eisstadt" darstellt. Vom Umfang her ist das „Lied vom Durchbrechen des löcherigen Felsens" mit 1172 Zeilen um etwa 180 Zeilen kürzer ausgefallen als unsere Version hier. Die Existenz dieser Parallelversion eröffnet für die Zukunft die Möglichkeit, die Kompetenz der beiden Sänger und die Rolle der Tradition zu überprüfen, wie dies an ausgewählte Themen gebunden von Rosemarie RADOMSKI (1980 passim) vorgenommen wurde.

1.1 Aufzeichnung

Das „Lied des Volkes von der Eisstadt" im Umfang von 1340 Versen[3] wurde im Jahr 1899 vom Informanten Nikolaj „Mikolka" SELIMOV nach Diktat aufgezeichnet; eine Praxis, die in der Ostjakologie erst mit der Einführung akustischer Wiedergabegeräte von STEINITZ durch die adäquatere Aufzeichnung nach Gesang ersetzt wurde.[4] PÁPAYS Tagebuchaufzeichnungen ist zu entnehmen, daß er den Text gewöhnlich

2 Neueres, für den poetischen Sprachgebrauch nicht einschlägiges Material bringt NIKOLAEVA 1995. Erst nach Abschluß des Manuskripts ist NIKOLAEVA 1999 erschienen.

3 Daß die südostjakischen Lieder von PAASONEN wesentlich länger („nearly five thousand lines") seien als die nordostjakischen, wie HONKO (HONKO et alii 1993: 625) behauptet, beruht auf der Zeileneinteilung von VÉRTES: Die Zeilen bestehen oft aus nur einem Wort und selten aus mehr als zwei, was sicher nicht der Verseinteilung eines gesungenen Liedes entspricht. Zur handschriftlichen Aufzeichnung PAASONENs vgl. PV I: VII.

4 S. dazu auch AUSTERLITZ 1958: 12 ff.

mit einer anderen Person als dem Gewährsmann noch einmal durchgegangen ist. Zeichen der Überarbeitung finden sich als Fußnoten im MS wieder; die Randglossen enthalten i. a. etymologische Bemerkungen. PÁPAY greift dabei gewöhnlich auf wogulische Entsprechungen aus MUNKÁCSIS Sammlungen zurück oder führt südostjakische Formen aus PAASONENS Texten an.

PÁPAY hat den Text ins Ungarische übersetzt, diese Übersetzung ist bis auf einzelne Lexeme und die Zeilen 1045–1048 vollständig. Für die hier abgedruckte deutsche Übersetzung konnte sie i. a. als zusätzliche Hilfe verwendet werden, doch stellte sich in einigen Fällen heraus, daß PÁPAY sich zu sehr auf die von ihm erschlossenen Parallelen aus MUNKÁCSIS wogulischen Aufzeichnungen verließ, wonach er sich dann bedauerlicherweise in Schreibung und/oder Bedeutungsangabe richtete. Daß solche Fälle trotzdem häufig ungeklärt bleiben mußten, ist einleuchtend: Wenn sowohl die phonetische Gestalt als auch die Bedeutung verfälscht sind, bleiben keine Anhaltspunkte.

Die Aufzeichnung nach Diktat hat für die Textgestalt schwerwiegende Konsequenzen. Der Informant konnte das Werk nicht zusammenhängend singen, sondern mußte es versweise hersagen und zusätzlich auf Nachfragen des Aufzeichners eingehen, wodurch die äußere Gestalt und der innere Zusammenhang sicherlich Schaden nahmen. Die Auswirkung auf die Metrik besteht darin, daß durch das Weglassen von rhythmusregulierenden Füllsilben das Metrum durcheinandergeraten ist. Mit einiger Wahrscheinlichkeit sind beim Diktat auch Füllwörter seltener gesetzt worden als beim ungestörten Gesangsvortrag. Es kann nicht einmal ausgeschlossen werden, daß der Sänger stellenweise Parallelverse sich und dem Aufzeichner erspart hat. Weiter ist zu vermerken, daß vermehrt Kasussuffixe und Postpositionen auftauchen, d. h. daß aus durchaus nachvollziehbaren Gründen der hergesagte Text in der Syntax der gesprochenen Sprache angenähert wurde. Ebenso treten neben den für gesungene Volksdichtung typischen finit gebrauchten Partizipien auch finite Verbalformen auf.[5] U. a. hierin findet die Diskrepanz zwischen der Zeileneinteilung PÁPAYS und der zu erschließenden Verseinteilung ihre Erklärung. Die Abgrenzung zu redaktionellen Eingriffen von seiten PÁPAYS ist dabei nicht eindeutig: Es ist denkbar, daß er selbst Füllsilben, Füllwörter, Wiederholungen von ganzen Wörtern bis hin zu ganzen Phrasen weggelassen hat.

5 Zu der sich in einigen Belangen von der normalen Sprache unterscheidenden Morphologie der (Scherkal-)ostjakischen Folkloresprache s. OA I: 225–230.

Von den anderen Texten aus PÁPAYs Sammlung wissen wir, daß zwischen Aufzeichnung und endgültiger Niederschrift mehrere Arbeitsschritte gelegen haben. Aus PÁPAYs Tagebuchaufzeichnungen geht hervor (s. FAZEKAS im Vorwort von PÁPAY 1934), daß die vorliegende Textgestalt mindestens die dritte Fassung darstellen dürfte: PÁPAY hat die erste Fassung nach dem Durcharbeiten mit den beiden Sprachmeistern (Nikolaj SELIMOV und einem zweiten Gewährsmann) ins reine geschrieben, diese Reinschrift wurde dann nach der heftigen Kritik durch KARJALAINEN (KARJALAINEN 1906–08: 19–32) einer Überarbeitung unterworfen, in der die Notation mit Diakritika und sonstigen graphischen Details angereichert wurde.[6]

1.2 Zeilen- und Verseinteilung

Die Zeilen sind von PÁPAY durchnumeriert worden; bei der Numerierung ist an einer Stelle das Überspringen von neun Zeilen (V. 361–369) zu vermerken; in einem Fall hat er eine Zeile (die nach 1329 [A] folgt) bei der Numerierung ausgelassen, auf diese wird hier mit 1329 B referiert.

Die Zeileneinteilung, die PÁPAY vorgenommen hat, beruht auf dem Prinzip, daß beim Vorhandensein einer finiten oder finit gebrauchten Verbalform[7] diese am Ende der Zeile zu stehen kommt[8], z. B. V. 20 *mȧnem pȧjti*, davor in derselben Zeile steht ein Nominalvers, vgl. V. 20 *pă̆lem-ki sȧj-ńur*. Gehen diesem weitere Nominalverse voraus, so wird diesen von PÁPAY eine eigene Zeile zugeteilt, vgl. V. 19 *kelǝŋ waj kelǝl*. In einem Fall scheint der Zeilenwechsel willkürlich innerhalb einer poetischen Formel gezogen worden zu sein; bei der Anführung dieser poetischen Formel wird durch die Zeilennumerierung darauf hingewiesen (z. B. *χŏ̆w ont-waj welmȧŋ* | *jos* 'langer Weg, auf dem Wild erlegt wird' (337b–338a). Sind zwei poetische Formeln in einer Zeile enthalten, so wird auf die erste poetische Formel mit Zeilennummer und „a", auf die zweite mit „b" verwiesen.

6 S. FAZEKAS im Vorwort von PÁPAY 1934: V–LII.
7 Sowie ggf. Verbergänzungen, also das, was ursprünglich ein Verbalvers gewesen sein mag.
8 Zur metrisch korrekten Interpretation von PÁPAYs Liederaufzeichnungen vgl. auch OA II: 14 ff., v. a. S. 17.

2 Inhaltliche Parameter

2.1 Die Personen des Heldenliedes

Im Heldenlied spielen folgende Personen eine Rolle (im Fettdruck die deutschen Kurzbezeichnungen):

nǎləŋ-làjəm-ńalpi-lǒŋk ‘Geist mit dem Griff der Axt mit Zacke’ (wörtl. Nase) = der **junge Held**, erscheint als Erzähler, in der 1. Person Sg.

sat-lǒŋk-latəm-tǎləŋ-ǒχ ‘hundert Geister gesetzt(?) habendes unversehrtes Haupt’ = der **Großvater** des Helden, Oberfürst der Stadt

sarńi (torəm) ewi sewəŋ nàj ‘bezopfte Heldin, goldene (himmlische) Tochter’ = die **Mutter** des Helden, Schwiegertochter des Großvaters

marťi-mǒw sewəŋ nàj ‘bezopfte Heldin des Südlandes’ = die **Frau** (Heldin), (selbsternannte) Braut des jungen Helden

pǎllàn-ńǎllàn-sǒγəptijlà-ńormi-turəŋ-tàrəm-joχəl ‘Donnerkeil losreißender starker Schießbogen mit der Stimme eines Sumpf[tier]es’ = der **älteste Schwager** des jungen Helden, Oberfürst der Südstadt

Die sechs **jüngeren Schwager**

Der **Vater** des Helden

Das geflügelte **Pferd**

Ein Bote

Sechs oder sieben Helden, die den jungen Helden auf die Jagd begleiten sollten.

2.2 Orte der Handlung

Im Proömion (V. 1–6) wird in traditioneller Weise der Name der Heimatstadt des Helden angegeben: *χuśi-χuj wul jim was* ~ *jǎγi-χuj wul jim was* ‘große gute Stadt des *χuśi*-Mannes ~ des *jǎγi*-Mannes’ (V. 5–6).

Die Orte der Handlung sind die Heimatstadt des Helden mit Umgebung[9], wo die Handlung ihren Ausgangspunkt hat (V. 7–489) und wo sie auch ihren Abschluß findet (V. 1280–1349), sowie die Stadt des Südland-Mannes (= Südstadt), die

9 Dies ist auch die Stelle, an der sich der Geist, in den sich der Held schließlich verwandelt, niederläßt. Zur Thematik s. OA IV: 99 f.: „Ein männlicher Geist tritt […] gewöhnlich als ostjakischer Held der Vorzeit auf, der mit anderen Helden Krieg führt, auf Brautfahrt auszieht und andere Abenteuer besteht; am Schluss seines Lebens lässt er sich an seiner heiligen Stätte als »opferempfangender Geist« nieder.“

durch den Ural oder ein anderes Gebirge von der Heimatstadt des Helden getrennt ist (V. 525–1269). Kurzzeitig findet die Handlung auch im Himmel statt (V. 490–524 und 1270–1279).

2.3 Inhalt des Heldenliedes

Hauptperson ist ein junger Held, der als Halbwaise von seiner Mutter erzogen wird.

Eines Tages erkundigt er sich nach seinem Vater und erfährt, daß dieser von einem anderen Helden besiegt worden ist. Der junge Held möchte seinen Vater rächen, aber die Mutter läßt ihn nicht weg, weil er zu klein ist. Nach einiger Zeit geht sie trotzdem zum Großvater des Jungen, um im Namen des jungen Helden wenigstens für die Jagd um Erlaubnis zu bitten. Der Großvater, der auch Herr und Gebieter der Stadt ist, möchte zuerst den Jungen sehen. Der macht sich in Begleitung seiner Mutter auf den Weg zum Großvater. Unterwegs trifft er auf die Bewohner der Stadt, die ihm ihre Reverenz erweisen. Beim Anblick der Mädchen wird der junge Held ganz verlegen: Bisher war er noch nie außer Hauses gewesen, er hat außer seiner Mutter noch keine Frau gesehen. Auch die Mädchen sind vom Anblick des Helden verwirrt.

Als sie zum Hause des Großvaters kommen, stößt die Mutter den jungen Helden zur Tür hinein. Von Schamgefühlen gepeinigt versucht er zu fliehen, doch hält ihn sein Großvater am Kragen zurück und spricht ihm gut zu, er möge bei ihm bleiben. Nach einem trefflichen Mahl erlaubt er dem Jungen, mit sieben welterfahrenen Helden auf die Jagd zu gehen, gibt ihm Jagdwaffen und einen Heldennamen. Der Junge verspricht, ihm seine erste Beute mitzubringen.

Am nächsten Tage erwacht der Junge erst mittags, nachdem die sieben Helden schon fortgegangen sind. Er macht sich allein auf den Weg. Im Wald hinter dem Dorf findet er ein Pferd. Er setzt sich darauf, um es seinem Großvater zu bringen, doch das Pferd erhebt sich plötzlich in die Lüfte und bringt den Jungen vor die Tür einer wunderschönen Frau. Die Frau, die das Pferd geschickt hatte, führt den Jungen in ihr Haus, wo sie sich innerhalb einer Woche näher kennenlernen, aber es stellt sich heraus, daß die Brüder der Frau mit der Wahl ihrer Schwester nicht einverstanden sind. Sie schicken Boten ins Haus der Frau, die den Helden zu ihnen einladen sollen. Der junge Held traut sich nicht einmal den Mund aufzumachen, verkriecht sich unter einer Decke. Später nimmt er die nicht ganz freundschaftliche Einladung trotz der Warnung der Frau doch an.

Die Fürstenhelden bewirten ihn und stellen ihn dann auf die Probe. Zuerst muß er auf ein Panzerkleid schießen. Mit Hilfe der Kraft des angerufenen Großvaters gelingt es dem jungen Helden, durch dieses hindurchzuschießen und damit gleichzeitig das Haus dahinter zu zerstören, worauf ihn seine Schwager zum Schauplatz der nächsten Probe führen, zu einem riesigen Felsen. Hier ruft er erneut seinen Großvater an, und schießt darauf den Pfeil mit solcher Wucht gegen den Felsen, daß dieser über drei Tage hinweg zersplittert. Die Schwager erstarren zu Stein.

Als er in die Stadt zurückkehrt, sieht er, daß sich ein Boot nähert, in dem nebst seinem Großvater noch jemand sitzt. Sein Großvater steigt ans Ufer und fragt ihn, ob er seinen Enkel gesehen habe. Der junge Held verdeckt sein Gesicht und leugnet, etwas vom Enkel zu wissen. Daraufhin schlägt der Großvater mit dem Säbel gegen den jungen Helden, der aber wirft sich zu Boden, so daß der Alte sich siebenmal um die eigene Achse dreht. Der Junge gibt sich zu erkennen. Es stellt sich heraus, daß der andere Mann im Boot sein Vater ist. Zusammen gehen sie vor die Stadt und sehen sich den Felsen mit den versteinerten Helden an und brennen anschließend die Stadt nieder.

Der Vater, der Großvater und die Braut machen sich mit dem Boot auf den Weg; der junge Held aber setzt sich auf das Pferd und läßt sich nach Hause fliegen zu seiner Mutter. Nach langer Zeit trifft auch seine Braut mit einem großen Schatz ein. Das fliegende Pferd wird geopfert, die Hochzeit mit großem Prunk gefeiert.

2.4 Zur Kompositionstechnik

Aus der Sicht des Helden (i. e. in der Ichform)[10] wird die Entwicklung des unwissenden Knaben geschildert, der durch das Bestehen von zwei Prüfungen, eine Art Initiation, zum Helden reift und dabei seine Frau findet. Dieses Erwachen und Erwachsenwerden findet präzisen Niederschlag in der Struktur des Geschehens: Mit dem plötzlich erwachenden Interesse an seiner Abstammung beginnt der Junge erstmals aktiv zu handeln, doch tritt er noch nicht als die Handlung bestimmender Faktor auf. Es ist seine Mutter, die mit dem Bittgang zu seinem Großvater die ersten Schritte zur Konfrontation mit der Welt unternimmt. Und diese Konfrontation drängt den verschreckten Jungen in eine gänzlich passive Rolle, er versucht gar, sich der ins Rollen geratenen Entwicklung zu entziehen. Mit fortschreitender Handlung wird er sich seiner Stärken gewahr, und parallel dazu nimmt der bestimmende Einfluß seinerseits auf die Handlung und die darin beschriebene Welt überhand; sein Einfluß auf Handlung und Umwelt gipfelt im Niederbrennen der feindlichen

10 Dies ist die gängige Erzählform, s. VÉRTES 1986: 27 f. mit Lit.; auch HONKO in HONKO et alii 1993: 624. Dies wird i. a. im Gegensatz zu den Bärenliedern (s. BARTENS 1986a: 26) auch nicht durchbrochen.

Festung. Die Zuordnung des Geschehens zum jungen Helden ist denn auch quasi total, seine Figur dominiert die Handlung. Es sind dies eindeutige Merkmale eines Figuren-Epos (s. KAYSER 1976: 357).

Den Helden prägen wesentliche Züge des epischen Heldentums. Er ist stark und geschickt; ihm ist von Anfang an die Rolle des Helden zugedacht; er trägt spezifisch menschliche Züge, z. B. seine jugendhafte Scham angesichts unbekannter Personen, und doch mischen sich seinem Profil Elemente übernatürlicher Wesen bei, das Mirabile epicum, so etwa das wunderbare Spalten des Felsens mit einem Klumppfeil[11], was ihn in eine dem normalen Menschen nicht zugängliche Sphäre enthebt.

Die die Geschichte prägenden strukturellen Züge sind in verschiedenen Ausprägungen aus anderen ostjakischen Werken gut bekannt, und in der obugrischen Epik weit verbreitet. Die zentralen Themenkerne waren schon in vorbildlicher Weise von MUNKÁCSI (VNGy. II: 0497–0756) herausgearbeitet worden und erfuhren in Anlehnung daran von VÉRTES (1968: 43) weitere Bearbeitung.[12] VÉRTES nennt i. w. sechs Punkte, die allerdings im hier untersuchten Lied nicht alle vertreten sind:

1. Die Nennung der Hauptperson und ihres Wohnortes, Schilderung ihrer Macht und ihrer Heldentaten
2. Schilderung der Heere, Beschreibung der Waffen, der Kriegshandlungen
3. Beschreibung der Festungen und ihrer Umgebungen
4. Überirdisches: Taten der Helden, Prophezeiungen
5. Brautfahrt[13]
6. Der Held läßt sich als örtliche Gottheit nieder.

---

11 In der Vorrede der Parallelversion in PápE (PápE 164 f.) wird durch das übermenschliche Felsenspalten den Vögeln die erstmalige Besiedlung des dahinterliegenden Landes ermöglicht: „Die obere Hälfte des Felsens reicht bis zum Himmel, die untere Hälfte steht (...) auf der Erde. (Der Held) schießt mit seinem Pfeil, der Felsen reißt in die (!) Breite eines Vogelnetzes entzwei. – Vorher gab es (...) in dieser Gegend gar keine Enten, Gänse, Schwäne (od. Vögel).“ Dieses Motiv wird hier nur angedeutet in den Versen 1045–48, die von Pápay nicht übersetzt worden sind.

12 Vgl. auch HONKO in HONKO et alii 1993: 626.

13 Letztlich ist die Notwendigkeit von Brautfahrten darin begründet, daß die Ostjaken als exogam ehelichende immer wieder gezwungen sind, von außerhalb ihrer Siedlung, die entweder überwiegend *pŏr* oder überwiegend *moś* ist, ihre Frauen zu holen. Zu den beiden Phratrien und den damit verbundenen Implikationen s. OA IV: 95 ff., GULYA 1968: 283 und SOKOLOVA 1983.

3 Die poetischen Formeln als organischer Teil der Liedersprache

Die Reichhaltigkeit an poetischen Formeln ist beeindruckend, und überraschend für die durch die klassisch-humanistische abendländische Kultur vorgeprägten Europäer ist die Dichte der einzelnen Formeln, deren poetische Kraft und Frische sich jedoch vollständig erst durch das Verständnis des formalen Hintergrundes erschließen läßt. Befremdlich wirkt auf den ersten Blick etwa die Absenz von Enjambement. Die Abfolge von end-stopped lines verleiht dem unvorbereiteten Leser das Gefühl einer losen Reihung. Es verblüfft auch das Fehlen eindeutiger Zeichen zur Regelung grammatikalischer Verhältnisse, was dann ausschließlich durch exhaustive Berücksichtigung der Syntax, der Pragmatik und der Verstechnik kompensiert werden kann. So kommt es, daß erst durch Eingewöhnung und tieferes Verständnis die subtilen Assoziationen beim Leser aufgespült werden können.

Diese poetischen Formeln in eine inhaltlich nachvollziehbare und gleichzeitig auch noch gefällige deutsche Form zu gießen, fällt nicht nur dadurch schwer, daß eben grammatikalische und syntaktische Verhältnisse oft nicht adäquat ausgedrückt werden können oder bei strukturorientiertem Übersetzen gar schwerfällig daherkommen, es fällt auch dadurch schwer, daß die poetische Ausdruckskraft in der gehäuften Attribuierung liegt, ein Stilmittel, das im zentraleuropäischen Kulturkreis schnell als überladen empfunden wird.

Zur Veranschaulichung der Einbettung der Formeln in den Text werden hier exemplarisch drei ausgewählte Abschnitte des Heldenliedes vollständig ins Deutsche übersetzt.

Ein Teil der dichterischen Ausdrucksweise kann in der Übersetzung wiedergegeben werden: Stilmittel wie Parallelismus, etymologische Figur und die epiphoraartigen Terrassierungen etwa sind uns aus den klassischen Sprachen wohl vertraut. Der eigentümliche syntaktische Rhythmus, der durch den in bestimmten Fällen nicht erfolgten Zusammenfall von syntaktischem und semantischem Mittelpunkt (s. Kapitel III) verursacht wird, wurde nach Möglichkeit nachgezeichnet. In dieser schwierigen Materie war mir die finnische Übersetzung obugrischer Dichtung von Bartens 1986b, wo Genauigkeit in der Übersetzung und Poetik in der Zielsprache aufs beste vereint sind, ein Vorbild.

Die Transkription ist gegenüber PÁPAYS Schreibung grob phonologisiert; zu den Richtlinien vgl. hier 4.2.1. Die Zeilennumerierung von PÁPAY wurde beibehalten. Im ostjakischen Text wurde die ursprüngliche Verseinteilung (Partizipialverse, Nominalverse und Verbalverse) restituiert und durch Zeilenumbrüche kenntlich gemacht. Die deutsche Übersetzung orientiert sich an der *Zeilen*numerierung, gibt also aus Gründen der Leserlichkeit die Verseinteilung nicht eins zu eins wieder. Die poetischen Formeln werden durch Fettdruck gekennzeichnet, womit zum einen ihre Frequenz, zum anderen ihre syntaktische Einbindung in den Satz veranschaulicht wird.

Im ersten Abschnitt kommt der unternehmungslustige junge Held nach dem Ritt auf dem geflügelten Pferd im Südland an und wird von seiner zukünftigen Frau, die ihn bereits erwartet hat, in Empfang genommen:

527	*law sati jim kurəl* *wŏlitmȧl jupinȧ*	Nachdem es [das Pferd] seine **teuren guten** **Hinterläufe des Pferdes** angehalten hatte,
528	*law sati ńil jasəl* *sŏkmȧl jupinȧ*	nachdem es seine **teuren vier** **Beine des Pferdes** aufgestellt hatte,
529	*χătśȧ-măsȧ-tăχanȧ* *śărəŋ ă̇w jim śări* *punsilijəm siti śȧtl.*	irgendwo an einem Ort ist das Öffnen der **Türangel der Tür mit Türangel** zu hören.
530	*mă̇tti mŏw sewəŋ nȧj* *tȧtȧ sostȧl,*	Die **bezopfte Heldin irgendeines Landes** schreitet daher,
531	*wurti punpi lȧj-suŋkren*	zum **rotfelligen dunklen Wallach**,
532	*ńăləŋ waj ńăləl* *χŏśȧ tŏχi-sosəs.*	zu der **Schnauze des Tieres mit Schnauze** schritt sie dahin.
533	*ȧjəŋ lol alŋəl* *χŏti wertȧl:*	So (eig. wie) macht sie das **Ende** **des Nachrichtenmundes**:
534	*„marti-mŏw tŏχləŋ law* *χoləntijȧ!*	**„Geflügeltes Pferd des Südlandes**, höre!
535	*mȧ kitmem tăχanȧ* *jăŋ'sən-peli?*	Bist du etwa dahin gegangen, wohin ich dich geschickt hatte?
536	*mȧ kitmem tăχanȧ* *ă̇nt-ki jăŋ'sən,*	Doch bist du nicht dahin gegangen, wohin ich dich geschickt hatte,
537	*sŏχəl χŏrti sŏχəŋ waj* *mȧ χunt kă̇sləm,*	warum sollte ich dann ein **felliges** **Tier mit zu schindendem Fell** suchen,
538	*kepləl χŏrti kepləŋ waj* *mȧ χunt kă̇sləm?*	warum sollte ich dann ein **beinfelliges** **Tier mit zu schindendem Beinfell** suchen?

539	*mȧ nǎŋen kitilijsem*	Ich habe dich nach dem
540	*χuśi-χuj wul jim was lȧjlilijsȧ*	in **des *χuśi*-Mannes großer guter Stadt bewachten**
541	*nǎləŋ-lȧjəm-ńalpi-lŏŋk*	**Geist mit dem Griff der Hellebarde** geschickt,
542	*torəm ewi sewəŋ nȧj tǎjlijəm*	den **von der bezopften Heldin, der Himmelstochter, geborenen**
543	*ńǎləŋ jaspi ȧj ortəl* *tutȧ kitilijsem."*	**kleinen Helden mit Pfeil [in der] Hand** zu holen habe ich dich geschickt."
544	*niŋen soslȧ χŏw sŏχəm* *ti sosəs,*	Mit dem **geschrittenen langen Schritt** **der Frau** schritt sie her [zu mir]
545	*mȧnem pȧ* *lǎχər sat milȧm ewəlt* *nomən kȧtləmˁləli.*	und packte mich an der **teuren Mütze** **meines Panzers**.
546	*„mǎti mŏw neməŋ ort* *orˁl osən?"*	**„Welchen Landes Heldennamen** trägst du, **Held?"**
547	*mȧ-pȧ* *χoləm tŏχpi jes jim tŏχ* *siti altľem.*	Ich aber erhebe den **guten Abschnitt des Weinens** **mit drei Abschnitten.**
548	*sewəŋ nȧj wantli ort* *oltem pǎtȧ*	Da ich nun ein **Held** bin, **der** noch **keine** **bezopften Heldinnen gesehen hat,**
549	*ȧmp-oni kul jeləm* *tŏp ǎl-jeləmˁsȧjəm.*	schäme ich mich so mit **Hunde-großer tiefer Scham**.
550	*marťi-mŏw sewəŋ nȧj* *χŏti lǎwəl:*	So (eig. wie) spricht die **bezopfte Heldin des Südlandes**:
551	*„nǎləŋ-lȧjəm-ńalpi-lŏŋk* *jinȧ-peli nǎŋ osən?"*	„Bist du es denn wirklich, **Geist mit dem Griff der Hellebarde**?"
552	*ȧjiltȧŋən-lǎślȧŋən* *χŏti lǎwləm:*	So (eig. wie) sage ich da leise und langsam:
553	*„jinȧ χŏti mȧ osəm."*	„Ich bin es wirklich."
554	*law sati jim sǎns ewəlt* *ilin ȧleməltem.*	Vom **teuren guten Rücken des Pferdes** werde ich heruntergehoben.
555	*ńǎl-tǎj olti χoləm ewmem*	Sie nimmt meine **auf die Nasenspitze**
556	*χolmȧ χŏltlȧ.*	**gehörenden drei Küsse** [alle] drei.
557	*marťi mŏw sewəŋ nȧjȧn*	So wie die **bezopfte Heldin des Südlandes**
558	*χojəmpi lŏwəŋ wǎl ewəlt* *kilmȧl sirnȧ,*	von der **knochigen Schlafstelle** [gerade] aufgestanden war,
559	*kijnəŋ sǎχ ȧr kijinəl* *jirmȧl ǎntȧm,*	sind die **vielen Schnüre des Pelzes** **mit Schnur** ungeschnürt,

560 *χori-awi kàt esəm*	[ihre] **schönen**, **wogenden beiden Brüste**
kàmən lajləŋən,	wallen hervor,
561 *jiŋk-jiŋəl jawələstàn*	es ist, als ob ein Birkenrindeneimer [voll
wuntəl ol.	Wasser] hin und her schwankt, scheint's.
562 *marťi mŏw tŏχləŋ lawəl*	Ihr **geflügeltes Pferd des Südlandes**
563 *law tăjlà law jim χat*	führt sie in den **vom Pferd**
esl̥ləli.	**gehabten guten Stall**.
564 *mànem-pà*	Mich aber packt sie
jasem-peli oχəl sor	am **dünnen Unterarm**
kàtl̥ləli,	**des einen Armes**,
565 *lŏw aməsmàl*	führt mich hinein in das von
χos niŋ mănlà seγəlt χatnà	**ihr bewohnte, von zwanzig Frauen**
jălnà lăŋkəltləli,	**begangene Haus mit Brettern**,
566 *lŏw χojmàl*	sie zieht mich hinein, auf das
somləŋ săspi làj-χar-sŏχ	**kerbrückige dunkle Renstierfell**,
wutnà kiltəlli.	auf dem sie gelegen hat.
567 *wurt laptəp sŏχ joχlàm*	Meinen **Lederschießbogen mit roter**
	Birkenrindenschicht
568 *mul χati suŋətnà*	legt sie hin in den **Winkel des Hauses**
wutnà pŏntàl.	**mit heiligem Winkel**.
569 *sarńi χŏməŋ jim narem*	Meinen **guten Säbel mit goldener Schneide**
570 *tŏmanəŋ awpi jim làràs*	legt sie auf den Deckel des
làŋkləlna nomən pŏntàl.	**guten Kästchens mit schlossiger Tür**.
571 *lăχrəŋ χuji jim telàm*	Mein **gutes Kleid des Mannes mit**
nomən eŋklà,	**Panzerhemd** zieht sie mir aus,
572 *maj-χuji sŏχlà tel*	das **Lederkleid des Bräutigams**
nomən eŋklà,	zieht sie mir aus,
573 *χar-tăγəs wuntàŋ kàt ńir*	**zwei große Schaftschuhe aus**
nomən eŋklà.	**Renstierhuffell** zieht sie mir aus.
574 *mànem-pà*	Mich aber legt sie
loməŋ χŏr loməlnà	in den **Busen des**
siti pŏntàl.	**Gewandes mit Busen**.
575 *sări àt jim sopàn*	Nach der ganzen Länge des
muj χŏw oltàl,	**guten Stücks der dunklen Nacht**
576 *semem jir aləŋ*	öffne ich **das Ende**
nomən puslem:	**meines Augenrandes**:
577 *tăwi-lărńəŋ imew*	Unsere **sonnenhelle Frühjahrs-Frau**
578 *χătl-kutəp jim sojəlt*	wendet sich von der **Tagesmitte** dem **guten**
kàrimàl.	**Untergehen** zu.

579 *puti ŏχpi lewi χaten*	Wie lang ist schon das **Haus der**
χuntsi kilmål,	**schwarzköpfigen Diener** aufgestanden,
580 *min-på*	wir beide aber,
marťi-mŏw sewəŋ nåj	die **bezopfte Heldin des Südlandes**
pilətnå	und ich,
581 *i lomi tinəŋ sop*	wir liegen noch unter dem
χŏlnå χojləmən.	**teuren Stück derselben Decke.**

Nach der ersten Aufgabe, die darin bestand, einen Panzer mit einem Pfeil zu durchschlagen, wird er für die zweite Aufgabe von seinen Schwagern an einen mächtigen, bis zum Himmel reichenden Felsen geführt, den es mit einem Pfeil zu spalten gilt. Er betet am Fels um Beistand und verspricht als Dankesopfer seine Schwager:

1010 *wåjəŋ ńal kutpemnå*	Ich hob den **Pfeil mit Schaft**
χoŋkəltijsem.	bis zu meiner Brust.
1011 *śaγər-joχəl jim jintem*	So schnellt die **gute Bogensehne**
lŏw si pitl,	**des Hornbogens** zurück,
1012 *torəmnå χajəm jeməŋ kew*	bis zum **heiligen Felsen, der zum**
χŏśå	**Himmel reicht**;
1013 *korti pătəp jim moŋχåm*	fällt der **gute Klumppfeil**
siti χajəl,	**mit eisernem Grund,**
1014 *torəmnå χajəm jeməŋ tut*	entfacht ein **heiliges Feuer,**
wuśiləl;	**das zum Himmel reicht**;
1015 *tårən on jeməŋ siw*	ein **großer heiliger Rauch**
ellilijil.	**des Krieges** steigt empor.
1016 *tårən on jeməŋ siw*	Inmitten dieses **großen**
kutnå	**heiligen Rauchs des Krieges**
1017 *χŏśŋem lajəm*	der **älteste Held des Südlandmannes,**
marťi-mŏw-χuj wul ortån	**der bei mir gestanden hatte,**
1018 *lăχər sat śol'əŋ sij*	mit **teurem Klirren des Panzers**
i-pus pitlən,	fällt er plötzlich hin,
1019 *esməŋ larəŋ jim mewəl*	seine **brustwarzige berühmte gute Brust**
1020 *păsəŋ ńal păsəlnå*	wird dann von der **Kerbe**
siti χajlå.	**des Pfeiles mit Kerbe** getroffen.
1021 *sări-paχləŋ joχəl χol pelå*	Bis hin zum **glücklichen Zwischenraum der Schulterblätter,**
1022 *pelkəŋ lăχər peləklål*	das **Panzerhemd mit Hälfte**
mănsimån	**in Hälften** zerreißend,
1023 *puləŋ unləp ńorəm-såw*	wurde er wie von der [Todes-]**Elster**
măχti poltså.	**mit gefräßigem Maul** verschlungen.

1024 *lȧj wuri teləŋ ńalȧm*	Meinen **Pfeil voll dunklen Blutes**
1025 *χăla χălti sŏχəŋ mŏw*	ließ ich jedoch mitnichten auf die **fellige**
ȧnt pȧjitsem,	**Erde, wo die Toten sterben**, fallen,
1026 *lăχər jas pasətnȧ*	mit den **Fäustlingen des Panzers**
kȧtlilijlem.	fange ich ihn auf.
1027 *sȧ̆nsəŋ joχəl sȧ̆nsȧm elti*	Ich legte ihn noch einmal
pȧ pŏn‘sem.	über den **Rücken des Bogens mit Rücken**.
1028 *i kurȧm*	Meinen einen Fuß
săs-wȧsi tinəŋ wăl	stellte ich auf die **teure Stelle**
ilin sŏksem,	**der Hermelin-Ente**,
1029 *ȧmp χirəm măl jim lat*	ich stützte ihn in die
sŏwitijsem.	**vom Hund gegrabene tiefe gute Grube**.
1030 *i-pelək*	Meinen anderen
wet lujpi lujəŋ kurȧm	**zehigen Fuß mit fünf Zehen**
1031 *kul lerpi lerəŋ juχ*	stemmte ich an den
tŏχi wartsem.	**wurzeligen Baum mit dicken Wurzeln**.
1032 *semem-jir aləŋ*	**Das Ende meines Augenrandes**
num-torəm χojim jiŋk	richte ich auf das **Wasser**,
nomən pȧjitlem:	das **zum oberen Himmel reicht**:
1033 *„on sarńi wintȧŋ χuj*	**„Großer goldener mächtiger Mann**,
jiri χolȧ!	mein Großvater, höre!
1034 *tȧm marťi-mŏw-χuj jiŋkəlnȧ*	Bei diesem **Wasser des Südlandmannes**
1035 *jerməm torəm lȧpət pȧ̆ti*	bin ich in den **sieben Gründen der bedräng-**
jerməltsȧjəm,	**nisvollen Welt** in Bedrängnis geraten,
1036 *sarnilȧ kȧ̆li păl*	höre mich mit **scharf hörenden goldnen**
mȧnem χoli!	**Ohren** an!
1037 *χuntsi săsi* [*mŏw*] *χăremnȧ*	Wenn ich jemals wieder zu meinem
jŏχətləm-ki,	**Erdboden des Geburtslandes** komme,
1038 *marťi-mŏw-χuj tȧ̆jlilijəm*	möge das **vom Südlandmann gehabte**
marťi-mŏw tŏχləŋ law	**geflügelte Pferd des Südlandes**
1039 *torəm weńśəŋ jeməŋ juχ*	beim **himmelsgesichtigen heiligen Baum**
pilnȧ nȧ̆ŋen ȧt ol!	zu dem deinen [i. e. Opfer] werden!
1040 *tȧ̆jəŋ ńal jim tȧ̆jȧm*	An der **Stelle** aber, **wo die gute Spitze des**
mȧ̆nti tăχa	**Pfeiles mit Spitze** durchgegangen sein wird,
1041 *ńal χŏrəŋ jim wus* (*sop*)	mache ein **pfeilgestaltiges gutes**
pelək-pŏni!	**Stück des Loches**!
1042 *marťi-mŏw χut upȧm*	Meine **sechs Schwager des Südlandes**,
(*lŏw tȧm nilȧ*)	die da zu sehen sind,
1043 *tȧ̆jəŋ ńal χajti tăχa*	an den **beiden Seiten der vom Pfeil**
kȧt peləknȧ	**mit Spitze getroffenen Stelle**

1044 *χăni oŋk χoləm sop*	mögen sie als **drei Tropfen**
tŏχi ȧt χănlət!	**klebrigen Harzes** kleben!
1045 *χănti-χuj noptəŋ torəm*	Wenn dann deine, die **Welt im Zeitalter**
aməstinȧ	**des Menschengeschlechts** bewohnenden,
1046 *mart́i-mŏw ȧr wajȧn*	**vielen Vögel des Südlandes**
jăŋ'ti isnȧ	[diesen Ort] durchfliegen,
1047 *tŏχləŋ waj jim taχrəp*	mögen sie [die Schwager] sich als **gutes**
lŏw ȧt werləl,	**Hindernis** für die **geflügelten Tiere** bemühen,
1048 *tŏχləŋ waj jim sărt*	mögen sie als **gute Klemme**
lŏw ȧt aməslət!"	für die **geflügelten Tiere** sitzen!"
1049 *semȧm-jir*	Als ich den **Rand meiner Augen**
pȧjitmemnȧ	[auf den Felsen] richte,
1050 *sănsəŋ joχəl sănsȧm ewəlt*	vom **Rücken des Bogens mit Rücken**
1051 *kortilȧ jim moŋχ*	war der **gute Klumppfeil aus Eisen**
χăś sŏkənmȧl,	kaum losgegangen,
1052 *kortəŋ moŋχ kortəlnȧ*	ich hatte ihn am **Eisen des Klumppfeiles**
χoŋkəltijmem,	**aus Eisen** steigen lassen,
1053 *ńŏχsəŋ lȧŋkər kȧt pelkȧm*	meiner **zwei Seiten der Zobel-Schulter**
1054 *ńel-tonti jim lătəŋ*	**gutes Knacken** [wie] **lose Birkenrinde**
wertən śȧtl.	ist zu hören.
1055 *tȧk lerpi lerəŋ juχ*	Es ist, als ob ein **wurzeliger Baum**
taχtȧl wuntəl ol.	**mit starker Wurzel** bricht.
1056 *śaγər-joχəl jim jinti*	Die **gute Bogensehne des Hornbogens**
lŏw si pitl,	schnellt zurück,
1057 *lepət mŏw ȧr luŋkȧn*	die **vielen Geister der weichen Erde**
1058 *lerəŋ juχ kutpətnȧ*	wirbeln heran
sijilijlət.	zwischen die **Bäume mit Wurzeln**.
1059 *torəmnȧ χajəm ńosəŋ kew*	So wird der **bunte Fels**, der **zum**
lŏw si χajlȧ.	**Himmel reicht**, getroffen.
1060 *i altəm χoləm nȧj*	Er barst **drei**
ăritijsȧ.	**aufeinanderfolgende Tage**.
1061 *χolmət nȧj lăŋti nȧj*	Als die **untergehende Sonne**
lăŋkəm-kemnȧ	**am dritten Tage** unterging,
1062 *sijli ńal tinəŋ wăl*	fiel er [i. e. der Pfeil] plötzlich auf die
weliś pitəs.	**teure Stelle des geräuschlosen Pfeiles**.
1063 *kȧt ortlȧn mănti jos*	Ein **Weg, auf dem zwei Helden**
ăritijəm,	**gehen können**, war geborsten,
1064 *χoləm ortlȧn sosmȧŋ jos*	ein **Weg, auf dem drei Helden**
ăritijəm.	**gehen können**, war geborsten.
1065 *mart́i-mŏw χut upȧm*	Ich suche nach meinen **sechs Schwagern**
konseməslȧm:	**des Südlandes**:

1066 *tăjəŋ ńal jim sopem* *χajəm tăχa kȧt pelək*	**Auf beiden Seiten der Stelle, die vom guten Stück des spitzigen Pfeiles getroffenen worden war,**
1067 *seməl χŏti tiwmȧl* *śel-kewi jim sop* *tŏχi-ăwlətməl.*	hatten sie sich in ein [neu] entstandenes **gutes Stück des reinen Felsens** verwandelt.
1068 *seməl-ki pusl̆ət* *mŏr-korti jim măχti* *tȧll'iləlȧl.*	Wenn sie ihre Augen öffnen, klopfen diese gegen die **gute Umgebung** **des reinen Eisens**.
1069 *sitemnȧ* *pȧ̆rtȧ weśpi χuj jim waj* *jălnȧ kerləl̆əm.*	Darauf wende ich mich wie ein **männliches gutes Tier mit** **zurückgewandtem Gesicht** um.
1070 *juχəŋ was jim pelȧ* *jălnȧ sosləm,*	Ich schreite in die **gute Richtung** **der hölzernen Stadt**,
1071 *lerəŋ joχəl suwətnȧ* *siti sosləm.*	ich schreite mit dem **Bogenstock** **aus Wurzelholz** einher.

Nach der Rückkehr in die Südstadt macht er dort in einem Anfall von Furor heroicus alles nieder, bis sich sein Großvater in Begleitung des verschollen geglaubten Vaters in einem Kahn einfindet. Sie besichtigen den gespaltenen Felsen und die versteinerten Helden. Dann drängt der Vater auf Rückkehr in ihre Heimatstadt:

1246 *„ńăləŋ ort mŏχiji* *mănləw tăŋχȧ!“*	„Oh Jüngelchen, **Held mit Pfeil**, gehen wir doch!“
1247 *mȧ ȧjəŋ lol alŋem* *χŏti werlem:*	So (eig. wie) mache ich das **Ende meines Nachrichtenmundes**:
1248 *„leləm χap suwiŋ lăl* *mȧ ănt lelləm.*	„[In die] **moosige Abteilung des Bootes**, **in dem man zu sitzen pflegt**, setze ich mich nicht.
1249 *marťi-mow sewəŋ nȧj* *meńen tuwȧlən!(“)*	Deine Schwiegertochter, die **bezopfte Heldin** **des Südlandes**, nehmt [dort] mit!(“)
1250 *mȧ χŏti mȧnem tuwəm* *marťi-mŏw tŏχləŋ law pilnȧ*	Ich freilich gehe[14] (so) mit dem **geflügelten Pferd des Südlandes**
1251 *săsi-mŏw χăremnȧ* *siti mănləm,*	zum **Boden meines** **Geburtslandes,**
1252 *law sati jim săsəlnȧ* *siti mănləm.[“]*	auf dem **teuren guten Rücken des Pferdes** gehe ich (so).[“]
1253 *law sati jim χat ewəlt*	Aus dem **teuren guten Haus des Pferdes**

14 Vers 1251.

1254 *ȧjəŋ χuj ȧr mŏχennȧ*	wurde [es] von den **vielen Söhnen**
pȧ munti	**des Nachrichtenmannes**
kȧmən tuwəm.	auch schon herausgeführt.
1255 *nȧrilȧ suwəŋ jas*	[Mit dem] **Säbel [als] Stab [in der] Hand**
tŏχi-sosləm.	schreite ich dorthin.
1256 *mȧ jitem-săχȧt*	Das (eig. wie) sehe ich
χŏti wantlem:	während meines Kommens:
1257 *law sati jim seməl ewəlt*	Aus dem **teuren guten Auge des Pferdes**
1258 *măsəl jiŋk jim tăχti*	fließt der **gute Tropfen des**
muj pȧsijil,	**Schweißwassers** [oder] was,
1259 *săməŋ waj săməl jir aləŋ*	wie wenn das **Seitenende des Herzens**
mănmȧl-lȧmpȧ.	**des Tieres mit Herz** gegangen (d. h.
	erschrocken) wäre
1260 *law sati jim śermȧt*	Ich ergreife die **teuren guten Zügel**
kȧtlilijlem,	**des Pferdes,**
1261 *sănsəŋ nȧri sănsȧmnȧ*	mit dem **Rücken des Säbels mit Rücken**
1262 *ńăləŋ waj ńăləlnȧ*	tätschele ich die **Schnauze des Tieres**
seŋkilijlem:	**mit Schnauze**:
1263 *„χălewət werlȧjən*	„Wenn[15] die den Morgen machende,
sarńi sem χŏńmȧŋ nȧj	**das goldene Auge schließende**
	[Sonnen-]Fürstin
1264 *tăjəŋ juχ pălȧtti*	in die **Höhe der wipfeligen Bäume**
χătti-kemnȧ,	kommt,
1265 *ăl'ȧŋ kew alŋəlnȧ*	wenn [sie in die] **gute Höhe des eisernen**
kortəŋ nȧri jim pălȧt	**Säbels** am **Ende des gleißenden Urals**
pitti-kemnȧ	fällt,
1266 *χuśi χuj wul wasȧmnȧ*	[und (wenn) du noch] nicht in meiner **großen**
ănt-ki jŏχətlən,	**Stadt des *χuśi* -Mannes** angekommen bist,
1267 *sŏχəl χŏrti sŏχəŋ waj*	warum sollte ich ein **felliges Tier**
mȧ χunt kăsləm?“	**zum Fellhäuten** suchen?“
1268 *sănsəŋ waj săsəl elti*	Über den **Rücken des Tieres mit Rücken**
	hinweg
1269 *răməŋ tŏχləŋ χuj jim waj*	setze ich mich auf das **gute männliche Tier**
nomən lelləm.	**mit flatternden Flügeln.**
1270 *ńăləŋ waj ńăləl-pȧ*	Die **Schnauze des Tieres mit Schnauze aber**
1271 *num-torəm χajəm jiŋk*	hob es empor zum **laugigen** (?) **Wasser**
nomən săsmȧl,	**des oberen Himmels,**

15 Vers 1264.

1272 *torəmnȧ χajəm ńŏsəŋ kew* *lȧŋkəl ewəlt* *siti tuwmem.*	So wurde ich über das Dach des **bis zum Himmel reichenden bunten Ural** gebracht.
1273 *sŏχlȧ torəm lȧpət pŏŋk* *kȧtləsijis,*	Er langte die **sieben Flächen des heiteren Himmels** an,
1274 *puti pǎləŋ ȧr paχəl* *numpi ewəlt* *siti tutem.*	Über die **vielen Stücke der schwarzen Wolken** trägt es mich so hinüber.
1275 *i-olti* *lŏŋk-sem pǎtlȧm sǎri ȧt* *siti tuwmȧl*:	So brachte es [mich] [in der] einmal seienden, [wie ein] **Geisterauge dunkle, stockfinstere Nacht**:
1276 *χŏlȧ-χuńtľ* *tǎjəŋ juχ jim pǎlȧtnȧ* *siti pitəs,*	Die Morgendämmerung gelangte (so) in die **gute Höhe der wipfeligen Bäume**,
1277 *tǎwi-lǎrńəŋ imen*	die **sonnenhelle Frühjahrs-Frau**
1278 *tǎjəŋ juχ numpəlnȧ* *siti juwmȧl.*	kam so über die **wipfeligen Bäume**.
1279 *sarńi sem ȧltnȧŋ nȧj* *siti tuwmem.*	So wurde ich [beim Schein der] **das goldene Auge erhebenden [Sonnen-]Fürstin** getragen.
1280 *tǎjəŋ juχ pǎlȧtti* *ǎntȧ pitl,*	Sie war [noch] nicht in die **Höhe der wipfeligen Bäume** gelangt,
1281 *χuśi-χuj wul wasnȧ* *siti pitəs,*	da gelangte es (i. e. das Pferd) in die **große Stadt des *χuśi*-Mannes,**
1282 *mȧ aməsmem* *kit juχi altnȧŋ χat*	zum von mir bewohnten, **aus zwei Bäumen gezimmerten Haus,**
1283 *sǎnsəŋ χat sǎsəlnȧ* *siti pitəs.*	an den **Rücken des Hauses mit Rücken** (i. e. hinter das Haus) geriet es (so).

Der heimkehrende junge Held wird von seiner Mutter, die ihn schon tot gewähnt hat, begrüßt. Nach einiger Zeit treffen der Großvater und der Vater mit der Braut ein. Sie entladen die reiche Beute und feiern ein großes Fest, in dessen Verlauf das Pferd als Opfer dargebracht und der junge Held mit der Heldin des Südlandes vermählt wird.

4 Die poetischen Formeln im „Lied des Volkes von der Eisstadt“

4.1 Erfassung der poetischen Formeln

Bei der Isolierung der poetischen Formeln wurde wie folgt vorgegangen:

In einem ersten Schritt wurden Verbalvers(teil)e (bzw. deren Pendants in PÁPAYS Aufzeichnung) abgetrennt. Diese Verbalvers(teil)e sind zum einen durch das Verb am Zeilenende, zum anderen durch die einleitenden Elemente (Pronomina, Adverbien) kenntlich. Ebenso wurden die einleitenden „anakrusischen (Auftakt-) Verse“ (AUSTERLITZ 1963: 277) ausgeschieden. Das übriggebliebene überwiegend nominale Gefüge konnte dann nach morphosyntaktischen Gesichtspunkten gegliedert werden. Hilfestellung leisteten dabei z. B. die Adjektiva auf *-(ə)ŋ*, *-(ə)p* oder *-(ə)pi*, die aus syntaktischen Gründen nicht das letzte Element des Nominalverses sein können. Im folgenden konnten dann die einzelnen, im Idealfall vier Glieder der poetischen Formel festgelegt werden. Dabei erhielt das an letzter Stelle stehende Nomen, im Normalfall ein Substantiv, den Code G4 (viertes Glied), das davorstehende Attribut G3 usw. Mit dieser Zählung wird gewährleistet, daß das syntaktisch zentrale Nomen, das auch in der diktierten Fassung erscheinen muß und auch ausnahmslos erscheint, bei viergliedrigen Formeln immer den Code G4 trägt (bei dreigliedrigen **XYZ** bzw. **XYX**, s. Kapitel III). Bei unvollständigen poetischen Formeln kann häufig mit Hilfe bestimmter Kriterien festgestellt werden, welches Glied vermutlich weggelassen wurde.

Die häufig gesetzten Kasussuffixe und Postpositionen wurden prinzipiell für die Darstellung abgetrennt, da sie wohl ursprünglich nicht zu der versgebundenen Folkloresprache gehörten. Einerseits verdanken sie ihr relativ häufiges Vorkommen der Aufzeichnungssituation, in der der Erzähler vermehrt auf die Syntax der Prosa- und/oder Umgangssprache zurückgegriffen hat, und PÁPAY, der sie bisweilen erst in der Überarbeitung in eckigen Klammern eingefügt hat (so in den Versen 253, 607, 609, 617, 694, 781, 874, 1106, 1242, 1346). Andererseits könnten Kasussuffixe und Postpositionen auch bereits in die nicht mehr ganz traditionelle Liedersprache 88eingeführt worden sein. Daß sie dennoch abgetrennt werden dürfen und zum Teil sogar müssen, geht aus der Tatsache hervor, daß bei ihrer Nichtberücksichtigung die Formeln regelmäßigen Bildungsmustern folgen.

Possessivsuffixe dagegen werden als Elemente, die in ihrer Verwendungsweise durchaus in teilweise spezifischen Funktionen[16] zur Dichtersprache gehören, zitiert. Da sie aber keine konstituierenden Elemente der poetischen Formeln sind, werden sie in der Übersetzung in Klammern angeführt. Poetische Formeln, die sich nur durch Possessivsuffixe unterscheiden, werden als eine und dieselbe poetische Formel behandelt.

4.2 Das Formelinventar

4.2.1 Bemerkungen zur Transkription

Transkribiert wurde nach den Prämissen, die in Steinitz 1950b, OA II und DEWOS 1670 angegeben sind, der Text wurde also grob phonologisiert. Die phonematisch genaue Interpretation der Daten ist in den meisten Fällen für die Analyse der poetischen Formeln unerheblich. Ergeben sich durch unterschiedliche Trankriptionsmöglichkeiten verschiedene inhaltlich sinnvolle Interpretationen, so werden die entsprechenden Daten in der Originalschreibweise diskutiert.

4.2.2 Die poetischen Formeln im Liedverlauf

In wörtlicher Übersetzung wird im folgenden das gesamte Inventar an poetischen Formeln des „Liedes des Volkes von der Eisstadt“ angeführt.

Um die Struktur der Formeln klarer darzustellen, wird auf die Wiedergabe der Possessivpronomina in der Übersetzung verzichtet[17]: Diese dienen nicht zur Identifikation der poetischen Formeln und drücken zudem häufig gar kein Possessivverhältnis aus, sondern erfüllen pragmatische oder gar rein metrische Funktion.

Zur Transparenz der Darstellung soll auch die kleinere Schreibung der Partizipialverse beitragen.

---

16 S. OA I: 227–8, OA II: 50–57.

17 Die Possessivsuffixe nehmen im Ostjakischen nur maximal eine suffigierte Silbe ein, während im Deutschen die Possessivpronomina die Zahl der Formelglieder erhöhen würden.

	joŋk-wasəŋ jaχ ȧr	Lied des Volkes von der Eisstadt
	(*soptəŋ ort ȧr*)	(Lied des Helden vom [Flußlauf] *soptəŋ*)
1	*on sȧrni wuntȧŋ χuj*	großer goldener mächtiger Mann
2	*mă̇ti weśpi weśȧl mŏw*	was für eine gesichtige Erde mit Gesicht
3	*mă̇ti sijpi sijȧl jiŋk*	was für eine seitige Gegend mit Seite
4	*χapnȧ jăŋ‘lȧ χapəŋ jŏχan*	von Booten befahrbarer Fluß mit Booten
5	*χuśi-χuj wul jim was*	des *χuśi*-Mannes große gute Stadt
6	*jă̇γi-χuj wul jim was*	des *jă̇γi*-Mannes große gute Stadt
7	*jijli mewəl alŋəl*	Ende der vaterlosen Brust
8	*esməŋ mewləp ȧŋkem*	Mutter mit brustwarziger Brust
9	*enəmti χuj jasȧm jir*	Rand der Hand des wachsenden Mannes
10	*seŋkəlti χuj kurȧm jir*	Rand des Fußes des heranwachsenden Mannes
11	*seŋkəlti χuj [kurȧm jir]*	Fußglied des heranwachsenden Mannes
12	*esməŋ mewləp ȧŋkem*	Mutter mit brustwarziger Brust
13	*esməŋ mewləp ȧŋki*	(oh) Mutter mit brustwarziger Brust
14	*ȧj lari melti χat*	Haus von der Größe eines kleinen Teiches
15	*esməŋ mewləp ȧśem*	Vater mit brustwarziger Brust
16	*mă̇tti mŏw suŋəl*	irgendeine Erdecke
17	*χos-lŏwȧt on torəm*	großer Himmel in der Höhe der Sterne
18	*ȧjəŋ waj ȧjəl*	Nachricht des Nachrichtentieres
19	*keləŋ waj keləl*	Botschaft des Botschaftentieres
20	*pălem-ki sȧj-ńur*	Schellenten-Knorpel des Ohres
21	*jijem-ki sewəŋ ŏχ mănilijəm*	vom bezopften Haupt des Vaters gebrachtes
	nurəŋ mŏw alŋəl	Ende der Rache [bringenden] Erde
22	*ort lajti sŏχməŋ wăl*	zu beschreitende Stelle des Stehens des Helden
23	*jij sati jim nurȧm*	teure gute Rache des Vaters
24	*esməŋ mewləp ȧŋkem*	Mutter mit brustwarziger Brust
25	*ȧjəŋ lol alŋəl*	Ende des Nachrichtenmundes
26	*ńaləŋ ort*	Held mit Pfeil
27	*jijen-ki sewəŋ ŏχ jim nurəl*	gute Rache des bezopften Hauptes des Vaters
28	*kul' oni sewəŋ ort*	Teufel-großer bezopfter Held
29	*χap-pă̇ti teri lăl*	verschimmelte Abteilung des Kahngrundes
31	*sewəŋ ŏχ jim nurəl*	gute Rache des bezopften Hauptes
32	*puti săχpi sewəŋ ort*	bezopfter Held mit schwarzem Fell
33	*sat ńŏχəs liji χŏri*	Fellbündel aus hundert Zobelschwänzen
34	*somləŋ să̇spi lȧj-χar-sŏχ*	kerbrückiges dunkles Renstierfell
35	*χŏn werlȧ*	bäuchige (Bauch gemachte)
	wȧś lijpi lijəŋ ari	dünnschwänzige Hündin mit Schwanz
36	*ȧj lari melti χat*	Haus von der Größe eines kleinen Teiches

37	*mărijtəm tŏw jim χul*	siechender guter Seefisch
38	*weləm or-waj kȧsəŋ jos*	freudiger Weg des zu erlegenden Wildes
39	*sarńi sempi seməŋ nȧj*	äugige [Sonnen-]Fürstin mit goldenem Auge
40	*esməŋ mewləp ȧŋkem*	Mutter mit brustwarziger Brust
41	*χos peŋkpi peŋkəŋ uŋəl*	zahniger Mund mit zwanzig Zähnen
42	*sepəŋ antəp sepət*	Holzmehl der Wiege mit Holzmehl
43	*puti juχpi săχəlt-ont*	Weidenwald mit schwarzen Bäumen
44	*wurti piśpi liś-lȧŋki*	rothüftiges Eichhörnchen mit Fangschlinge
45	*mŏləm put χŏw jim sis*	lange gute Zeitspanne des aufgesetzten Kessels
46	*esməŋ mewləp ȧŋkem*	Mutter mit brustwarziger Brust
47	*ńaləŋ ort*	Held mit Pfeil
48	*weləm or-waj kȧsəŋ jos*	freudiger Weg des zu erlegenden Wildes
49	*χuśi-χuj wul jim was lȧjlilijsȧ*	[in] des *χuśi*-Mannes großer guter Stadt bewachter
50	*ȧr-lŏŋk-latəm-tăləŋ ŏχ*	viele Geister gesetzt(?) habendes unversehrtes Haupt
52	*ȧjəŋ waj ȧjəl*	Nachricht des Nachrichtentieres
53	*ńaləŋ ort*	Held mit Pfeil
54	*lipəŋ χat lipen*	Innenseite des Hauses mit Innenseite
55	*jiren am‘səm*	vom Großvater bewohntes
	χoləm pȧjart altnȧŋ χat	aus drei Brettern zusammengefügtes Haus
57	*ăn‘ tăjlȧ*	ungebrauchter
	jintəm uŋpi jim χir	guter Sack mit zugenähter Öffnung
58	*ńăl-pesi oχəl săχ*	dünner Pelz aus …-Rentierkalbfell
59	*el-χŏri melək tel*	hautgestaltiges, warmes Kleid
60	*el-χŏri χasəm tel*	hautgestaltiges, wärmendes Kleid
61	*suŋəŋ χir suŋəl*	Winkel des Sackes mit Winkel
62	*χujiŋ ruś-χuj*	des mannigen Russen-Mannes
	tinəŋ kȧmkȧ χoləŋ ŏχsȧm	an teurer Seide reiches Tuch
63	*răsəl χŏw răsəŋ ŏχsȧm*	fransiges Tuch mit langen Fransen
64	*sat optəŋ χoləŋ ŏχ*	reiches Haupt mit hundert Haaren
65	*kăli tăjpi tăjəŋ păŋχras*	spitzige Pflanze mit roter Spitze
66	*saγləŋ χat-χăr ńijil ter*	acht Stangen(?) des Fußbodens aus Latten
67	*nȧŋk-juχi jiləŋ ăw*	zügige Tür aus Lärchenholz
68	*χol-juχi jiləŋ ăw*	zügige Tür aus Fichtenholz
69	*nŏrəŋ ăw nŏrəl*	knaufige Tür mit Knauf
70	*wet lujpi lujəŋ jas*	fingerige Hand mit fünf Fingern
71	*χar χoχəllȧ χŏw jim lepəŋ*	vom Renstier belaufenes langes gutes Vorhaus
73	*mărəŋ pon χŏw mări*	langer Zeitabschnitt der Fischreuse mit Zeitabschnitt
74	*sisəŋ pon χŏw mări*	langer Zeitabschnitt der Fischreuse mit Zeitspanne

75	*pȧ̆lem-ki sȧj-ńur*	Schellenten-Knorpel des Ohres
76	*pȧ̆təŋ wȧj-pȧ̆t*	der Sohle des Stiefels mit Sohle
	śeχrəŋ sij	knirschendes Geräusch
77	*ort aməslȧ satəŋ wăl*	teure Stelle, an der der Held zu sitzen pflegt
78	*nȧŋk-juχi jiləŋ ȧ̆w*	zügige Tür aus Lärchenholz
79	*esməŋ mewləp ȧŋkem*	Mutter mit brustwarziger Brust
80	*ȧjəŋ lol alŋȧm*	Ende des Nachrichtenmundes
81	*mŏlȧ olti ȧjəŋ waj ȧjəl*	wie seiende Nachricht des Nachrichtentieres
82	*mŏlȧ olti keləŋ waj keləl*	Botschaft des wie seienden Botschaftentieres
83	*esməŋ mewləp ȧŋkem*	Mutter mit brustwarziger Brust
84	*ńaləŋ ort*	Held mit Pfeil
85	*pȧ̆len-ki sȧj-ńur*	Schellenten-Knorpel des Ohres
86	*χuśi-χuj wul jim was lȧjiltsȧjən*	die des *χuśi*-Mannes großer guter Stadt bewachendes
87	*sat-lŏŋk-latəm-tȧ̆ləŋ-ŏχ*	hundert Geister gesetzt(?) habendes unversehrtes Haupt
88	*lipəŋ χat lipəl*	Innenseite des Hauses mit Innenseite
89	*sat-lŏŋk-latəm-tȧ̆ləŋ-ŏχ*	hundert Geister gesetzt(?) habendes unversehrtes Haupt
90	*ȧjəŋ lol alŋəl*	Ende des Nachrichtenmundes
91	*jasəl seŋkləm seŋkləm ort*	gewachsener Held mit gewachsener Hand
92	*wantti-sem sopem*	Stück des Auges
93	*i-sŏχməp jim waj*	éin Schritt des guten Tieres
94	*suŋən χat suŋəl*	Winkel des Hauses mit Winkel
96	*ănt tȧ̆jlȧ*	ungebrauchter
	jəntəm uŋpi χir	Sack mit zugenähter Öffnung
97	*śuχəś-wuri χăsmȧŋ kȧt wȧj*	zwei Stiefel mit bestickter Fersenkante
98	*ńŏχsəŋ sȧs (sȧns)-sopem*	Stück der Zobel-Knie
99	*ńaləŋ ort*	Held mit Pfeil
100	*wet lujpi lujəŋ kur*	zehiger Fuß mit fünf Zehen
101	*mȧ̆tti mŏw*	von irgendeines Landes
	sewəŋ nȧj torəm jăl	bezopfter Heldin [gemachte] himmlische Naht
103	*χujiŋ ruś-χuj sirtəŋ noj*	Wollgarn-Tuch des mannhaften Russen-Mannes
104	*esməŋ mewləp ȧŋkem*	Mutter mit brustwarziger Brust
105	*jewər-sŏχi jim mal'śȧŋ*	gute Malitza aus Wolfsfell
106	*măχlȧ-sŏχi jim mil*	gute Mütze aus Biberfell
107	*suŋəŋ χir i suŋəl*	éin Winkel des Sackes mit Winkel
108	*ńăl-pesi oχəl parγa*	dünner Sackpelz aus ...-Rentierkalbfell
109	*ȧjəŋ lol alŋəl*	Ende des Nachrichtenmundes
110	*ńaləŋ ort*	Held mit Pfeil
111	*kortnȧ olti lȧpət satȧn*	in Eisen seiende sieben Hundert[schaften]

112	*enəmti χuj jasȧn jir*	Rand der Hand des wachsenden Mannes
113	*kimpəŋ χat kimpen*	Außenseite des Hauses mit Außenseite
114	*sewəŋ χuj jim χŏrȧn*	gute Gestalt des bezopften Mannes
115	*ort lajlȧ sŏχməŋ wăl*	zu beschreitende Stelle des Stehens des Helden
116	*sat paχ̆ləŋ paχləŋ ă̇ntəp*	knopfiger Gürtel mit hundert Knöpfen
117	*alŋəŋ ă̇ntəp jim alŋəl*	gutes Ende des Gürtels mit Ende
118	*liti tut jim ńȧləm*	gute Zunge des fressenden Feuers
119	*esməŋ mewləp ȧŋkem*	Mutter mit brustwarziger Brust
120	*jasȧm-peli oχəl sor*	dünner Unterarm des einen Armes
121	*saγləŋ χat-χăr ńijil ter*	acht Stangen(?) des Fußbodens aus Latten
122	*nȧŋk-juχi jiləŋ ă̇w*	zügige Tür aus Lärchenholz
123	*χol-juχi jiləŋ ă̇w*	zügige Tür aus Fichtenholz
124	*χar χŏχəllȧ χŏw lepəŋ*	vom Renstier belaufenes langes Vorhaus
125	*kunšəŋ ńormi jim ă̇wpi χat*	Haus mit kralliger sumpf[tierfell]iger Tür
126	*kunšəŋ ńormi jim sŏχəl*	gutes Fell des kralligen Sumpf[tier]es
127	*kimpəŋ χat kimpəl*	Außenseite des Hauses mit Außenseite
128	*χuśi-χuj wul wasȧm*	große Stadt des *χuśi*-Mannes
129	*χărəŋ was χărəl*	Platz der Stadt mit Platz
130	*kortnȧ olti lȧpət satȧm*	in Eisen seiende sieben Hundert[schaften]
131	*χuji-pi lȧpət pȧj*	sieben Gruppen Männer
132	*jirpȧŋ ŏχ χoləm pȧjik*	drei Gebete des gebeugten Hauptes
133	*kuśpəŋ ŏχi χ̆oləm pȧjik*	drei Gebete des pfeifenden Hauptes
134	*jă̇rlȧ was jă̇rəw*	Herrscher der beherrschten Stadt
135	*enəmti χuj jasȧn jir*	Rand der Hand des wachsenden Mannes
136	*enəmti χuj kurȧn jir*	Rand des Fußes des wachsenden Mannes
137	*mă̇tti-mŏw suŋəl*	irgendeine Erdecke
138	*sȧrəŋ l′ȧl′i jim sop*	gutes Stück des Feindes mit Kriegsgeschrei
139	*să̇ri-pȧγləŋ joχəl-χolȧn*	glücklicher Zwischenraum der Schulterblätter
140	*kȧrəŋ nȧŋk siltəŋ was*	Festung mit Palisade aus rindiger Lärche
141	*kortnȧ olti lȧpət sat*	in Eisen seiende sieben Hundert[schaften]
142	*niŋi-pi lȧpət pȧj*	sieben Gruppen Frauen
143	*mŏwət wantlȧ kȧt χaspi*	Land sehende zwei Seher (Augen)
144	*jiŋkət wantlȧ*	Gewässer (oder Gegend[en]) sehende
	tȧrn ȧri rapχəŋ sem	blinzelnde Augen des Heldenliedes
145	*mȧ-item jiləp enməm*	nach meiner Weise gewachsene
	ńirəχ jasəp ȧr nȧjȧn	vielen Heldinnen mit zarten Händen
146	*sewəŋ χuj wantli nȧj*	Heldin, die keinen bezopften Mann gesehen hat
148	*esməŋ mewləp ȧŋkem*	Mutter mit brustwarziger Brust
149	*sewəŋ nȧj wantli ort*	Held, der keine bezopfte[n] Heldin[nen] gesehen hat
150	*ȧmp-oni kul jeləm*	Hunde-große tiefe Scham

151	*jirem am'səm*	vom Großvater bewohntes
	jă̇r-meltəŋ meltəŋ χat	der Herrschaft entsprechendes würdiges Haus
152	*χar χoχəllȧ χŏw̬ lepəŋ*	vom Renstier belaufenes langes Vorhaus
153	*nȧŋk-juχi jiləŋ ă̇w*	zügige Tür aus Lärchenholz
154	*esməŋ mewlip ȧŋkem*	Mutter mit brustwarziger Brust
156	*ńaləŋ ort*	Held mit Pfeil
157	*nȧŋk-juχi jiləŋ ă̇w*	zügige Tür aus Lärchenholz
158	*lipəŋ χat lipi-*	Innenseite des Hauses mit Innenseite
159	*esməŋ mewləp ȧŋkem*	Mutter mit brustwarziger Brust
160	*nȧŋk-juχi jiləŋ ă̇w*	zügige Tür aus Lärchenholz
161	*lipəŋ χat lipi-*	Innenseite des Hauses mit Innenseite
162	*saγləŋ χat-χăr kutəp*	Mitte des Fußbodens aus Latten
163	*ătśȧ ort lŏwȧt*	Größe eines einsamen Helden
164	*sat tăχər wujiŋ wăl*	Stelle mit Bärenfell und hundert Matten
165	*sat-lŏŋk-latəm-tă̇ləŋ-ŏχ*	hundert Geister gesetzt(?) habendes unversehrtes Haupt
166	*ȧr sewi χŏləŋ ŏχəl*	reiches Haupt mit vielen Zöpfen
167	*χoləm lăt jim jit*	gutes Glied von drei Zeit[altern]
168	*sarńəŋ opət χăwi ort*	grauer(?) Held mit goldenen Haaren
169	*ort aməslȧ satəŋ wăl*	teure Stelle, an der der Held zu sitzen pflegt
170	*os-jiŋk mă̇nmȧŋ kȧt χaspəl*	zwei von Laugenwasser begangene Seher (Augen)
171	*χuləŋ luj alŋəl*	Ende der schmutzigen Finger
172	*ȧjəŋ lol alŋəl*	Ende des Nachrichtenmundes
174	*mŏwət-saməŋ satəŋ ort*	in bezug auf seine Größe kräftiger teurer Held
177	*ȧmp-oni kul jeləm*	Hunde-große tiefe Scham
178	*jijem sewrəm*	vom Großvater geschnitztes
	lȧj-wuri teləŋ săwən	mit dunklem Blut gefülltes Birkenrindengefäß
179	*nȧŋk-juχi jiləŋ ă̇w*	zügige Tür aus Lärchenholz
180	*wet lujp̬i lujəŋ jasȧm*	fingerige Hand mit fünf Fingern
181	*nŏrəŋ ă̇w nŏrəl*	knaufige Tür mit Knauf
182	*sat-lŏŋk-latəm-tă̇ləŋ-ŏχ*	hundert Geister gesetzt(?) habendes unversehrtes Haupt
183	*ȧj χuj ȧlməm ńali al*	von einem jungen Mann gehobenene Pfeil-Last
184	*saγləŋ χat-χăr ńijil ter*	acht Stangen(?) des Fußbodens aus Latten
185	*wet lujpi lujəŋ jas*	fingerige Hand mit fünf Fingern
186	*kutpəŋ χuj kutpȧm*	Mitte des Mannes mit Mitte
187	*sat tăχər wujiŋ wăl*	Stelle mit Bärenfell und hundert Matten
188	*ńŏχsəŋ sȧs sopəl*	Stück der Zobel-Knie
189	*ńŏχsəŋ sȧs sopəl*	Stück der Zobel-Knie
190	*kȧt ortlȧn aməsti lŏwȧt*	Größe der zwei sitzenden Helden

191	*ńăl-tăj olti χoləm ewmem*	auf die Nasenspitze gehörenden drei Küsse
192	*ȧjəŋ lol alŋəl*	Ende des Nachrichtenmundes
193	*χuśi-χuj wul wasȧm*	große Stadt des *χuśi*-Mannes
194	*ńalȧm-pil joχləp ort*	Held mit Pfeil [und] Schießbogen
195	*măttȧ-χuji jisəl*	Zeit irgendeines Mannes
196	*seŋkəlti χuj jasȧm jir*	Rand der Hand des heranwachsenden Mannes
197	*enəmti χuj kurȧm jir*	Rand des Fußes des wachsenden Mannes
198	*tȧm aməsmew sŏχlȧ torəm*	von uns bewohnter klarer Himmel
199	*torəm on ȧśew*	des Himmels großer Vater
200	*kew siŋəp tȧrəm was*	starke Stadt mit Steinumzäunung
201	*torəm ewi sewəŋ nȧj*	bezopfte Heldin, Himmelstochter
202	*ńaləŋ niŋ sat tin*	teurer Preis der Frau mit Pfeil
203	*răsəŋ pătəp lȧpət joχəl*	sieben Schießbogen mit fransigem Boden
204	*miləŋpi lȧpət tel*	Mütze habende sieben Kleider
205	*lăχrəŋ χuj lȧpət tel*	sieben Kleider des Mannes mit Panzerhemd
206	*weləm or-waj welmȧŋ ort*	zu erlegendes Wild erlegender Held
207	*ńŏχəs puni ńănməŋ kel*	[wie] Zobelfell weiche Botschaft
210	*weləm or-waj kȧsəŋ jos*	freudiger Weg des zu erlegenden Wildes
211	*ȧj lari melti χat*	Haus von der Größe eines kleinen Teiches
212	*mărijtəm tŏw jim χul*	siechender guter Seefisch
213	*sewəŋ χuj jim χŏrȧn*	gute Gestalt des bezopften Mannes
214	*sarńi sem χŏńmȧŋ nȧj*	das goldene Auge schließende [Sonnen-]Fürstin
215	*wurti piśpi liś-lȧŋki*	rothüftiges Eichhörnchen mit Fangschlinge
218	*weləm or-waj sopen aləŋ*	Ende des Stückes des zu erlegenden Wildes
220	*sămnȧ măsmȧŋ sarəm lȧnt*	dem Herz gefällige Trockenspeise
221	*putəŋ lȧnt aləŋ*	Ende der Kesselspeise
222	*sat-lŏŋk-latəm-tăləŋ-ŏχ*	hundert Geister gesetzt(?) habendes unversehrtes Haupt
223	*ȧjəŋ lol alŋəl*	Ende des Nachrichtenmundes
224	*weləm or-waj kȧsəŋ jos*	freudiger Weg des zu erlegenden Wildes
225	*jij sati jim nem*	teurer guter Name des Vaters
226	*ńăləŋ jaspi satəŋ ort*	teurer Held mit Pfeil [in der] Hand
227	*ȧś(i) nemtəm jim nem*	vom Vater genannter guter Name
228	*wurti piśpi lis-lȧŋki*	rothüftiges Eichhörnchen mit Fangschlinge
229	*ȧjəŋ lol aləŋ*	Ende des Nachrichtenmundes
230	*sat-lŏŋk-latəm-tăləŋ-ŏχ*	hundert Geister gesetzt(?) habendes unversehrtes Haupt
231	*esməŋ mewləp ȧśi-ki*	Vater mit brustwarziger Brust
232	*jim orti jim nem*	guter Name eines guten Helden
233	*esməŋ mewləp ȧŋkem*	Mutter mit brustwarziger Brust
234	*ńaləl kȧtləm joχləŋ ort*	des Pfeil ergriffen habenden Helden mit Bogen

	jim sati jim nem	guter teurer guter Name
235	*ȧjəŋ lol alŋəl*	Ende des Nachrichtenmundes
236	*weləm or-waj*	zu erlegendes Wild
237	*jijen-ki śokət lăχər*	schweres Panzerhemd des Vaters
238	*jim ort tăjlȧ*	vom guten Helden gehabter
	sarńi χŏmən jim nȧri	guter Säbel mit goldener Schneide(?)
239	*jim ort tăjti*	vom guten Helden gehabter
	ńel-nȧŋkən śaɣər-joχəl	gespannter(?) Schießbogen aus Lärche mit Baumsplint(?)
240	*ȧj-χuji sŏχməl*	Schritt des jungen Mannes
241	*marťi mŏw ȧr waj*	viele Vögel des Südlandes
243	*sȧ̆səl lepət*	Lederschießbogen mit roter Birkenrindenschicht
	wurt laptəp sŏχ-joχəl	[und] ungespanntem [Bogen]-Rücken
244	*wurti piśpi liś-lȧŋki*	rothüftiges Eichhörnchen mit Fangschlinge
245	*sat-lŏŋk-latəm-tȧ̆ləŋ-ŏχ*	hundert Geister gesetzt(?) habendes unversehrtes Haupt
246	*esməŋ mewləp ȧśi-ki*	Vater mit brustwarziger Brust
248	*ńormi sat jim tel*	teures gutes Kleid aus Sumpf[tierfell]
249	*mȧ̆ttȧ χuji-jisəl*	irgendeines Mannes Zeitalter
	sarńi ewi sewəŋ nȧj	bezopfte Heldin, goldene Tochter
250	*on sarńi wuntȧŋ χuj*	großer goldener mächtiger Mann
251	*ńormi sat jim tel*	teures gutes Kleid aus Sumpf[tierfell]
252	*lar-wȧnsəŋ sŏχəŋ mŏwijew*	fellige Erde mit Ufergras
253	*kort siŋpi siŋəŋ ȧntəp*	gebogene Wiege mit Eisenbiegung
254	*sarńi răsŋȧ χoləm tȧ̆j*	goldene fransige drei Spitzen
255	*ńormi sat jim telȧn*	teures gutes Kleid aus Sumpf[tierfell]
256	*tŏmanəŋ ȧ̆wpi jim lȧrȧs*	gute Kästchen mit schlossiger Tür
257	*simti korti tinəŋ wăl*	teure Stelle des rostigen Eisens
258	*ńȧr-eli sopət*	Stück nackten Körpers
259	*kimpəŋ χat kimpi-*	Außenseite des Hauses mit Außenseite
260	*ńormi sat wȧn telȧm*	teures kurzes Kleid des Sumpf[tier]es
261	*lŏŋklȧ nări mul alŋəl*	Ende des [heiligen] Winkels mit der Pritsche des *lŏŋχ*-Geistes
262	*pȧ̆rtȧ weśpi χuj jim waj*	männliches gutes Tier mit zurück[-gewandtem] Gesicht
263	*ńormi sat wȧn tel*	teures kurzes Kleid des Sumpf[tier]es
264	*saɣləŋ χat-χăr ńijil ter*	acht Stangen(?) des Fußbodens aus Latten
265	*sat peŋkpi kesəŋ χuj*	Mann mit hundertzähnigem Messer
267	*ort lajlȧ sŏχməŋ wăl*	zu beschreitende Stelle des Stehens des Helden
268	*ort lajlȧ sŏχməŋ wăl*	zu beschreitende Stelle des Stehens des Helden
269	*saɣləŋ χat-χăr ńijil ter*	acht Stangen(?) des Fußbodens aus Latten

270	*ńormi sat jim telil*	teures gutes Kleid aus Sumpf[tierfell]
271	*sat optəŋ χoləŋ ŏχ*	reiches Haupt mit hundert Haaren
272	*palti on jim kus-tel*	modriger großer guter Guś-Pelz
273	*χos morəχ χănsàŋ mil*	Mütze mit dem Zierat von zwanzig Sumpfbrombeeren
274	*ńŏχsəŋ sàns sopem*	Stück der Zobel-Knie
275	*wet lujpi lujəŋ jas*	fingerige Hand mit fünf Fingern
276	*lar-χălew răχmàŋ ńăχ*	schrilles Lachen der Seemöwe
277	*lăχrəŋ χuj tel*	Kleid des Mannes mit Panzerhemd
278	*ńŏχsəŋ sàs sopàn*	Stück der Zobel-Knie
279	*weləm or-waj*	zu erlegendes Wild
280	*lŏw tăjmàl*	von ihm gehabter
	sarńi χŏməŋ jim nàri	guter Säbel mit goldener Schneide(?)
281	*śokət nàri tăjti jor*	schweren Säbel tragende Kraft
282	*tŏmanəŋ ăwpi χoləm làràs*	Kästchen mit dreischlössiger Tür
283	*wurt-laptəp sŏχ-joχəl*	Lederschießbogen mit roter Birkenrindenschicht
284	*sări-paχləŋ joχəl χolàm*	glücklicher Zwischenraum der Schulterblätter
285	*kortilà χoləm lok*	drei Schleifen aus Eisen
287	*wurt-laptəp sŏχ-joχəl*	Lederschießbogen mit roter Birkenrindenschicht
	tăjti-ki χoləm lokàn	gehabte drei Schleifen
288	*wutpəŋ làràs wut-alŋəl*	Ende der Innenseite des Kästchens mit Innenseite
289	*sat ńal pŏnmàŋ săməŋ tiwət*	mit hundert Pfeilen versehener Köcher mit Schuppen
290	*làŋkləŋ tiwət làŋkləl*	Deckel des Köchers mit Deckel
292	*làpət tàrən ŏχəl*	Haupt (i. e. Anführer) von sieben Kriegen
293	*ort welti*	Helden tötende
	nàwi tŏχləp sat ńal	hundert Pfeile mit weißen Federn
294	*wurti piśpi liś-làŋki*	rothüftiges Eichhörnchen mit Fangschlinge
295	*tăjəŋ ńal sopəl*	Stück des Pfeiles mit Spitze
296	*korti pătəp kàt jim moŋχ*	zwei gute Klumppfeile mit eisernem Grund
297	*năləŋ ńal nălln-tel*	Stiel des Pfeiles mit Stiel
	korti werlà tos ort	Eisen machender geschickter Held
298	*ăsà lan kulàt*	Dicke eines dünnen Fadens
299	*marməŋ ńal jim marəm*	gute Falte des Pfeiles mit Falte
300	*sări-paχləŋ joχəl χolàm*	glücklicher Zwischenraum der Schulterblätter
301	*jis-jaχlàm àlmilijsà*	vom Vorzeit-Mann gehobene
	ńàr juχi làwərt nip	schwere Last aus rohem Holz
302	*sări-paγləŋ joχəl χol*	glücklicher Zwischenraum der Schulterblätter
304	*pălàn-ki sàj-ńur*	Schellenten-Knorpel des Ohres
306	*sewəŋ χuj jim χŏràn*	gute Gestalt des bezopften Mannes
307	*nemàn-ki tinəŋ tŏχ*	teurer Abschnitt des Namens

308	*sijàn-ki tinəŋ tŏχ*	teurer Abschnitt des Rufes
309	*teləŋ was telàn*	Vollheit (i. e. alle Bewohner) der vollen Stadt
310	*nǎləŋ-làjəm-ńalpi-lŏŋk*	Geist mit dem Griff der Axt mit Nase (i. e. Zacke)
311	*nǎləŋ-làjəm-ńalpi-lŏŋk*	Geist mit dem Griff der Axt mit Nase (i. e. Zacke)
312	*nàjəŋ mŏw χut suŋ*	sechs Ecken der Heldinnengegend
313	*ńǎl-tǎj olti χoləm ewmem*	auf die Nasenspitze gehörenden drei Küsse
314	*saɣləŋ χat-χǎr ńijil ter*	acht Stangen(?) des Fußbodens aus Latten
315	*nàŋk-juχi jiləŋ ǎw*	zügige Tür aus Lärchenholz
316	*nàŋk juχi jiləŋ ǎw*	zügige Tür aus Lärchenholz
317	*lont pintəŋ χŏmət χŏr*	von einer Gans verstopfbare breite Gestalt
318	*χar χoχəllà χŏw lepəŋ*	vom Renstier belaufenes langes Vorhaus
320	*sarńi sem χŏńmàŋ nàj*	das goldene Auge schließende [Sonnen-]Fürstin
321	*mŏwət-wapi làpət orʿ*	sieben Helden, die Länder gesehen haben
322	*ǎtśà ort lŏwat*	Größe eines einsamen Helden
323	*lǎχrəŋ χuj telàn*	Kleid des Mannes mit Panzerhemd
324	*sǎs-wewəŋ χoləm mǎrà*	drei rückenstarke Strecken
325	*jupəŋ χuj jupen*	Hinterseite des Mannes mit Hinterseite
326	*nàrilà suwəŋ jas*	Säbel [als] Stab [in der] Hand
327	*sǎs-wewəŋ jim mǎrà*	rückenstarke gute Strecke
329	*śakəŋ suwpi àr iki*	viele Alte mit hakigen Stöcken
330	*nàrilà jim tǎjàm*	gute Spitze des Säbels
331	*sopəŋ χuj kàt sopəl*	zwei Stücke des Mannes mit Stücken
332	*làj-wuri kàt sopəl*	zwei Stücke (Tropfen) des dunklen Blutes
333	*mà aməsmem*	von mir bewohntes
	àj lari melti χat	Haus von der Größe eines kleinen Teiches
334	*saɣləŋ χat-χǎr ńijil ter*	acht Stangen(?) des Fußbodens aus Latten
335	*esməŋ mewləp àŋkem*	Mutter mit brustwarziger Brust
336	*àjəŋ lol alŋəl*	Ende des Nachrichtenmundes
337	*ńaləŋ ort*	Held mit Pfeil
	χŏw ont-waj welmàŋ	langer, Wild erlegender
338	*jos*	Weg
339	*wurt-laptəp sŏχ-joχəl*	Lederschießbogen mit roter Birkenrindenschicht
340	*tŏmanəŋ ǎwpi χŏləm làràs*	Kästchen mit dreischlössiger Tür
341	*sarńi χoməŋ jim nàrem*	guter Säbel mit goldener Schneide(?)
342	*sat ńal pŏnmàŋ sǎməŋ tiwətàm*	mit hundert Pfeilen versehener Köcher mit Schuppen
343	*wurt laptəp sŏχ-joχlàm*	Lederschießbogen mit roter Birkenrindenschicht
344	*sarńi pǎsləŋ tàrəm telàm*	starkes Kleid mit goldenem Saum(?)
345	*àr sewi χŏləŋ ŏχ*	reiches Haupt mit vielen Zöpfen
346	*kàrəŋ sŏχ tinəŋ wǎl*	teure Stelle mit rindigem Leder
347	*tŏmanəŋ ǎwpi làpət làràs*	Kästchen mit siebenschlössiger Tür

348	*sarńi ewi sewəŋ nȧj*	bezopfte Heldin, goldene Tochter
349	*ńăləŋ ort*	Held mit Pfeil
350	*ȧjəŋ lol aləŋ*	Ende des Nachrichtenmundes
351	*sarńi sem ȧltmȧŋ nȧj*	das goldene Auge erhebende [Sonnen-]Fürstin
352	*mŏwət wapi lȧpət ort*	sieben Helden, die Länder gesehen haben
353	*ȧjəŋ waj ȧjəl*	Nachricht des Nachrichtentieres
354	*wurti piśpi liś-lȧŋki*	rothüftiges Eichhörnchen mit Fangschlinge
359	*ilȧ-χuj ȧnəŋ lȧnt*	Schalenspeise des Abendmannes
360	*ila-χuj putəŋ lȧnt*	Kesselspeise des Abendmannes
	(vacant 361-369)	
370	*aləm-χuj tureŋ poŋk*	Fläche mit Stimme des Schlaf-Mannes
371	*wăjilt-χuji turəŋ wăl*	Stelle mit Stimme des schlafenden Mannes
372	*ŏχem-pȧ̆l sȧr opət*	harte(?) Haare des Hauptes
373	*χŏnəŋ χat χonȧm*	Rauchloch des Hauses mit Rauchloch
374	*os-jiŋk mȧ̆nmȧŋ kȧt χaspi*	zwei von Laugenwasser begangene Seher (Augen)
375	*χolȧ-χuńtľ' sopem*	Stück der Morgendämmerung
	tȧ̆jəŋ juχ pȧ̆lȧt	Höhe des wipfeligen Baumes
376	*ȧr nămsəŋ sojəŋ ontrem*	friedliches Inneres mit vielen Gedanken
377	*wurti piśpi liś-lȧŋki*	rothüftiges Eichhörnchen mit Fangschlinge
380	*ort aməslȧ satəŋ wăl*	teure Stelle, an der der Held zu sitzen pflegt
381	*esməŋ mewləp ȧŋkem*	Mutter mit brustwarziger Brust
382	*ńăləŋ ort*	Held mit Pfeil
383	*χar-tăγəs wuntȧŋ kȧt ńir*	zwei große Schaftschuhe aus Renstierhuffell
384	*tŏmanəŋ ȧ̆wpi χoləm lȧrȧs*	Kästchen mit dreischlössiger Tür
385	*wet lujpi lujəŋ kur*	zehiger Fuß mit fünf Zehen
386	*wet lujəpi lujəŋ jas*	fingerige Hand mit fünf Fingern
387	*jŏwləŋ ńir jŏwllən*	Kniebinden der Schaftschuhe mit Kniebinden
388	*wet lujpi lujəŋ kur*	zehiger Fuß mit fünf Zehen
389	*jŏwləŋ ńir jŏwllən*	Kniebinden der Schaftschuhe mit Kniebinden
	noptȧl-χuj jim kos	gute Kraft des Mannes mit Lebenszeit
390	*ńăləŋ ort*	Held mit Pfeil
391	*mŏwət-wȧpi lȧpət ortȧn*	sieben Helden, die Länder gesehen haben
393	*χar killȧ aləŋ χuńtľ'*	Renstier weckende Morgendämmerung
394	*jȧ̆rlȧ was jȧ̆rəw*	Herrscher der beherrschten Stadt
	nȧ̆ləŋ-lȧjəm-ńalpi-lŏŋk	Geist mit dem Griff der Axt mit Nase (i. e. Zacke)
395	*aləm-χuj kul śokət*	dicke Schwere des Schlaf-Mannes
397	*χŏw ont-waj welmȧŋ jos*	langer, Wild erlegender Weg
398	*ȧjəŋ lol alŋȧm*	Ende des Nachrichtenmundes
400	*wurti piśpi liś-lȧŋki mȧ̆nəm*	vom rothüftigen Eichhörnchen mit Fangschlinge begangene

401	*lańśi waj jim kaltməl*	gute Spur des Tieres mit Schnee (i. e. des im Schnee laufenden Tieres)
402	*sarəm lȧnt aləŋ*	Ende der Trockenspeise
403	*putəŋ lȧnt aləŋ*	Ende der Kesselspeise
404	*ort lajlȧ sŏχməŋ wăl*	zu beschreitende Stelle des Stehens des Helden
405	*jewər-sŏχi jim mal'śȧŋ*	gute Malitza aus Wolfsfell
406	*sat paɣləŋ paɣləŋ ăntəp*	knopfiger Gürtel mit hundert Knöpfen
407	*sarńi păsləŋ tȧrəm tel*	starkes Kleid mit goldenem Saum(?)
408	*χos morəχ χănsȧŋ mil*	Mütze mit dem Zierat von zwanzig Sumpfbrombeeren
409	*kȧ̆ripȧnŏχ tȧ̆jəŋ ŏχ*	[wie ein] Sterlettkopf spitzes Haupt
410	*sat lăχər-lokȧm*	hundert Schleifen des Panzerhemdes
	nȧrəs-juχ jim pon	gute Saite des Saiteninstruments
411	*sat ńal pŏnmȧŋ sȧ̆məŋ tiwətem*	mit hundert Pfeilen versehener Köcher mit Schuppen
412	*ȧr nămsəŋ sojəŋ ontrem*	friedliches Inneres mit vielen Gedanken
413	*sat ńal pŏnmaŋ sȧ̆məŋ tiwət*	mit hundert Pfeilen versehener Köcher mit Schuppen
414	*korti pȧ̆təp kȧt moŋχȧm*	zwei Klumppfeile mit eisernem Grund
415	*jirem nemtəm*	vom Großvater genannter [Name]
	nȧ̆ləŋ-lȧjəm-ńalpi-lŏŋk	Geist mit dem Griff der Axt mit Nase (i. e. Zacke)
416	*wet lujpi lujəŋ jas*	fingerige Hand mit fünf Fingern
417	*wurt laptəp sŏχ joχlȧm*	Lederschießbogen mit roter Birkenrindenschicht
418	*sarńi χŏməŋ jim nȧrem*	guter Säbel mit goldener Schneide(?)
419	*esməŋ larəŋ mewəl*	brustwarzige bekannte(?)[19] Brust
420	*kortilȧ χoləm los*	drei Schleifen(?) aus Eisen
421	*kimpəŋ χat kimpəl*	Außenseite des Hauses mit Außenseite
422	*saɣləŋ-χat-χăr ńijil ter*	acht Stangen(?) des Fußbodens aus Latten
423	*nȧŋk-juχi jiləŋ ăw*	zügige Tür aus Lärchenholz
424	*χar χoχəllȧ χŏw lepəŋ*	vom Renstier belaufenes langes Vorhaus
425	*χărəŋ was χărem*	Platz der Stadt mit Platz
426	*wutpəŋ was sănsem*	Rücken der Stadt mit Uferseite
427	*χar χoχəllȧ χŏw sŏχəm*	vom Renstier gelaufener langer Schritt
428	*sănsəŋ was sănsem*	Rücken der Stadt mit Rücken
429	*χămsəŋ silpi jim ńorəm*	guter Sumpf mit Bültensaum
430	*wȧrsəŋ siləp χăr-ńorəm*	spärlich bewachsener Sumpf mit Strauchsaum
431	*lerəŋ joχəl suwət*	Bogenstock aus Wurzel[-holz]
432	*tăl-lańśi sopem*	Stück des Winterschnees
433	*kul sȧs wus satəŋ sop*	teures Stück des Loches des dicken Knies

19 Möglicherweise ist in dieser poetischen Formel (belegt auch in den Versen 890, 1010, 1019 und 1197) auch <*larəŋ*> als *lăχrəŋ* ‘gepanzert’ zu lesen.

434	*χămsəŋ siləp jim ńorəm*	guter Sumpf mit Bültensaum
435	*kutpəŋ ńorəm kutpəl*	Mitte des Sumpfes mit Mitte
436	*num-torəm χojəm jiŋk*	bis zum oberen Himmel reichendes(?) Wasser
437	*mŏwət wantlà kàt χaspem*	Land sehende zwei Seher (Augen)
438	*puti păləŋ àr paχəl*	viele Knäuel schwarzer Wolken
439	*tăwi-lărńəŋ imen*	sonnenhelle Frühjahrs-Frau
440	*părχà seməŋ seməŋ nàj*	äugige [Sonnen-]Fürstin mit Schneegestöber-Auge
441	*sărəŋ χuj tinəŋ wăl*	teure Stelle des Mannes mit Schaufel
442	*kul sàs-wus kulàt laś*	dicker Schnee in der Dicke bis zur Knie[höhe]
443	*wurti piśpi liś-làŋken*	rothüftiges Eichhörnchen mit Fangschlinge
444	*kaltməŋ waj kaltməl*	Spur des Tieres mit Spur
445	*puti juχpi săuχəlt ont*	Weidenwald mit schwarzen Bäumen
446	*săŋkàm jiŋk aləŋ*	Ende (Tropfen) des Schweißwassers
447	*śel etər wosmàŋ nàj*	reine, heiter (seiende) Sonne (od. Tag)
448	*mŏwət wantlà kàt χaspi*	Land sehende zwei Seher (Augen)
449	*χămsəŋ siləp jim ńorəm*	guter Sumpf mit Bültensaum
450	*ler wŏsà jim aŋkəl*	guter Baumstumpf mit Wurzelstock
452	*lerəŋ joχəl suwət*	Bogenstock aus Wurzel[-holz]
453	*ontlti jasəl jir χŏwàt*	Entfernung des zu erkennenden Randes der Hand
455	*ler-wŏsà jim-aŋkəl*	guter Baumstumpf mit Wurzelstock
456	*mătti mŏw wajil*	irgendeines Landes Tier
457	*ńăləŋ waj ńăləl*	Schnauze des Tieres mit Schnauze
458	*mŏstəti jasəl jir*	zu erkennender Rand der Hand
459	*jijem wantəm wajəl*	vom Vater gesehenes Tier
460	*păltem-ki χori waj*	sich fürchtendes scheues Tier[20]
463	*esməŋ mewləp àŋkem*	Mutter mit brustwarziger Brust
464	*χujiŋ ruś-χuj mŏwəl*	Land des mannhaften Russen-Mannes
465	*wurti punpi làj-suŋkrət*	rotfelliger dunkler Wallach
466	*χuśi-χuj wul wasam*	große Stadt des *χuśi*-Mannes
467	*sat-lŏŋk-latəm-tăləŋ-ŏχ*	hundert Geister gesetzt(?) habendes unversehrtes Haupt
468	*wantti sem sopəl*	teures Stück des Auges
470	*lanəŋ sàpəl-lŏwəl*	Knochen des sehnigen Halses
471	*sarńilà jim śermàt*	goldener guter Zaum
472	*liləŋ ŏχ jim tăχti*	gutes Stückchen glänzenden Metalls
473	*sănsəŋ waj săsəl*	Rücken des Pferdes mit Rücken
474	*sănsəŋ waj săsəl*	Rücken des Pferdes mit Rücken

20 *ńir-puni răγi wăl* nahe Stelle der Schaftschuh-Haare.

475	*rămәŋ tŏχlәŋ χuj jim waj*	gutes männliches Tier mit flatternden Flügeln
476	*ŏχәŋ waj ŏχәl*	Kopf des Tieres mit Kopf
477	*wet lujәpi lujәŋ kur*	zehiger Fuß mit fünf Zehen
479	*law sati jim jas*	teurer guter Vorderlauf des Pferdes
480	*tuŋk-mŏwi sopәl*	Stück der moosigen Erde
481	*law sati jim kur*	teurer guter Hinterlauf des Pferdes
482	*ser-onti suŋәl*	Winkel des dichten Waldes
483	*law sati jim śermȧt*	teurer guter Zaum des Pferdes
484	*jor-χuji wejem*	Kraft des starken Mannes
485	*jijil satәŋ jim waj*	teures gutes Tier des Vaters
486	*χar sati χŏw sŏχәm*	teurer langer Schritt des Renstiers
487	*ȧj peŋk-χol kuśmȧŋ tur*	durch den kleinen Zahnzwischenraum pfeifende Stimme (Wind)
488	*law sati jim top*	teure gute Hufe des Pferdes
489	*kilti paj mărәŋ sij*	Donnerkrach des sich erhebenden Gewitters
490	*mŏwәt wantlȧ kȧt χaspem*	Land sehende zwei Seher (Augen)
491	*tăjәŋ juχ numpi-*	Oberseite der wipfeligen Bäume
492	*jijlәp waj*	des vaterlosen Tieres
	ŏχәŋ waj ŏχәl	Kopf des Tieres mit Kopf
493	*law sati jim śermȧt*	teurer guter Zaum des Pferdes
494	*nălәŋ waj ńălәl*	Schnauze des Tieres mit Schnauze
495	*num-torәm χojim jiŋk*	bis zum oberen Himmel reichendes(?) Wasser
496	*puti pălәŋ ȧr paχәl*	viele Knäuel schwarzer Wolken
497	*sŏχlȧ torәm lȧpәt pŏŋk*	sieben Flächen des klaren Himmels
498	*χuśi-χuj wul wasȧm*	große Stadt des *χuśi*-Mannes
499	*law sati jim χŏn*	teurer guter Bauch des Pferdes
500	*χolәm tŏχpi jes jim tŏχ*	guter Abschnitt des Weinens mit drei Abschnitten
501	*χolәm tŏχpi waś jim tŏχ*	guter Abschnitt des Klageliedes mit drei Abschnitten
502	*sŏχlȧ torәm*	klarer Himmel
503	*sănsәŋ law săsәl*	Rücken des Pferdes mit Rücken
504	*χolәm tŏχpi jes jim tŏχ*	guter Abschnitt des Weinens mit drei Abschnitten
505	*law sati jim săs*	teurer guter Rücken des Pferdes
506	*χănti-neŋχo amәsti sir*	Art, wie der gewöhnliche Mensch zu sitzen pflegt
507	*law sati jim top*	teure gute Hufe des Pferdes
508	*jertәŋ χŏrpi ȧr sŏχi*	Sommerregen-gestaltige viele Stücke (Regentropfen)
509	*tăwi-lărńәŋ imew*	sonnenhelle Frühjahrs-Frau
510	*ăl'ȧŋ kew jim alәŋ*	gutes Ende des gleißenden Urals

511	*poχtəŋ χat jim surəl*	guter Firstbalken des heimatlichen Hauses
512	*ăľàŋ kew jim aləŋ*	gutes Ende des gleißenden Urals
513	*lŏŋk-sem pătlàm sări àt*	[wie] Geisteraugen dunkle finstere Nacht
515	*sij-ńŏχi jim pelkəl*	gute Seite des Seitenfleisches
516	*law sati jim sŏχəl*	teures gutes Fell des Pferdes
517	*lont-posəχ jirəŋ ńàwər*	randiger Geifer wie ein Gänsejunges
518	*sări àt χŏw-pelək*	lange Hälfte der dunklen Nacht
520	*law sati jim kurlàl*	teurer guter Hinterläufe des Pferdes
521	*sănsəŋ waj săsəl*	Rücken des Pferdes mit Rücken
522	*śel etər làpət pŏŋk*	sieben Flächen des heiteren Himmels
524	*ńemiś-loŋkər sijəl*	Geräusch der Spitzmaus
525	*mătti jiŋk-χuj am'silijəm*	vom Mann irgendeiner Gegend bewohnter
	juχəŋ was aləŋ	hölzerner Stadt Ende
526	*kortilà saɣləp nărəm*	eisernes Brettergestell
527	*law sati jim kurəl*	teurer guter Hinterlauf des Pferdes
528	*law sati ńil jasəl*	teure vier Beine des Pferdes
529	*śărəŋ ăw jim śări*	gute Türangel der Tür mit Türangel
530	*mătti mŏw sewəŋ nàj*	bezopfte Heldin irgendeines Landes
531	*wurti punpi làj-suŋkren*	rotfelliger dunkler Wallach
532	*ńăləŋ waj ńăləl*	Schnauze des Tieres mit Schnauze
533	*àjəŋ lol alŋəl*	Ende des Nachrichtenmundes
534	*marti-mŏw tŏχləŋ law*	geflügeltes Pferd des Südlandes
537	*sŏχəl χŏrti sŏχəŋ waj*	felliges Tier mit zu schindendem Fell
538	*kepləl χŏrti kepləŋ waj*	beinfelliges Tier mit zu schindendem Beinfell
540	*χuśi-χuj wul jim was làjlilijsà*	[in] des *χuśi*-Mannes großer guter Stadt bewachter
541	*năləŋ-làjəm-ńalpi-lŏŋk*	Geist mit dem Griff der Axt mit Nase (i. e. Zacke)
542	*torəm ewi sewəŋ nàj tăjlijəm*	von der bezopften Heldin, der Himmelstochter, geborener
543	*ńăləŋ jaspi àj ortəl*	kleiner Held mit Pfeil [in der] Hand
544	*niŋen soslà χŏw sŏχəm*	von der Frau geschrittener langer Schritt
545	*lăχər sat milàm*	teure(?) Mütze des Panzers
546	*màti mŏw neməŋ ort*	Held mit dem Namen welchen Landes
547	*χoləm tŏχpi jes jim tŏχ*	guter Abschnitt des Klageliedes mit drei Abschnitten
548	*sewəŋ nàj wantli ort*	Held, der keine bezopfte[n] Heldin[nen] gesehen hat
549	*àmp-oni kul jeləm*	Hunde-große tiefe Scham
550	*marťi-mŏw sewəŋ nàj*	bezopfte Heldin des Südlandes
551	*năləŋ-làjəm-ńalpi-lŏŋk*	Geist mit dem Griff der Axt mit Nase (i. e. Zacke)
554	*law sati jim săns*	teurer guter Rücken des Pferdes
555	*ńăl-tăj olti χoləm ewmem*	auf die Nasenspitze gehörenden drei Küsse
557	*marťi mŏw sewəŋ nàjàn*	bezopfte Heldin des Südlandes

558	*χojəmpi lŏwəŋ wăl*	knochige(?) Schlafstelle
559	*kijnəŋ săχ àr kijinəl*	viele Schnüre des Pelzes mit Schnur
560	*χori-awi*[21] *kàt esəm*	schön wallende zwei Brüste
562	*marťi mŏw tŏχləŋ lawəl*	geflügeltes Pferd des Südlandes
563	*law tăjlà law jim χat*	vom Pferd gehabtes gutes Haus (i. e. Stall)
564	*jasem-peli oχəl sor*	dünner Unterarm des einen Armes[22]
565	*lŏw aməsmàl*	von ihr bewohntes
	χos niŋ mănlà seγəlt χat	von zwanzig Frauen begangenes Haus mit Brettern
566	*lŏw χojmàl*	von ihr belegtes (auf dem sie gelegen hat)
	somləŋ săspi làj-χar-sŏχ	kerbrückiges dunkles Renstierfell
567	*wurt laptəp sŏχ joχlàm*	Lederschießbogen mit roter Birkenrindenschicht
568	*mul χati suŋət*	Winkel des Hauses mit [heiligem] Winkel
569	*sarńi χŏməŋ jim narem*	guter Säbel mit goldener Schneide(?)
570	*tŏmanəŋ ăwpi jim làràs*	gute Kästchen mit schlossiger Tür
571	*lăχrəŋ χuji jim telàm*	gutes Kleid des Mannes mit Panzerhemd
572	*maj-χuji sŏχlà tel*	Lederkleid des Bräutigams
573	*χar-tăγəs wuntàŋ kàt ńir*	zwei große Schaftschuhe aus Renstierhuffell
574	*loməŋ χŏr loməl*	Busen des Gewandes mit Busen
575	*sări àt jim sopàn*	gutes Stück der dunklen Nacht
576	*semem jir aləŋ*	das Ende des Augenrandes
577	*tăwi-lărńəŋ imew*	sonnenhelle Frühjahrs-Frau
578	*χătl-kutəp jim sojəlt*	gutes Untergehen der Tagesmitte (i. e. Nachmittag)
579	*puti ŏχpi lewi χaten*	Haus der schwarzköpfigen Diener
580	*marťi-mŏw sewəŋ nàj*	bezopfte Heldin des Südlandes
581	*i lomi tinəŋ sop*	teures Stück derselben Decke
582	*ńŏχəŋ làpət χŏw peløk*	lange Hälfte der Fleischwoche
583	*pà-mŏw-χuj*	des fremdländischen Mannes
	liti lànt kul ńŏχi	dickes Fleisch der (zu essenden) Speise
584	*pà-mŏw-χuj*	des fremdländischen Mannes
	jeśti jiŋk kul ńŏχi	dickes Fleisch des Trinkwassers
585	*tàm weśpi*	solches Gesicht habende,
	sarńi sem àltnàŋ nàj	das goldene Auge erhebende [Sonnen-]Fürstin

21 PÁPAY schreibt <*χàr-i̯ȯu̯ì*> und übersetzt ‘réntőgy[höz hasonló]’ [dem Rentiereuter ähnlich], was aufgrund der Bedeutung von *χar* ‘Männchen; Renstier’ nicht in den Kontext paßt. Das Verb in V. 561 *jawəl-* ‘wedeln’ legt nahe, daß in V. 560 das Attribut *awi* ‘schwankend’ (DEWOS 36 f.) verbaut ist: *χar juwi* kann durch falsche Abtrennung aus *χori awi* entstanden sein. Die Vokale dürften wie so oft von PÁPAY an die angenommene Bedeutung angepaßt worden sein.

22 *jasàm-peli wanti-sor* ‘Unterarm des einen Arms’ (wörtl. Unterarm der Armhälfte od. -seite).

586	*sat ńŏχəs liji χŏri*	Fellbündel aus hundert Zobelschwänzen
587	*somlən sǎspi làj-χar-sŏχ*	kerbrückiges dunkles Renstierfell
588	*pǎlem-ki sàj-ńur*	Schellenten-Knorpel des Ohres
589	*χat-kut jǎŋlà*	Zwischenraum des Hauses begehender
	polśəŋ uŋləp àjəŋ χuj	Nachrichten-Mann mit geschwätzigem Mund
590	*saγləŋ χat-χǎr kutəp*	Mitte des Fußbodens aus Latten
591	*wet lujəpi lujəŋ kàt kur*	zwei zehige Füße mit fünf Zehen
592	*marťi-mŏw sewəŋ nàj*	bezopfte Heldin des Südlandes
593	*marťi-mŏw àjəŋ χuj*	Nachrichten-Mann des Südlandes
594	*mŏlà olti*	wie seiende
	àjəŋ waj àjəl	Nachricht des Nachrichtentieres
595	*uŋləl wujəm lŏŋk-ort-pǎχ*	*lŏŋχ*-Geist-Sohn mit genommenem Mund
596	*pǎrtà weśpi χuj jim waj*	männliches gutes Tier mit zurück[-gewandtem] Gesicht
597	*kimpəŋ χat kimpi-*	Außenseite des Hauses mit Außenseite
598	*marťi-mŏw sewəŋ nàj*	bezopfte Heldin des Südlandes
599	*sǎχ-puni rǎχi wǎl*	nahe Stelle des Fellhaares
600	*àjəŋ lol aləŋ*	Ende des Nachrichtenmundes
601	*nǎləŋ-làjəm-ńalpi-lŏŋk*	Geist mit dem Griff der Axt mit Nase (i. e. Zacke)
602	*jijem-ki χut pǎχ am'səm*	von den sechs Söhnen des Vaters bewohntes
603	*àj lari melti χat*	Haus von der Größe eines kleinen Teiches
604	*ńirəχ jaspi ortəl*	Held mit zarten Händen
605	*nǎŋ-àrten ortəl*	Held in deiner Art
606	*noptəli śǎrsəl al*	tausend Jahre des Zeitalters
607	*marťi-mŏw tŏχləŋ lawàm*	geflügeltes Pferd des Südlandes
608	*χut mŏwi χut suŋ*	sechs Ecken von sechs Gegenden
609	*jorəl seŋkləm χut ort*	sechs Helden mit gewachsener Kraft
610	*marťi-mŏw χut ortàn*	sechs Helden des Südlandes
611	*pǎllàn-ńǎllàn-sŏχəptijlà-*	Donnerkeil losreißender
	ńormi-turəŋ-tàrəm-joχəl	starker Schießbogen mit der Stimme eines Sumpf[tier]es
613	*sisəŋ pon χŏw jim mǎri*[23]	langer guter Zeitabschnitt der Fischreuse mit Zeitspanne
614	*pǎlem-ki sàj-ńur*	Schellenten-Knorpel des Ohres
615	*àj korti śǎmləŋ sij*	klirrender Klang des kleinen Eisens
616	*pà-mŏw-χuj ortəl tǎjsà*	vom Helden eines anderen Landes gehabter
617	*sarńi siləp siləŋ lǎχər*	[vom] randigen Panzerhemd mit Goldrand
618	*i uŋəpi làpət pǎrľen*	sieben Eispicken mit einer Öffnung
619	*àj korti śǎmləŋ sij*	klirrender Klang des kleinen Eisens
620	*loχləm pul alŋəl*	Ende des gekauten Bissens

---

23 *sisəŋ pon χŏw jim sis* lange gute Zeitspanne der Fischreuse mit Zeitspanne.

621	*nȧŋk-juχi jiləŋ ăw*	zügige Tür aus Lärchenholz
622	*tăjəŋ kesi jim tăj*	gute Spitze des Messers mit Spitze
623	*nȧŋk-juχi jiləŋ ăw*	zügige Tür aus Lärchenholz
624	*śărəŋ ăw śărəl*	Türangel der Tür mit Türangel
625	*sarńi χŏməŋ jim ńȧri*	guter Säbel mit goldener Schneide(?)
626	*saɣləŋ χat-χăr ńijil ter*	acht Stangen(?) des Fußbodens aus Latten
627	*wet lujəpi lujəŋ kur*	zehiger Fuß mit fünf Zehen
628	*nȧŋk-juχi jiləŋ ăw*	zügige Tür aus Lärchenholz
629	*wet lujəpi lujəŋ kȧt kur*	zwei zehige Füße mit fünf Zehen
630	*χŏśəŋ-peli χŏśəŋ nări*	seitige Pritsche auf seiner Seite
631	*tăwi-joŋk sisəŋ nul*	Zeitabschnitt habendes Hochwasser des Frühjahrseises
632	*wet lujipi lujəŋ kur*	zehiger Fuß mit fünf Zehen
633	*nȧrilȧ suwəŋ jas*	Säbel [als] Stab [in der] Hand
634	*ȧjəŋ lol alŋəl*	Ende des Nachrichtenmundes
635	*sări ȧt kutəp*	Mitte der dunklen Nacht
	pȧ-mŏw-χuj	des fremdländischen Mannes
636	*lăχrəŋ mewləp ortəl*	Held mit gepanzerter Brust
637	*χojti aləm lȧpət poŋk*	sieben Flächen des Liegenden Schlafes
638	*măti mŏw neməŋ ort*	Held mit dem Namen welchen Landes
639	*sewəŋ χuj χŏrȧn*	Gestalt des bezopften Mannes
640	*jeməlt‘-nȧj kimləŋ sȧj*	Kleidersaumwinkel der Frau, die ihr Gesicht bedeckt
641	*jeməlt‘-nȧj litəŋ sȧj*	Ärmelwinkel der Frau, die ihr Gesicht bedeckt
642	*sat ńŏχəs liji χŏri*	Fellbündel aus hundert Zobelschwänzen
643	*lŏwəlnȧ kărəs ort*	Größe eines hohen Helden
644	*kăripȧnŏχ tăjəŋ ŏχəl*	[wie ein] Sterlettkopf spitzes Haupt
645	*ńijil pȧrpi pȧr‘əŋ χat*	dachsparriges Haus mit acht Dachsparren
646	*mŏləm put χŏw jim sis*	lange gute Zeitspanne des aufgesetzten Kessels
647	*jim ȧjpi ȧjəŋ kel*	nachrichtige Botschaft mit guter Nachricht
648	*kimpəŋ χat kimpəl*	Außenseite des Hauses mit Außenseite
649	*nȧŋk-juχi jiləŋ ăw*	zügige Tür aus Lärchenholz
650	*kȧsli χuj jasət*	Hand des freudlosen Mannes
651	*sijəŋ lăχər jim sopəl*	gutes Stück des Panzerhemdes mit Geräusch
652	*liti ȧn sisəl kem*	Zeit der Zeitspanne eines Napfes, aus dem man ißt
653	*pălem-ki sȧj-ńur*	Schellenten-Knorpel des Ohres
654	*lăχər sat śol'ən sij*	teures schrilles Geräusch des Panzers
655	*ȧj waji ńȧlməl sŏw*	Zungenstimme des kleinen Vogels
656	*nȧŋk-juχi jiləŋ ăw*	zügige Tür aus Lärchenholz
	lȧjȧrt kesi jim śokət	gutes Gewicht des schweren Messers

657	*śȧ̆rəŋ ȧ̆w śȧ̆rəl*	Türangel der Tür mit Türangel
658	*lipəŋ χat lipəl*	Innenseite des Hauses mit Innenseite
659	*tŏχləŋ waj χănsȧŋ nȧri*	mit flügeligen Tieren verzierter Säbel
660	*tŏχləŋ waj ȧr jim χŏr*	viele gute Gestalten der flügeligen Tiere
662	*sarńi χŏməŋ jim narəl*	guter Säbel mit goldener Schneide(?)
663	*mȧ̆ti mŏw neməŋ ort*	Held mit dem Namen welchen Landes
664	*jŏχi-lăwlȧ jŏχə-wuśȧ*	zurück gesagter Rückgruß
665	*sȧ̆ri ȧt pelək* *χojti was χojti*	Hälfte der dunklen Nacht Schlaf der schlafenden Stadt
666	*lăχrəŋ mewlip ortəl*	Held mit gepanzerter Brust
667	*ort aməslȧ satəŋ wăl*	teure Stelle, an der der Held zu sitzen pflegt
668	*sewəŋ χuj jim χŏrȧn*	gute Gestalt des bezopften Mannes
669	*sat ńŏχəs liji χŏri*	Fellbündel aus hundert Zobelschwänzen
670	*χari siski lŏwȧt*	Größe des scheuen Vögelchens
671	*ȧmp oni kul jeləm*	Hunde-große tiefe Scham
672	*marťi-mŏw ortȧn*	Held des Südlandes
673	*lar χălew răχmȧŋ ńăχ*	schrilles Lachen der Seemöwe
674	*ńirəχ jaspi ȧj ortəl*	junger Held mit zarten Händen
675	*jeməltʿ-nȧj kimləŋ săχ* *sȧjləŋ ort*	Held mit dem Kleidersaumwinkel der Frau, die ihr Gesicht bedeckt
676	*litəŋ săχ sȧjləŋ ort*	Held mit dem Ärmelsaum
677	*nemȧn-ki tinəŋ tŏχ*	teurer Abschnitt des Namens
678	*sijəŋ ort nemȧn-pȧ*	Name des berühmten Helden
679	*χuśi-χuj* *jăγi-χuj wul jim was lȧjiltsȧjən*	[in] des *χuśi*-Mannes [und] des *jăγi*-Mannes großer guter Stadt bewachter
680	*nȧ̆ləŋ-lȧjəm-ńalpi-lŏŋk*	Geist mit dem Griff der Axt mit Nase (i. e. Zacke)
681	*marťi-mŏw-χuj wul jim was lȧjiltsȧjən*	die große gute Stadt des Südlandmannes bewachender
682	*pȧ̆llȧn-ńȧ̆llan-sŏχəptijlȧ* *-ńormi-turəŋ-tȧrəm-joχəl*	Donnerkeil losreißender starker Schießbogen mit der Stimme eines Sumpf[tier]es
683	*mȧ aməsmem* *kit juχi altnȧŋ χat*	von mir bewohntes aus drei Brettern zusammengefügtes Haus
684	*ńŏχsəŋ sȧs sopem*	Stück der Zobel-Knie
685	*ńăl-tȧ̆j olti χoləm ewməl*	auf die Nasenspitze gehörenden drei Küsse
686	*sewəŋ χuj jim χŏrəl*	gute Gestalt des bezopften Mannes
687	*mŏləm put χŏw jim sis*	lange gute Zeitspanne des aufgesetzten Kessels
688	*ȧjəŋ waj ȧjəl*	wie seiende Nachricht des Nachrichtentieres
689	*uŋlem wujəm lŏŋk-ort-păχ*	*lŏŋχ*-Geist-Sohn mit genommenem Mund (i. e. stumm)
690	*kimpəŋ χat kimpəl*	Außenseite des Hauses mit Außenseite

691	*nàŋk-juχi jiləŋ ăw*	zügige Tür aus Lärchenholz
692	*likəŋ χuj sutət*	Kraft des zornigen Mannes
693	*nàŋk-juχi jiləŋ ăw*	zügige Tür aus Lärchenholz
694	*juχəŋ ăw àr pelkəl*	viele Hälften (i. e. Stücke) der hölzernen Tür
695	*marťi-mŏw sewəŋ nàj*	bezopfte Heldin des Südlandes
696	*χoləm tŏχpi jes-tŏχ*	Abschnitt des Weinens mit drei Abschnitten
697	*àjəŋ lol alŋəl*	Ende des Nachrichtenmundes
698	*năləŋ-làjəm-ńalpi-lŏŋk*	Geist mit dem Griff der Axt mit Nase (i. e. Zacke)
699	*làj wuri jim sopmən*	gutes Stück (Tropfen) des dunklen Blutes
700	*sij-liľi jim peləkləmən*	gute Seite des Seelenvogels
701	*ńăl-tăj olti χoləm ewmem*	auf die Nasenspitze gehörenden drei Küsse
702	*săləŋ sem-jiŋk jim sopəl*	gutes Stück des salzigen Augenwassers (Träne)
703	*pălem-ki sàj-ńur*	Schellenten-Knorpel des Ohres
704	*àj-korti śămləŋ sij*	klirrender Klang des kleinen Eisens
705	*χar nàwərlà χŏw sŏχəm*	vom Renstier gesprungener langer Schritt
706	*tŏχləŋ sirpi jim waj*	gutes Tier der geflügelten Art
707	*nàŋk-juχi jiləŋ ăw*	zügige Tür aus Lärchenholz
708	*lerəŋ joχəl suwət*	Bogenstock aus Wurzel[-holz]
709	*χos niŋ mănlà seγəlt χat*	von zwanzig Frauen begangenes Bretterhaus
710	*ńŏχsəŋ làŋkər kàt pelkəl*	zwei Seiten der Zobel-Schulter
711	*wurəŋ juχ wurəl*	Seite des Baumes mit Seite
712	*kesəŋ mewləp ńil ort*	vier messerbrüstige Helden
713	*panəŋ lăχər panəl*	Saum des Panzerhemdes mit Saum
714	*χoləm ort-wutàt ort*	Held mit der Breite von drei Helden
715	*mŏwət wantlà kàt χaspem*	Land sehende zwei Seher (Augen)
716	*ălpəŋ χuj ălpəl*	Gesicht des Mannes mit Gesicht
	kort nŏrpi nŏrəŋ put	henkeliger Topf mit Eisenhenkel
717	*nàrilà suwəŋ jas*	Säbel [als] Stab [in der] Hand
718	*àjəŋ lol aləŋ*	Ende des Nachrichtenmundes
719	*măti mŏw ŏχəl peli tàk ort*	starker Held von der Kopfseite welchen Landes
720	*kit suwpi suwəŋ wurʿ-χuj*	freierstäbiger Brautfreier mit zwei Stäben
721	*pătəŋ wàj pătiləw*	Sohlen der Stiefel mit Sohle
722	*ńàlməw jir aləŋ*	Ende des Zungenrandes
	ńàləm-jiŋk ajli	ohne Glück des Zungenwassers (i. e. Speichel)
723	*χut mŏwi χut suŋ*	sechs Ecken von sechs Gegenden
724	*kesəŋ mewləp χut ort*	sechs messerbrüstige Helden
725	*mŏləm put χŏw jim uŋ*	lange gute Öffnung(?) des aufgesetzten Kessels
727	*ort aməslà satəŋ wăl*	teure Stelle, an der der Held zu sitzen pflegt
728	*àjəŋ waj àjàn*	wie seiende Nachricht des Nachrichtentieres
730	*χăləp-semi tărli kel*	[wie] Netzmaschen fehlerlose Botschaft
731	*ănt-jiti*	des nicht kommenden

	ȧjəŋ waj ȧjəl-ki	Nachrichtentieres Nachricht
732	*si olti ȧjəŋ waj ȧjəl*	so seiende Nachricht des Nachrichtentieres
733	*pǎllȧn-ńăllan-sŏχəptijlȧ*	Donnerkeil losreißender
	-ńormi-turəŋ-tȧrəm-joχəl	starker Schießbogen mit der Stimme eines Sumpf[tier]es
734	*kit suwpi jim wurʿ-χuj*	guter Brautfreier mit zwei Stäben
736	*kit suwəpi jim wurʿ-χuj*	guter Brautfreier mit zwei Stäben
737	*pelkəŋ ľȧľ pelkȧm*	Seite des Feindes mit Seite
738	*ȧjəŋ waj jim ȧjəl*	gute Nachricht des Nachrichtentieres
739	*sat ńŏχəs liji χŏri*	Fellbündel aus hundert Zobelschwänzen
740	*os-jiŋk mănmȧŋ kȧt χaspem*	zwei von Laugenwasser begangene Seher (Augen)
742	*tȧrnȧri rapχəŋ sem*	blinzelnde Augen des Heldenliedes
743	*lȧpət tȧrən tuti mŏw*	sieben Kriege bringendes Land
744	*ort welti*	Helden tötende
	nȧwi tŏχləp sat jim ńal	hundert gute Pfeile mit weißen Federn
745	*lăχrəŋ χuj teləl*	Kleid des Mannes mit Panzerhemd
746	*ris korti ȧr ăntȧs*	viel Hilfe des schwachen Eisens
747	*kimpəŋ χat kimpəl*	Außenseite des Hauses mit Außenseite
749	*ȧr nămsəŋ sojəŋ ontrem*	friedliches Inneres mit vielen Gedanken
750	*χos niŋ mănlȧ seγəlt χat*	von zwanzig Frauen begangenes Haus mit Brettern
751	*ȧśem werəm*	vom Vater gemachter
	χăsəm χat jim loχəl	guter Winkel des warmen Hauses
752	*i-jit tiwəm ortəl*	zu éiner Zeit entstandener Held
753	*marťi-mŏw χut upȧm*	sechs Schwager des Südlandes
754	*χoləm juχi altnȧŋ χat*	aus drei Brettern zusammengefügtes Haus
755	*lipəŋ χat lipəl*	Innenseite des Hauses mit Innenseite
756	*ort aməslȧ satəŋ wăl*	teure Stelle, an der der Held zu sitzen pflegt
757	*χar-tăγəs wuntȧŋ kȧt ńir*	zwei große Schaftschuhe aus Renstierhuffell
758	*marťi-mŏw sewəŋ nȧj*	bezopfte Heldin des Südlandes
760	*χar-tăγəs wuntȧŋ kȧt ńirȧn*	zwei große Schaftschuhe aus Renstierhuffell
761	*marťi mŏw χut ort amʿsəm*	von sechs Helden des Südlandes bewohntes
762	*ȧj lari melti χat*	Haus von der Größe eines kleinen Teiches
763	*uŋəŋ wȧj uŋlən*	Öffnung habender Stiefel mit Öffnung
764	*marťi-mŏw sewəŋ nȧj*	bezopfte Heldin des Südlandes
	pătəŋ wȧj pătilən	Sohlen der Stiefel mit Sohle
765	*saγləŋ χat-χăr jim pelȧ*	gute Seite des Fußbodens aus Brettern
766	*ort oni jim wurȧjem*	große gute Kraft des Helden
767	*jŏwləŋ wȧj jŏwəllən*	Kniebinden der Stiefel mit Kniebinden
768	*marťi mŏwi sewəŋ nȧjȧn*	bezopfte Heldin des Südlandes

769	*χoləm tŏχpi jes-tŏχ*	Abschnitt des Weinens mit drei Abschnitten
770	*jewər-sŏχi jim maľśȧŋ*	gute Malitza aus Wolfsfell
771	*maj-χuji sŏχlȧ tel*	Lederkleid des Bräutigams
772	*miləŋ maľśȧŋ miləl*	Mütze der Malitza mit Mütze
773	*lŏŋk-sati jim wurȧjem*	teure gute Kraft des *lŏŋχ*-Geistes
774	*ńŏsəŋ kur tinəŋ tȧ̆j*	teure Spitze des bunten Fußes
775	*ort lajlȧ sŏχməŋ wăl*	zu beschreitende Stelle des Stehens des Helden
776	*jirem mijəm* *ńormi sat wȧn jim tel*	vom Großvater gegebenes teures kurzes gutes Kleid des Sumpf[tier]es
777	*martʹi-mŏw sewəŋ nȧjȧn*	bezopfte Heldin des Südlandes
778	*wet lujpi lujəŋ jasəl kŭsəl*	Nagel der fingerige Hand mit fünf Fingern
779	*sarńi χoməŋ jim nȧrem*	guter Säbel mit goldener Schneide(?)
780	*ȧr nămsəŋ sojəŋ ontrem*	friedliches Inneres mit vielen Gedanken
781	*wurt-laptəp sŏχ joχəl*	Lederschießbogen mit roter Birkenrindenschicht
782	*saγləŋ χat-χăr ńijil ter*	acht Stangen(?) des Fußbodens aus Latten
783	*nȧŋk-juχi jiləŋ ăw*	zügige Tür aus Lärchenholz
784	*martʹi-mŏw-χuj juχən was*	hölzerne Stadt des Südlandmannes
785	*juχəŋ was jim sop*	gutes Stück der hölzernen Stadt
787	*pŏwȧ-peląk măsem-jiŋk*	Schweißwasser der linken Seite
788	*kutpəŋ was kutpəl*	Mitte der Stadt mit Mitte
789	*jăr-meltəŋ meltəŋ χat*	der Herrschaft entsprechendes würdiges Haus
790	*kit juχi altnȧŋ χat*	aus drei Brettern zusammengefügtes Haus
791	*kul lonti ŏwmȧŋ sij*	schreiendes Geräusch dicker Gänse
792	*kul wȧsi turəl sij*	Geräusch der Kehle dicker Enten
793	*sarńi sem ȧltnȧŋ nȧj*	das goldene Auge erhebende [Sonnen-]Fürstin
794	*jirpȧŋ ŏχi χoləm pȧjik*	drei Gebete des gebeugten Hauptes
796	*noptəl-ki śăr[ə]s al*	tausend Jahre des Zeitalters
797	*nȧŋk-juχi jiləŋ ăw*	zügige Tür aus Lärchenholz
798	*χoləm saγəl wutȧt ăw*	Tür in der Breite von drei Brettern
799	*nȧŋk-juχi jiləŋ ăw*	zügige Tür aus Lärchenholz
800	*śărəŋ ăw śărəlnȧ*	Türangel der Tür mit Türangel
801	*tel-lăŋkəm χuli pon*	vollgetretene Fischreuse
802	*tel-lăŋkəm ńilki pon*	vollgetretene Plötzenreuse
803	*saγləŋ χat-χăr ńijil ter*	acht Stangen(?) des Fußbodens aus Latten
804	*mul wȧrəs mul alŋəl*	Ende der Hinterecke des Raumes mit Hinterecke
805	*jiməs ńislȧ lan-ler ort*	sich gut dehnender Sehnenfaser-Held
806	*păllȧn-ńăllan-sŏχəptijlȧ* *-ńormi-turəŋ-tȧrəm-joχəl*	Donnerkeil losreißender starker Schießbogen mit der Stimme des Sumpf[tier]es
807	*ȧjəŋ χuj ȧr mŏχi*	viele Knaben des Nachrichtenmannes
808	*pȧ-mŏw-χuj*	Mann eines anderen Landes[,]

	jeməlt‘-nȧj pusəŋ χŏr	[in das] gefütterte Gewand der Frau, die ihr Gesicht bedeckt
	pȧjtilijəm weŋem	[,] sich verbergender Schwager
809	*jijil-ki χut păχ*	sechs Söhne des Vaters
810	*saɣləŋ χat-χăr ńijil ter*	acht Stangen(?) des Fußbodens aus Latten
811	*kimləl tă̇j*	Spitze des Kleidersaumwinkels
812	*ńŏχsəŋ lȧŋkər*	Zobel-Schulter
813	*jijəl-ki kȧt păχ*	sechs Söhne des Vaters
814	*ńŏχsəŋ lȧŋkər pelkəl*	Seite der Zobel-Schultern
815	*sewəŋ ŏχ jim tăχtem*	gutes Stückchen (Lappen) des bezopften Hauptes (i. e. die Kopfhaut)
816	*jas oni χoləm sŏp*	drei große Stücke der Hand
817	*χuśi-χuj wul jim was*	des *χuśi*-Mannes große gute Stadt
818	*nă̇ləŋ-lȧjəm-ńalpi-lŏŋk*	Geist mit dem Griff der Axt mit Nase (i. e. Zacke)
819	*weləm or-waj alŋȧn*	Ende des zu erlegenden Wildes
820	*weləm jiŋk-χul alŋȧn*	Ende des zu erlegenden (Wasser-)Fisches
821	*pă̇lten-ki χori waj*	sich fürchtendes scheues Tier
822	*pă̇lti să̇m jim pelken*	gute Hälfte des ängstlichen Herzens
823	*marťi mŏw-χuj wul wasəw*	große Stadt des Südlandmannes
825	*să̇mȧn jir aləŋ muj-wer(t)*	Ende oder Sache des Herzrandes
826	*sarəm lȧnt aləŋ*	Ende der Trockenspeise
827	*putəŋ lȧnt aləŋ*	Ende der Kesselspeise
828	*luj-tă̇ji i pul-pȧ*	éin Bissen der Fingerspitze
829	*pă̇llȧn-ńă̇llan-sŏχəptijlȧ -ńormi-turəŋ-tȧrəm-joχəl*	Donnerkeil losreißender starker Schießbogen mit der Stimme eines Sumpf[tier]es
830	*weŋȧ-tur alŋəl*	Ende der „oh Schwager“ [sagenden] Stimme
831	*ilȧ-χat jim răməŋ*	gute Dämmerung des Abend-Hauses
832	*pă̇llȧn-ńă̇llan-sŏχəptijlȧ -ńormi-turəŋ-tȧrəm-joχəl*	Donnerkeil losreißender starker Schießbogen mit der Stimme eines Sumpf[tier]es
833	*ă̇lpəŋ χuj ă̇lpəl*	Gesicht des Mannes mit Gesicht
	mŏwət χajli	Erde verlassen
	jiŋkət χajli	Gegend verlassen
834	*ȧjəŋ lol alŋəl*	Ende des Nachrichtenmundes
835	*nă̇ləŋ-lȧjəm-ńalpi-lŏŋk*	Geist mit dem Griff der Axt mit Nase (i. e. Zacke)
836	*tȧm aməsmem*	von mir da bewohntes
	kit juχi altnȧŋ χat	aus drei Brettern zusammengefügtes Haus
837	*maj-χuj tă̇pəŋ lȧnt*	nährende Speise des Brautwerbers
838	*lŏŋklȧ nări mul alŋəl*	Ende des [heiligen] Winkels mit der Pritsche des *lŏŋχ*- Geistes

839	*tŏmanəŋ ăwpi jim làràs*	gute Kästchen mit schlossiger Tür’
840	*ńormi sat jim tel*	teures gutes Kleid aus Sumpf[tierfell]
841	*jijəl-ki χut păχ*	sechs Söhne des Vaters
842	*àjəŋ lol aləŋ*	Ende des Nachrichtenmundes
843	*tut-juχ tăjlà juχi nir*	Feuerholz haltende Holzstange
844	*kortilà jim nir*	gute eiserne Stange
845	*jijəl-ki χut păχ*	sechs Söhne des Vaters
846	*lŏŋk sati jim wuràjəl*	teure gute Kraft des *lŏŋχ*-Geistes
847	*panəŋ lăχər panəl*	Saum des Panzerhemdes mit Saum
848	*saγləŋ χat-χăr kutəp*	Mitte des Fußbodens aus Latten
849	*miləŋ lăχər miləl*	Mütze des Panzerhemdes mit Mütze
850	*saγləŋ χat-χăr ńijil ter*	acht Stangen(?) des Fußbodens aus Latten
851	*păllàn-ńăllan-sŏχəptijlà -ńormi-turəŋ-tàrəm-joχəl*	Donnerkeil losreißender starker Schießbogen mit der Stimme eines Sumpf[tier]es
852	*àjəŋ waj àjəl*	Nachricht des Nachrichtentieres
853	*ewəŋ jiχŋən wet χat-tel*	fünf Häuser voll Töchter und Söhne
854	*ńŏmər sempi seməŋ seplem*	schuppiger Panzer(?) mit dichten Schuppen
855	*tăjəŋ ńal jim wus*	gutes Loch des Pfeiles mit Spitze
856	*sŏχəl χŏrti sŏχəŋ waj*	felliges Tier mit zu schindendem Fell
857	*àjəŋ lol aləŋ*	Ende des Nachrichtenmundes
858	*marťi-mŏw-χuj χut upàm*	sechs Schwager des Südlandmannes
859	*lăχrəŋ χuj sukàtti*	Mann mit Panzer durchlöchernder *wurt-laptəp sŏχ-joχəl* Lederschießbogen mit roter Birkenrindenschicht
860	*păllàn-ńăllan-sŏχəptijlà -ńormi-turəŋ-tàrəm-joχəl*	Donnerkeil losreißender starker Schießbogen mit der Stimme eines Sumpf[tier]es
861	*wurt-laptəp sŏχ-joχəl*	Lederschießbogen mit roter Birkenrindenschicht
862	*wurt-laptəp sŏχ-joχəl*	Lederschießbogen mit roter Birkenrindenschicht
863	*jijil-ki χut păχ*	sechs Söhne des Vaters
864	*wurt-laptəp sŏχ-joχəl*	Lederschießbogen mit roter Birkenrindenschicht
865	*jijil-ki χut păχ*	sechs Söhne des Vaters
866	*wurt-laptəp jim joχəl*	Lederschießbogen mit roter Birkenrindenschicht
867	*lăχər-sem ewətlà χoləm wurpi wurəŋ ńal*	Panzerschuppen zerschneidender gratiger Pfeil mit drei Graten
868	*wet lujpi lujəŋ jas*	fingerige Hand mit fünf Fingern
869	*pitəm wàs welti-kem*	Erlegen gefallener Enten
870	*àjəŋ lol aləŋ*	Ende des Nachrichtenmundes
871	*marťi-mŏw-χuj χut upàm*	sechs Schwager des Südlandmannes
872	*lălli juχ jim joχəl*	guter Bogen aus kernlosem Holz

873	*lăχrəŋ χuj jim telən*	gutes Kleid des Mannes mit Panzerhemd
874	*wurt-laptəp sŏχ-joχəl*	Lederschießbogen mit roter Birkenrindenschicht
875	*marťi-mŏw-χuj χut upȧm*	der sechs Schwager des Südlandmannes
	χut joχəl	sechs Bogen
876	*pitəm wȧs*	gefallene Enten
878	*jasȧm-mărt*	(zu meiner Hand passender)
	wurt-laptəp sŏχ-joχəl	Lederschießbogen mit roter Birkenrindenschicht
879	*păllȧn-ńăllan-sŏχəptijlȧ*	Donnerkeil losreißender
	-ńormi-turəŋ-tȧrəm-joχəl	starker Schießbogen mit der Stimme eines Sumpf[tier]es
880	*mȧ tăjmem*	von mir gehabter
	ńormi-turəŋ tȧrəm joχlȧm	starker Schießbogen mit der Stimme eines Sumpf[tier]es
881	*lipəŋ χat lipi-*	Innenseite des Hauses mit Innenseite
882	*jijil-ki χut păχ*	sechs Söhne des Vaters
883	*jintəŋ joχəl jintəl*	Bogensehne des Schießbogens mit Bogensehne
884	*ńormilȧ ŏmȧŋ tur*	brüllende Stimme des Bären
885	*sănsəŋ joχəl săsəl*	Rücken des Bogens mit Rücken
886	*χoləm wurpi wurəŋ ńal*	gratiger Pfeil mit drei Graten
887	*wes-ȧŋən χămləŋ siŋəs*	[wie das] Kinn eines Wasserungeheuers gekrümmtes Pritschenbrett
888	*ăsməŋ pȧjȧrt ăsməl*	Kissen des Balkens mit Kissen
889	*wȧjəŋ ńȧl jim sopəl*	gutes Stück des Pfeiles mit Schaft
890	*esməŋ larəŋ jim mewəl*	brustwarzige bekannte(?) gute Brust
891	*jintəŋ joχəl jintəl*	Bogensehne des Schießbogens mit Bogensehne
892	*ȧjəŋ lol alŋəl*	Ende des Nachrichtenmundes
893	*marťi-mŏw sewȧl ort*	bezopfter Held des Südlandes
894	*ńormi turəŋ tȧrəm joχlȧn*	starker Schießbogen mit der Stimme eines Sumpf[tier]es
895	*joram-jit aləŋ*	Glied-Ende der Kraft
896	*marťi-mŏw χut upȧm*	sechs Schwager des Südlandes
	nămsən jir aləŋ	Ende des Sinnesrandes
897	*ȧjəŋ waj ȧjəl*	Nachricht des Nachrichtentieres
899	*ȧjəŋ waj ȧjəl*	Nachricht des Nachrichtentieres
900	*χos niŋ mănlȧ seγəlt χat*	von zwanzig Frauen begangenes Haus mit Brettern
901	*χos nȧj ȧr ȧŋkən osilijsȧ*	(von den) vielen Müttern der zwanzig Heldinnen geschabter
902	*otləp χojəŋ ȧtəm joχəl*	schlechter Bogen aus dem Stummel eines Spanholzes
903	*marťi-mŏw χut upȧm*	sechs Schwager des Südlandes

905	*korti pǎtip kàt jim moŋχ*	zwei gute Klumppfeile mit eisernem Grund
907	*sisəŋ pon χǒw mǎri*	langer Zeitabschnitt der Fischreuse mit Zeitspanne
908	*mǎrəŋ pon χǒw mǎri*	langer Zeitabschnitt der Fischreuse mit Zeitabschnitt
909	*pǎlem-ki sàj-ńur*	Schellenten-Knorpel des Ohres
910	*jim orti sijəl*	Geräusch von guten Helden
911	*nàŋk-juχi jiləŋ ǎw*	zügige Tür aus Lärchenholz
912	*alŋəŋ joχəl alŋəl*	Ende des Schießbogens mit Ende
913	*lipəŋ χat lipəl*	Innenseite des Hauses mit Innenseite
915	*χuśi-χuj wul jim was làjiltsàjən*	[in] des *χuśi*-Mannes großer guter Stadt bewachter
916	*nǎləŋ-làjəm-ńalpi-lǒŋk*	Geist mit dem Griff der Axt mit Nase (i. e. Zacke)
917	*wurt-laptəp sǒχ-joχlàn*	Lederschießbogen mit roter Birkenrindenschicht
918	*sǎŋkəw-jiŋk aləŋ*	Ende (Tropfen) des Schweißwassers
919	*wet lujpi lujəŋ jas*	fingerige Hand mit fünf Fingern
920	*i jasi pelək*	Seite der einen Hand
	ńǒχsəŋ sàns sopem	Stück der Zobel-Knie
921	*kortəŋ pǎtəp kàt moŋχàm*	zwei Klumppfeile mit eisernem Grund
922	*pǎrγəl jorəŋ*	starkrümpfige
	àjəŋ χuj ńil mǒχi	vier Knaben des Nachrichtenmannes
923	*siski-lil aləŋ*	Ende des Vögelchen-Atems
924	*sǎŋkew jiŋk jim aləŋ*	gutes Ende (Tropfen) des Schweißwassers
926	*wet lujpi lujəŋ jas*	fingerige Hand mit fünf Fingern
927	*ńǒχsəŋ sàs sopàm*	Stück der Zobel-Knie
928	*pǎllàn-ńǎllan-sǒχəptijlà*	Donnerkeil losreißender
	-ńormi-turəŋ-tàrəm-joχəl	starker Schießbogen mit der Stimme eines Sumpf[tier]es
929	*jim orti jim weśəl*	gutes Gesicht des guten Helden
930	*lànt liwmàŋ làntəŋ ontər*	Speise essendes Inneres mit Speise
932	*wurt-laptəp sǒχ-joχəl*	Lederschießbogen mit roter Birkenrindenschicht
933	*wet lujpi lujəŋ kuràm*	zehiger Fuß mit fünf Zehen
934	*kortilà jim siŋis-juχ*	gutes Pritschenbrett-Holz aus Eisen
935	*ńil pàjàrt jim sopəl*	gutes Stück der vier Balken
936	*korti pǎtəp jim moŋχ*	guter Klumppfeil mit eisernem Grund
937	*sǎnsəŋ joχəl sǎnsàm*	Rücken des Bogens mit Rücken
938	*jintəŋ joχəl [jintəl]*	[Bogensehne des] Schießbogens mit Bogensehne
939	*àr nǎmsəŋ sojəŋ ontrem*	friedliches Inneres mit vielen Gedanken
940	*χuśi-χuj wul [jim] was*	des *χuśi*-Mannes große [gute] Stadt
941	*sat-lǒŋk-latəm-tǎləŋ-ǒχ*	hundert Geister gesetzt(?) habendes unversehrtes Haupt

942	*ewəŋ-jiχŋən wet χat-telnȧ lotilijəm*	für fünf Häuser voll Töchter und Söhne gekauftes
943	*ńormi sat jim tel*	teures gutes Kleid aus Sumpf[tierfell]
944	*ńorəm-χar jim jukȧnən*	guter Anteil des Sumpf[tier]-Männchens
945	*korti pă̇təp jim moŋχȧm*	guter Klumppfeil mit eisernem Grund
946	*pă̇səŋ ńal i sopȧn*	éin Teil des Pfeiles mit Kerbe
947	*marti-mŏw-χuj χut upȧm*	sechs Schwager des Südlandmannes
948	*ŏwəŋ χat ă̇w-jȧŋk-ki*	Türnagel Hauses mit Tür
949	*ńŏχsəŋ lȧŋkər pȧ-pelkəś*	andere Hälfte der Zobelschulter
950	*śaγər joχəl jim jinti*	gute Bogensehne des Hornbogens
951	*ewəŋ-jiχŋən wet χat-telnȧ lotəm*	für fünf Häuser voll Töchter und Söhne gekauftes
952	*ńormi sat jim telȧn*	teures gutes Kleid aus Sumpf[tierfell]
953	*pelkəŋ lăχər peləklȧl*	Hälfte des Panzerhemdes mit Hälfte
954	*korti pă̇təp jim moŋχȧm*	guter Klumppfeil mit eisernem Grund
955	*sopəŋ ńal i sopəl*	Stück des Pfeiles mit Stück
956	*nȧŋk-juχi jiləŋ ă̇w*	der zügigen Tür aus Lärchenholz
	ŏw-jaŋk-ki	Türnagel
957	*korti pă̇təŋ jim moŋχəl*	guter Klumppfeil mit eisernem Grund
958	*lȧntəŋ lar kutəp*	Mitte des nahrungsreichen Sees
959	*siŋk-ȧŋnəp on wes*	großes Wasserungeheuer mit gebogenem Kinn
960	*marti-mŏw-χuj χut upȧm am'silijəm*	von den sechs Schwagern des Südlandmannes bewohntes
961	*kew lȧŋkləp lȧŋkləŋ χat*	dachiges Haus mit Steindach
962	*χoləm pȧjȧrt pă̇lȧt*	Höhe von drei Balken
963	*kutpəŋ was kutpəl*	Mitte der Stadt mit Mitte
964	*marti-mŏw-χuj χut upȧm*	sechs Schwager des Südlandmannes
965	*sŏŋəŋ χat sŏŋlȧt*	Winkel des Hauses mit Winkel
966	*i χuj mă̇nlȧ*	von einem Mann begehbares
	lȧŋkrəŋ χuj lăpi wus	für einen Mann mit [breiten] Schultern ausreichendes Loch
967	*lerəŋ joχəl suwət*	Bogenstock aus Wurzel[-holz]
968	*χar nȧwərlȧ χŏw sŏχəm*	vom Renstier gesprungener langer Schritt
969	*ŏwəŋ χat kimpəl*	Außenseite des türigen Hauses
970	*sȧŋkȧm-jiŋk aləŋ*	Ende (Tropfen) des Schweißwassers
971	*marti-mŏw-χuj lȧpət upȧm*	sieben Schwager des Südlandmannes
972	*ȧjəŋ lol alŋəl*	Ende des Nachrichtenmundes
973	*χŏntti lȧŋki sŏχməŋ wăl*	springende Stelle des fliehenden Eichhörnchens
974	*torəmnȧ χajəm ńosəŋ kew*	zum Himmel reichender bunter Fels
975	*torəmnȧ χajəm ńosəŋ kew*	zum Himmel reichender bunter Fels
976	*sŏχəl χŏrti sŏχəŋ waj*	felliges Tier mit zu schindendem Fell
977	*ȧjəŋ lol aləŋ*	Ende des Nachrichtenmundes
978	*torəmnȧ χajəm jeməŋ kew*	zum Himmel reichender heiliger Fels

979	*wantti-sem aləŋ*	Ende des sehenden Auges
980	*jijil-ki χut păχ*	sechs Söhne des Vaters
981	*siri χari ŏχəl*	Haupt des jungen Renstieres
982	*jupəŋ χuj jupəl*	Hinterseite des Mannes mit Hinterseite
983	*juχəŋ was sopəl*	Stück der hölzernen Stadt
984	*lȧpət ort kutət*	Mitte der sieben Helden
985	*părəχ wewəŋ ńil mărȧ*	vier Zeitabschnitte mit Rumpfkraft
986	*mewəl jorəŋ ńil mărȧ*	vier Zeitabschnitte mit Brustgewalt
987	*torəmnȧ χajəm jeməŋ kew*	zum Himmel reichender heiliger Fels
988	*lȧŋkləŋ kew lȧŋkləl*	Dach des Felsens mit Dach
989	*śel etər lȧpət pŏŋk*	sieben Flächen des heiteren Himmels
990	*păllȧn-ńăllan-sŏχəptijlȧ*	Donnerkeil losreißender
	-ńormi-turəŋ-tȧrəm-joχəl	starker Schießbogen mit der Stimme eines Sumpf[tier]es
991	*χuśi-χuj wul jim was lȧjilʿsȧjən*	[in] des *χuśi*-Mannes großer guter Stadt bewachter
992	*năləŋ-lȧjəm-ńalpi-lŏŋk*	Geist mit dem Griff der Axt mit Nase (i. e. Zacke)
993	*torəmnȧ χajəm ńosəŋ kewȧm*	zum Himmel reichender bunter Fels
994	*jijem-ki satəŋ ewi*	die der teuren Tochter des Vaters
	tinli nȧj jim pelkəl	[, der zur] Frau ohne Brautpreis [gehörende] gute Hälfte
995	*sănsəŋ joχəl sănsȧm*	Rücken des Bogens mit Rücken
996	*korti pătəp jim moŋχȧm*	guter Klumppfeil mit eisernem Grund
997	*torəmnȧ χajəm ńosəŋ kewȧm*	zum Himmel reichender bunter Fels
998	*năŋen welti*	dir zu erlegendes (i. e. zu opferndes)
	sewəŋ law jim sop	gutes Stück des mähnigen Pferdes
999	*korti pătəp teləŋ moŋχȧm*	Klumppfeil mit vollem eisernen Grund
1000	*tȧrən on jeməŋ tut*	großes heiliges Feuer des Krieges
1001	*tȧrən on jeməŋ siw*	großer heiliger Rauch des Krieges
1002	*tȧrən on jim siw*	großer guter Rauch des Krieges
1003	*păsəŋ ńal păsəl*	Kerbe des Pfeiles mit Kerbe
1004	*ńŏχsəŋ lȧŋkər pelkȧm*	Seite der Zobel-Schulter
1005	*marťi-mŏwi sewəŋ ortȧn*	bezopfter Held des Südlandes
1006	*sewəŋ law jim jukȧn*	guter Anteil des mähnigen Pferdes
1007	*păsəŋ ńal păsəl*	Kerbe des Pfeiles mit Kerbe
1008	*puləŋ unləp ńorəm-sȧw*	Elster mit gefräßigem Maul
1009	*lȧj wuri teləŋ ńal*	Pfeil voll dunklen Blutes
1010	*wȧjəŋ ńal kutpem*	Mitte des Pfeiles mit Schaft
	(esməŋ larəŋ jim mewəl kutpem)	(der berühmten guten brustwarzigen Brust Mitte)
1011	*śaγər-joχəl jim jintem*	gute Bogensehne des Hornbogens
1012	*torəmnȧ χajəm jeməŋ kew*	zum Himmel reichender heiliger Fels

1013	*korti pȧ̆təp jim moŋχȧm*	guter Klumppfeil mit eisernem Grund
1014	*torəmnȧ χajəm jeməŋ tut*	zum Himmel reichendes heiliges Feuer
1015	*tȧrən on jeməŋ siw*	großer heiliger Rauch des Krieges
1016	*tȧrən on jeməŋ siw*	großer heiliger Rauch des Krieges
1017	*χŏśŋem lajəm*	bei mir gestandener
	marťi-mŏw-χuj wul ortȧn	großer (d. h. ältester) Held des Südlandmannes
1018	*lăχər sat śol'əŋ sij*	teures klirrendes Geräusch des Panzers
1019	*esməŋ larəŋ jim mewəl*	brustwarzige bekannte(?) gute Brust
1020	*pȧ̆səŋ ńal pȧ̆səl*	Kerbe des Pfeiles mit Kerbe
1021	*sȧ̆ri-paχləŋ joχəl χol*	glücklicher Zwischenraum der Schulterblätter
1022	*pelkəŋ lăχər pelәklȧl*	Hälfte des Panzerhemdes mit Hälfte
1023	*puləŋ unləp ńorəm-sȧw*	Elster mit gefräßigem Maul
1024	*lȧj wuri teləŋ ńalȧm*	Pfeil voll dunklen Blutes
1025	*χăla χălti sŏχəŋ mŏw*	fellige Erde, wo die Toten sterben
1026	*lăχər jas pasət*	Hand-Fäustlinge des Panzers
1027	*sȧ̆nsəŋ joχəl sȧ̆nsȧm*	Rücken des Bogens mit Rücken
1028	*săs-wȧsi tinəŋ wȧ̆l*	teure Stelle der Hermelin-Ente
1029	*ȧmp χirəm mȧ̆l jim lat*	vom Hund gegrabene tiefe gute Grube
1030	*wet lujpi lujəŋ kurȧm*	zehiger Fuß mit fünf Zehen
1031	*kul lerpi lerəŋ juχ*	wurzeliger Baum mit dicker Wurzel
1032	*semem-jir aləŋ*	das Ende des Augenrandes
	num-torəm χojim jiŋk	bis zum oberen Himmel reichendes(?) Wasser
1033	*on sarńi wintȧŋ χuj*	großer goldener mächtiger Mann
1034	*marťi-mŏw-χuj jiŋkəl*	Wasser des Südlandmannes
1035	*jerməm torəm lȧpət pȧ̆ti*	sieben Gründe der bedrängnisvollen Welt
1036	*sarnilȧ kȧ̆li pȧ̆l*	scharf [hörende] goldene Ohren
1037	*săsi [mŏw] χărem*	Erdboden des Geburtslandes
1038	*marťi-mŏw-χuj tȧ̆jlilijəm*	vom Südlandmann gehabtes
	marťi-mŏw tŏχləŋ law	geflügeltes Pferd des Südlandes
1039	*torəm weńśəŋ jeməŋ juχ*	himmelgesichtiger heiliger Baum
1040	*tȧ̆jəŋ ńal jim tȧ̆jȧm mȧ̆nti*	von der guten Spitze des Pfeiles mit Spitze begangene
	tȧ̆χa	Stelle
1041	*ńal χŏrəŋ jim wus (sop)*	pfeilgestaltiges gutes Stück
1042	*marťi-mŏw χut upȧm*	sechs Schwager des Südlandes
1043	*tȧ̆jəŋ ńal χajti tȧ̆χa*	der vom Pfeil mit Spitze getroffenen Stelle
	kȧt pelək	beide Seiten
1044	*χăni oŋk χoləm sop*	drei Stücke (Tropfen) klebrigen Harzes
1045	*χȧ̆nti-χuj noptəŋ torəm*	zeitalterige Welt des ostjakischen Mannes
1046	*marťi-mŏw ȧr wajȧn*	viele Vögel des Südlandes
1047	*tŏχləŋ waj jim tayrəp*	gutes Bedrängnis der geflügelten Tiere
1048	*tŏχləŋ waj jim sȧ̆rt*	gute Klemme der geflügelten Tiere

1049	*semȧm-jir*	Rand des Auges
1050	*sănsəŋ joχəl sănsȧm*	Rücken des Bogens mit Rücken
1051	*kortilȧ jim moŋχ*	guter Klumppfeil aus Eisen
1052	*kortəŋ moŋχ kortəl*	Eisen des Klumppfeiles aus Eisen
1053	*ńŏχsəŋ lȧŋkər kȧt pelkȧm*	zwei Seiten der Zobel-Schulter
1054	*ńel-tonti jim lă̇təŋ*	gutes Knacken loser Birkenrinde
1055	*tȧk lerpi lerəŋ juχ*	wurzeliger Baum mit starker Wurzel
1056	*śaγər-joχəl jim jinti*	gute Bogensehne des Hornbogens
1057	*lepət mŏw ȧr luŋkȧn*[24]	viele Geister der weichen Erde
1058	*lerəŋ juχ kutpət*	Mitte des Baumes mit Wurzel
1059	*torəmnȧ χajəm ńosəŋ kew*	zum Himmel reichender bunter Fels
1060	*i altəm χoləm nȧj*	zusammengefügte drei Sonnen (i. e. Tage)
1061	*χolmət nȧj lăŋti nȧj*	des dritten Tages untergehende Sonne
1062	*sijli ńal tinəŋ wăl*	teure Stelle des geräuschlosen Pfeiles
1063	*kȧt ortlȧn mă̇nti jos*	Weg, auf dem zwei Helden gehen können
1064	*χoləm ortlȧn sosmȧŋ jos*	Weg, auf dem drei Helden gehen können
1065	*marťi-mŏw χut upȧm*	sechs Schwager des Südlandes
1066	*tăjəŋ ńal jim sopem χajəm tăχa kȧt pełək*	der vom guten Stück des spitzigen Pfeiles getroffenen Stelle zwei Seiten
1067	*śel-kewi jim sop*	gutes Stück des reinen Felsens
1068	*mŏr-korti jim măχti*	gute Umgebung des reinen Eisens
1069	*pă̇rtȧ weśpi χuj jim waj*	männliches gutes Tier mit zurück-[gewandtem] Gesicht
1070	*juχəŋ was jim pelȧ*	gute Seite der hölzernen Stadt
1071	*lerəŋ joχəl suwət*	Bogenstock aus Wurzel[-holz]
1072	*pă̇təŋ wȧj pă̇tem*	Sohlen der Stiefel mit Sohle
1073	*χolȧ χălti sŏχəŋ mŏw*	fellige Erde, wo die Toten sterben
1074	*pă̇lȧ tiwəm pă̇l mŏw suŋ*	hoch entstandene hohe Erdecke
1075	*lerəŋ joχəl χŏwȧt*	Entfernung eines Wurzelbogens
1076	*marťi-mŏw-χuj wul was*	große Stadt des Südlandmannes
1077	*mul wasi mul ă̇wəl*	Öffnung der Hinterecke der Stadt mit Hinterecke

24 Im Original *tunk-* ‘Moos’. Sowohl inhaltlich als auch im Zusammenhang mit dem Verb *siji-* ‘wirbeln’ der Verbalzeile paßt *lunk* ‘*l*.-Geist’ wesentlich besser: es ist eine mythische Szene, in der übernatürliche Kräfte dem jungen Helden helfen, die Aufgaben zu bestehen. Vermutlich sind es die vom Großvater beherrschten Geister, auf die auch in seinem Heldennamen referiert wird: „viele ~ hundert Geister gesetzt(?) habender Großvater“. Die Schreibung Páp. *t* für *l* und vice versa erscheint auch sonst.

1078	*wurt-laptəp sŏχ-joχlȧm*	Lederschießbogen mit roter Birkenrindenschicht
1079	*sȧ̆ri-paχləŋ joχəl χol*	glücklicher Zwischenraum der Schulterblätter
1080	*kortilȧ χoləm lok*	drei Schleifen aus Eisen
1081	*sarńi χoməŋ jim nȧrem*	guter Säbel mit goldener Schneide(?)
1082	*tȧrən-weś wantli ort*	Held, der kein Kriegsgesicht gesehen hat
1083	*păsti nȧri jim sop*	gutes Stück des scharfen Säbels
1084	*ȧjəŋ χuj ȧr mŏχilȧn*	vielen Knaben des Nachrichtenmannes
1085	*pitəm wȧs*	gefallene Ente
1086	*nȧjli was jim suŋəl*	guter Winkel der Stadt ohne Frauen
1087	*kutpəŋ was kutpəl*	Mitte der Stadt mit Mitte
1088	*mart́i-mŏwi*	des Südlandes
	ȧjəŋ χuj ȧr ortȧn	viele Helden des Nachrichtenmannes
1089	*pȧ-mŏw-χuj ortəl*	fremdländischer Held
1090	*ȧjəŋ χuj ȧr ort*	viele Helden des Nachrichtenmannes
1091	*lȧntəŋ lar pȧ-pelək*	andere Seite des nahrungsreichen Sees
1092	*pilli pitəm i χap*	partnerlos gewordener einzelner Kahn
1093	*pătəŋ χap pătəl*	Boden des Kahnes mit Boden
1094	*liləŋ jor teləŋ jiŋk*	mit lebendigen Wasserungeheuer volles Wasser
1096	*mart́i-mŏw-χuj wul was*	große Stadt des Südlandmannes
1097	*jiməs χălti ȧr ortȧn*	gut sterbende viele Helden
1098	*ńormilȧ sȧknəŋ tur*	erstickende Stimme des Sumpf[tier]es
1099	*ȧtmȧśχălti χujȧn*	schlecht sterbende Männer
1100	*posəχ-ŏχsȧr roχəŋ [tur]*	krächzende [Stimme] des jungen Fuchses
1101	*mart́i-mŏw-χuj*	viele Knaben des Nachrichten-
	ȧjəŋ χuj ȧr mŏχen	mannes des Südlandmannes
1102	*măti mŏw neməŋ ort*	Held mit dem Namen welchen Landes
1103	*teləŋ was pelken*	Seite der vollen Stadt
1104	*welten-ki ȧr ort*	Töten der vielen Helden
1105	*lȧntəŋ lȧr pȧ-pelək*	andere Seite des nahrungsreichen Sees
1106	*pilli pitəm pilli χap*	partnerlos gewordener partnerloser Kahn
1107	*nȧrem-jir-aləŋ*	Ende der Säbel-Seite
1108	*mŏwət wantlȧ kȧt χaspi*	Land sehende zwei Seher (Augen)
1109	*pilli pitəm pilli χap*	partnerlos gewordener partnerloser Kahn
1110	*pătəŋ χap pătəl*	Boden des Kahnes mit Boden
1111	*liləŋ jor teləŋ jiŋk*	mit lebendigen Wasserungeheuer volles Wasser
1112	*tŏχləŋ sirpi jim waj*	gute Tiere der geflügelten Art
1114	*pȧ-mŏw-χuj*	des fremdländischen Mannes
	χut sȧrpi sȧrəŋ ŏw	*sar*-iger Schrei mit sechs *sar*(Kriegsgeschrei)
1115	*juχəŋ was sop*	Stück der hölzernen Stadt
1116	*lȧpət sȧrpi sȧrəŋ ŏw*	*sar*-iger Schrei mit sieben *sar*(Kriegsgeschrei)
1117	*ńăləŋ χap ńăləl*	Nase des Kahnes mit Nase

1118	*sȧjlijllȧ mŏr-ńȧwər*	bedeckender dichter Schaum
1119	*jupəŋ χap jupəl*	Hinterseite des Kahnes mit Hinterseite
1120	*kăńət χătəŋ ȧr jim χump*	viele gute Wellen [hoch wie] ein Hausfuß
1121	*nȧrilȧ suwəŋ jas*	Säbel [als] Stab [in der] Hand
1122	*tarʿ-χŏn-loχ sijlȧ pȧn*	[wie ein] Kranichkropf festes sandiges Ufer
1123	*wat χumpəŋ sipəŋ pȧn*	Sandufer mit Wind-[bedingten]Terrasen
1124	*tarʿ-χŏn-loχ sijlȧ pȧn*	[wie ein] Kranichkropf festes sandiges Ufer
1125	*tȧrən ȧri rapχəŋ sem*	blinzelnde Augen des Heldenliedes
1126	*kutpəŋ χap kutpət*	Mitte des Bootes mit Mitte
1127	*sat-lŏŋk-latəm-tăləŋ-ŏχ*	hundert Geister gesetzt(?) habendes unversehrtes Haupt
1129	*mătti mŏwi sewəŋ ort*	bezopfter Held irgendeines Landes
1131	*χănti neŋχo*	des ostjakischen Menschen
	tăjəŋ ńal jim tăjəl	spitzigen Pfeiles gute Spitze
1132	*kortəŋ nȧri jim sopəl*	gutes Stück des eisernen Säbels
1133	*sat lăχər jim lokəl*	hundert guten Schleifen des Panzerhemdes
1134	*sorəs-wutȧt jim sarńi*	gutes Gold in Spannenbreite
1135	*kăripȧnŏχ tăjəŋ ŏχəl*	[wie ein] Sterlettkopf spitzes Haupt
1136	*sorəs-wutȧt liləŋ ŏχ*	glänzendes Metall in Spannenbreite
1137	*tarʿ-χŏn-loχ sijlȧ pȧn*	[wie ein] Kranichkropf festes sandiges Ufer
1138	*ńăləŋ χap ńăləl*	Nase des Bootes mit Nase
1139	*sat-lŏŋk-latəm-tăləŋ-ŏχ*	hundert Geister gesetzt(?) habendes unversehrtes Haupt
1140	*lerəŋ joχəl suwət*	Bogenstock aus Wurzel[-holz]
1141	*răməŋ tŏχləŋ χuj jim waj*	gutes männliches Tier mit flatternden Flügeln
1142	*tarʿ-χŏn-loχ sijlȧ pȧn*	[wie ein] Kranichkropf festes sandiges Ufer
1143	*sȧsəl jir aləŋ*	Ende des Knierandes
1144	*wurt-laptəp sŏχ joχləl*	Lederschießbogen mit roter Birkenrindenschicht
1145	*sări-paχləŋ joχəl χol*	glücklicher Zwischenraum der Schulterblätter
1146	*kortilȧ χoləm los*	drei Schleifen(?) aus Eisen
1147	*sarńi χoməŋ jim nȧrəl*	guter Säbel mit goldener Schneide(?)
1148	*nȧrilȧ suwəŋ jas*	Säbel [als] Stab [in der] Hand
1149	*weńśȧm jir aləŋ*	Ende des Gesichtsrandes
	lăχər-lit sȧjət	Hinterseite des Panzerhemdärmels
1151	*măti mŏw neməŋ ort*	Held mit dem Namen welchen Landes
1152	*χuśi-χuj wul was*	große Stadt des *χuśi*-Mannes
1153	*năləŋ-lȧjəm-ńalpi-lŏŋk*	Geist mit dem Griff der Axt mit Nase (i. e. Zacke)
1154	*mătti mŏw suŋəl*	irgendeine Erdecke
1155	*mătti mŏwi tŏχləŋ law*	geflügeltes Pferd des Südlandes
1156	*wantti sem sopəl*	teures Stück des Auges
1157	*mŏwəl-ki ȧr jim mŏw*	viele gute Erd[teil]e, wenn Erde

1158	*nurli jiŋk-χuj ȧr jim was*	viele gute Städte vom Mann der rachelosen Gegend
1160	*juχəŋ was sopȧm*	Stück der hölzernen Stadt
1161	*χăləp-sem tărli kel*	[wie] Netzmaschen fehlerlose Botschaft
1162	*ȧjəŋ lol alŋəl*	Ende des Nachrichtenmundes
1163	*năləŋ-lȧjəm-ńalpi-lŏŋk*	Geist mit dem Griff der Axt mit Nase (i. e. Zacke)
1164	*wantti sem tinəŋ sop*	teures Stück des sehenden Auges
1166	*sarńi χoməŋ jim nȧrəl*	guter Säbel mit goldener Schneide(?)
1167	*ȧr sewi χŏləŋ ŏχ*	reiches Haupt mit vielen Zöpfen
1168	*kutpəŋ χuj kutpȧm*	Mitte des Mannes mit Mitte
1169	*jor-χuji wejəl*	Kraft des starken Mannes
1172	*χăla χălti sŏχəŋ mŏw*	fellige Erde, wo die Toten sterben
1173	*wat-mărȧ jim nȧri*	guter Säbel des Wind-Zeitabschnittes
1174	*[w]ȧt-părəŋ lȧpət-pus*	sieben Mal der Wind-Zeit
1175	*ort lajlȧ sŏχməŋ wăl*	zu beschreitende Stelle des Stehens des Helden
1176	*ȧjəŋ lol alŋȧm*	Ende des Nachrichtenmundes
1177	*sat-lŏŋk-latəm tăləŋ-ŏχ*	hundert Geister gesetzt(?) habendes unversehrtes Haupt
1180	*lȧj wuri wurəŋ sem*	blutiges Auge mit dunklem Blut
1181	*kăsti-ki jim ortȧn*	gesuchter guter Held
1182	*ńormi sat jim telȧn*	teures gutes Kleid aus Sumpf[tierfell]
1184	*ńir-puni răχi wăl*	nahe Stelle der Schaftschuh-Haare
1185	*wurəŋ juχ lȧpət wur*	sieben Seiten des seitigen Baumes
1187	*năləŋ-lȧjəm-ńalpi-lŏŋk*	Geist mit dem Griff der Axt mit Nase (i. e. Zacke)
1188	*rapχəŋ ńȧləm pătət*	Grund der täuschenden Zunge
1189	*ńormi sat jim telȧm*	teures gutes Kleid aus Sumpf[tierfell]
1190	*lanəŋ sȧpəl lŏwȧm*	Knochen des sehnigen Halses
1191	*ńăl-tăj olti χoləm ewmem*	auf die Nasenspitze gehörenden drei Küsse
1192	*jim ort-păχ jim sȧplem*	guter Hals des Heldensohnes
1193	*ŏχȧm-jir aləŋ*	Ende des Kopf-Randes
1194	*χăla χălti sŏχəŋ mŏw*	fellige Erde, wo die Toten sterben
1195	*wet lujpi lujəŋ kȧt kur*	zwei zehige Füße mit fünf Zehen
1196	*kortəŋ nȧri pălȧt*	Höhe des eisernen Säbels
1197	*esməŋ larəŋ jim mewlȧm*	brustwarzige bekannte(?) gute Brust
1198	*sat-lŏŋk-latəm-tăləŋ-ŏχ*	hundert Geister gesetzt(?) habendes unversehrtes Haupt
1199	*ȧjəŋ lol alŋəl*	Ende des Nachrichtenmundes
1200	*năŋen tăjəm*	von dir gehabter
	esməŋ mewləp ȧśen	Vater mit brustwarziger Brust
1201	*sewəŋ χuj χŏrəl*	Gestalt des bezopften Mannes
1202	*leləm χap suwəŋ lăl*	moosige Abteilung des Kahnes mit Sitz

1203	*jasȧm-peli wanti-sor*	Handwurzel des einen Armes
1204	*esməŋ mewləp ȧśem*	Vater mit brustwarziger Brust
1205	*ńŏχsəŋ sȧns sopəl*	Stück der Zobel-Knie
1206	*wajəŋ sȧns sopəl*	Stück der Tier-Knie
1207	*ńăl-tȧ̆ji χoləm ewmem*	auf die Nasenspitze gehörenden drei Küsse
1208	*esməŋ mewləp ȧśem*	Vater mit brustwarziger Brust
1209	*mȧ̆ti nempi neməŋ was*	namige Stadt mit welchem Namen
1210	*marťi-mŏw on jim was*	große gute Stadt des Südlandmannes
1211	*was-ŏχi neməŋ ort*	der Stadt Oberhaupt Held mit Name
1212	*marťi-mŏw χut ortȧn*	sechs Helden des Südlandes
1213	*pȧ̆llȧn-ńăllan-sŏχəptijlȧ*	Donnerkeil losreißender
	-ńormi-turəŋ-tȧrəm-joχəl	starker Schießbogen mit der Stimme eines Sumpf[tier]es
1214	*lipəŋ χat lipəl*	Innenseite des Hauses mit Innenseite
1216	*esməŋ mewləp ȧśi*	Vater mit brustwarziger Brust
1217	*tŏm-pelki lŏŋkəl-pȧ̆nt*	Geisterweg der anderen Seite (i. e. Tod)
1218	*sat-lŏŋk-latəm-jirem*	hundert Geister gesetzt(?) habender Großvater
1220	*ewəŋ-jiχŋən wet χat-tel*	fünf Häuser voll Töchter und Söhne
1221	*ńomər-sempi seməŋ sepli*	schuppiger Panzer(?) mit dichten Schuppen
1222	*ńaγəl tur jim aləŋ*	gutes Ende der tiefen(?) Stimme
1224	*χolti pȧ̆l aləŋ*	Ende des hörenden Ohres
1225	*torəmnȧ χajəm jeməŋ kew*	zum Himmel reichender heiliger Fels
1227	*nȧrilȧ suwəŋ jas*	Säbel [als] Stab [in der] Hand
1228	*alŋəŋ was alŋəl*	Ende der Stadt mit Ende
1229	*torəmnȧ χajəm ńŏsəŋ kew*	zum Himmel reichender bunter Fels
1230	*marťi-mŏw-χuj χut upȧm*	sechs Schwager des Südlandmannes
1231	*śel-kew jim sop*	gutes Stück des reinen Felsens
1232	*pȧ̆llȧn-ńăllan-sŏχəptijlȧ*	Donnerkeil losreißender
	-ńormi-turəŋ-tȧrəm-joχəl	starker Schießbogen mit der Stimme eines Sumpf[tier]es
1233	*sewəŋ ŏχ tăχtəl*	gutes Stückchen (Lappen) des bezopften Hauptes (i. e. die Kopfhaut)
1234	*śel-kewi*	des reinen Felsens
1235	*sănsəŋ nȧri sănsət*	Rücken des Säbels mit Rücken
1236	*marťi-mŏw-χuj juχəŋ was*	hölzerne Stadt des Südlandmannes
1237	*marťi-mŏw-χuj wul wasȧn*	große Stadt des Südlandmannes
1238	*lȧpət nȧlməp tȧrən-tut*	Kriegsfeuer mit sieben [Flammen-]Zungen
1239	*χut nȧlməp tȧrən-tut*	Kriegsfeuer mit sechs [Flammen-]Zungen
1241	*śăkəŋ suwpi ikət*	alte Männer mit hakigen Stöcken
	śăkəŋ suwpi imət	alte Frauen mit hakigen Stöcken
1242	*lȧpət nȧlməp tȧrən-tut*	Kriegsfeuer mit sieben [Flammen-]Zungen

1243	*tut liwəm χut aŋkləl*	sechs vom Feuer gefressene Pfosten
1244	*tut liwəm ȧpət aŋkləl*	sieben vom Feuer gefressene Pfosten
1245	*esməŋ mewləp ȧśem*	Vater mit brustwarziger Brust
1246	*ńăləŋ ort*	Held mit Pfeil
1247	*ȧjəŋ lol alŋem*	Ende des Nachrichtenmundes
1248	*leləm χap suwiŋ lăl*	moosige Abteilung des Kahnes mit Sitz
1249	*marťi-mow sewəŋ nȧj*	bezopfte Heldin des Südlandes
1250	*mȧnem tuwəm*	mich gebracht habendes
	marťi-mŏw tŏχləŋ law	geflügeltes Pferd des Südlandes
1251	*săsi-mŏw χărem*	Erdboden des Heimatlandes
1252	*law sati jim săsəl*	teurer guter Rücken des Pferdes
1253	*law sati jim χat*	teures gutes Haus (i. e. Stall) des Pferdes
1254	*ȧjəŋ χuj ȧr mŏχen*	viele Knaben des Nachrichtenmannes
1255	*nȧrilȧ suwəŋ jas*	Säbel [als] Stab [in der] Hand
1257	*law sati jim seməl*	teures gutes Auge des Pferdes
1258	*măsəl jiŋk jim tăχti*	gutes Stückchen (Tropfen) des Schweißwassers
1259	*sămməŋ waj săməl jir aləŋ*	Ende des Randes des Herzen des Tieres mit Herz
1260	*law sati jim śermȧt*	teurer guter Zaum des Pferdes
1261	*sănsəŋ nȧri sănsȧm*	Rücken des Säbels mit Rücken
1262	*ńăləŋ waj ńăləl*	Schnauze des Tieres mit Schnauze
1263	*sarńi sem χŏńmȧŋ nȧj*	das goldene Auge schließende [Sonnen-]Fürstin
1264	*tăjəŋ juχ pălȧt*	Höhe des wipfeligen Baumes
1265	*ăľȧŋ kew alŋəl*	Ende des gleißenden Urals
	kortəŋ nȧri jim pălȧt	gute Höhe des eisernen Säbels
1266	*χuśi χuj wul wasȧm*	große Stadt des *χuśi*-Mannes
1267	*sŏχəl χŏrti sŏχəŋ waj*	felliges Tier mit zu schindendem Fell
1268	*sănsəŋ waj săsəl*	Rücken des Pferdes mit Rücken
1269	*răməŋ tŏχləŋ χuj jim waj*	gutes männliches Tier mit flatternden Flügeln
1270	*ńăləŋ waj ńăləl-pȧ*	die Schnauze des Tieres mit Schnauze aber
1271	*num-torəm χajəm jiŋk*	bis zum oberen Himmel reichendes Wasser
1272	*torəmnȧ χajəm ńŏsəŋ kew*	zum Himmel reichender bunter Fels
1273	*sŏχlȧ torəm lȧpət pŏŋk*	sieben Flächen des klaren Himmels
1274	*puti păləŋ ȧr paχəl*	viele Knäuel schwarzer Wolken
1275	*lŏŋk-sem pătlȧm sări ȧt*	[wie] Geisteraugen dunkle finstere Nacht
1276	*tăjəŋ juχ jim pălȧt*	gute Höhe des wipfeligen Baumes
1277	*tăwi-lărńəŋ imen*	sonnenhelle Frühjahrs-Frau
1278	*tăjəŋ juχ numpəl*	Oberseite der wipfeligen Bäume
1279	*sarńi sem ȧltnȧŋ nȧj*	das goldene Auge erhebende [Sonnen-]Fürstin
1280	*tăjəŋ juχ pălȧt*	Höhe des wipfeligen Baumes
1281	*χuśi-χuj wul was*	große Stadt des *χuśi*-Mannes

1282	*mȧ amǝsmem*	von mir bewohntes
	kit juχi altnȧŋ χat	aus zwei Hölzern zusammengefügtes Haus
1283	*sȧ̆nsǝŋ χat sȧ̆sǝl*	Rücken des Hauses mit Rücken
1284	*χălȧ χălti sŏχǝŋ mŏw*	fellige Erde, wo die Toten sterben
1285	*law sati jim śermȧt*	teurer guter Zaum des Pferdes
1286	*kortilȧ jim aŋkǝl*	guter Pfosten aus Eisen
1287	*ȧj lari melti χat*	Haus von der Größe eines kleinen Teiches
1288	*nȧŋk-juχi jilǝŋ ȧ̆w*	zügige Tür aus Lärchenholz
1289	*saγlǝŋ χat-χăr ńijil ter*	acht Stangen(?) des Fußbodens aus Latten
1290	*suŋǝŋ χat suŋǝt*	Winkel des Hauses mit Winkel
1291	*esmǝŋ mewlǝp ȧŋkem*	Mutter mit brustwarziger Brust
1292	*niŋ amǝslȧ χolǝŋ wăl*	von der Frau besetzte reiche Stelle
1293	*χolǝm tŏχpi waś jim tŏχ*	guter Abschnitt des Klageliedes mit drei Abschnitten
1294	*ȧjǝŋ lol alŋǝl-pȧ*	Ende des Nachrichtenmundes
1295	*ńălǝŋ ort*	Held mit Pfeil
1296	*χălǝm χuj χŏren*	Gestalt des toten Mannes
1297	*lilǝŋ χuj χŏrȧn*	Gestalt des lebendigen Mannes
1299	*esmǝŋ mewlǝp ȧŋki*	oh Mutter mit brustwarziger Brust
1300	*χătlǝl-ki i χătl*	wenn Tag, dann einen Tag
1301	*χălǝm χuj χŏrǝl*	Gestalt des toten Mannes
1302	*niŋ lajlȧ jim kurǝm*	von der Frau gesprungener guter Schritt
1303	*lanǝŋ sȧpǝl-lŏwem*	Knochen des sehnigen Halses
1304	*ńăl-tăj olti χolǝm ewmem*	auf die Nasenspitze gehörenden drei Küsse
1305	*χut jiŋkŋǝn wujiŋ wăl*	Bärenfell-Stelle von sechs Gegenden (Gewässern)
1306	*sarǝm lȧnt alǝŋ*	Ende der Trockenspeise
1307	*putǝŋ lȧnt alŋǝl*	Ende der Kesselspeise
1308	*lańśǝŋ tăl jim sopew*	gutes Stück des schneeigen Winters
1309	*săŋkǝŋ jim pelkǝl*	heitere gute Seite
1310	*pămǝŋ luŋ jim kutpǝl*	gute Mitte des heißen Sommers
1311	*tȧm werǝm*	dann gemachte
	sarńi sem ȧltnȧŋ nȧj	das goldene Auge erhebende [Sonnen-]Fürstin
1312	*marťi mŏw sewǝŋ [nȧj]*	bezopfte Heldin des Südlandes
1313	*lelǝm χap suwǝŋ lăl*	moosige Abteilung des Kahnes mit Sitz
1314	*marťi-mŏw ȧr ortȧn*	vielen Helden des Südlandes
1315	*śȧ̆pǝr-ŏχi ȧr jim sop*	viele gute Stücke von *ś*.-Metall
1317	*waŋkǝm juχ ȧr lăpas*	viele Speicher aus geschnittenem Holz
1318	*lŏŋk-sem pătlȧm sări ȧt*	[wie] Geisteraugen dunkle finstere Nacht
1319	*alǝm-χuj kul śokǝt*	dicke Schwere des Schlaf-Mannes
1320	*wăjilt-χuj turǝŋ poŋk*	Fläche mit Stimme des schlafenden Mannes

1321	*sarńi sem ȧltnȧŋ nȧj*	das goldene Auge erhebende [Sonnen-]Fürstin
1322	*ȧjəŋ waj ȧjəl*	Nachricht des Nachrichtentieres
1323	*tȧm werəm*	dann gemachte
	sarńi śemi seməŋ nȧj	äugige [Sonnen-]Fürstin mit goldenem Auge
1324	*torəm-weńśəŋ jim juχ*	himmelsgesichtiger guter Baum
1325	*sănsəŋ was sănsew*	Rücken der Stadt mit Rücken
1326	*kortnȧ olti lȧpət satew*	in Eisen seienden sieben Hundert[schaften]
1327	*marťi-mŏw-[χuj] tŏχləŋ law*	geflügeltes Pferd des Südland[mann]es
1328	*kort nŏrpi lȧpət put*	sieben Töpfe mit Eisenhenkel
1329A	*torəm-weńśəŋ jeməŋ juχ*	himmelsgesichtiger heiliger Baum
1329B	*pujiŋ juχ pujil*	Stammende des Baumes mit Stammende
1330	*marťi-mŏw tŏχləŋ lawȧn*	geflügeltes Pferd des Südlandes
1331	*liś-koli jim moŋχəl*	guter Knoten des Seiles mit Fangschlinge
1332	*was ȧri ȧr murew*	viel Volk in der Menge einer Stadt
1333	*liś-koli jim sop*	gutes Stück des Seiles mit Fangschlinge
1334	*χăla χălti sŏχəŋ mŏw*	fellige Erde, wo die Toten sterben
1335	*sarńi χŏməŋ jim nȧri*	guter Säbel mit goldener Schneide(?)
1336	*săməŋ law jim săməl*	gutes Herz des Pferdes mit Herz
1337	*lȧj wuri jim sopəl*	gutes Stück (Tropfen) des dunklen Blutes
1338	*puť wuri jim sopəl*	gutes Stück (Tropfen) des schwarzen Blutes
1339	*sarəm lȧnt alŋəl*	Ende der Trockenspeise
1340	*putəŋ lȧnt alŋəl*	Ende der Kesselspeise
1341	*jirpȧŋ ŏχi χoləm pajik*	drei Gebete des gebeugten Hauptes
1342	*kuśpȧŋ ŏχi χoləm pajik*	drei Gebete des pfeifenden Hauptes
1343	*săsi was χărew*	Platz der Heimatstadt
1344	*χăsəm χat alŋew*	Ende des warmen Hauses
1345	*marťi-mŏw-χuj sewəŋ nȧjȧn*	bezopfte Heldin des Südlandes
1346	*was lilȧ wul pari*	von der Stadt[bevölkerung] gegessenes großes (Opfer-)Essen
1347	*was lilȧ wul parem*	von der Stadt[bevölkerung] gegessenes großes (Opfer-)Essen
1348	*jisəl-ki χŏw jim jis*	wenn Zeit, lange gute Zeit

III Formeltypen

Im folgenden Kapitel werden die poetischen Formeln nach strukturellen Merkmalen geordnet. In einem ersten Schritt wurden zunächst die formal vollständigen viergliedrigen Formeln abgesondert. Vom Rest wurden die dreiteiligen in zwei Gruppen eingeteilt:

1) symmetrische Formeln (schematisch XYX), z. B. *kortəŋ moŋχ kortəl* 'eiserner Klumppfeil mit/aus Eisen', i. e. 'Klumppfeil mit (od. aus) Eisen' (1052), und

2) unsymmetrisch aufgebaute Formeln (schematisch XYZ), die im Verdacht stehen, unvollständige viergliedrige Formeln zu sein.

Die verbliebenen, mehr als vier Glieder aufweisenden Formeln können ebenfalls grob in zwei Gruppen unterteilt werden:

1) Formeln, die (idealiter) aus einer viergliedrigen Formel bestehen und erweitert sind durch einen sog. Partizipialvers,
2) kombinierte Formeln, die als Resultat der Aufzeichnungsweise aus zwei überlappenden poetischen Formeln bestehen.

Die interne Untergliederung der einzelnen Typen erfolgt i. w. nach der Besetzung der Positionen G3 und G2, wobei sowohl morphologische als auch semantische Kriterien berücksichtigt wurden.

Da angenommen werden muß, daß durch das inadäquate Vorgehen bei der Aufzeichnung des untersuchten Heldenliedes viele größere und kleinere Elemente einer potentiellen gesungenen Version des Liedes verschüttet wurden, sind die aus der Analyse der Metrik gewonnenen Erkenntnisse zunächst mit Vorsicht zu genießen, insonderheit dürften auf Silbenzählungen basierende Analysen nicht erschöpfende Resultate zeitigen. Immerhin konnte v. a. mit den von É. SCHMIDT (1990) etablierten Begriffen (Halbvers, Glied) effizient gearbeitet werden. Die aus dem hier zugrunde gelegten „Lied des Volkes von der Eisstadt" gewonnenen Erkenntnisse zeigen einen engen Zusammenhang zwischen der anzunehmenden Metrik und der (Morpho-)Syntax; in vielen Fällen verschränken sich metrische Besonderheiten und semantische Kategorien zu einem abgerundeten Gesamtbild.

Die hier folgenden Ergebnisse beruhen auf den in der Einleitung dargelegten Prämissen, denen zufolge der metrisch am leichtesten faßbare und vielleicht auch in der nordostjakischen Dichtung ideale Vers viergliedrig ist. Diese vier Positionen werden von links nach rechts G1 bis G4 genannt, s. Kapitel I 2.4.2 (S. 38 ff.).

Bei der Zuordnung der einzelnen Formeln zu den Formeltypen wird generell mit Ziffern (identisch mit der Zeilennummer nach PÁPAYS Numerierung) auf die jeweilige poetische Formel verwiesen. In der Diskussion interessanter Formeln oder Formelgruppen werden die Belege in ostjakischer Sprache und deutscher Übersetzung angeführt, teilweise werden nur die Schlüsselbegriffe übersetzt. Aus Gründen der Lesbarkeit wird bei Mehrfachbelegung, wenn die absolute Zahl der Belege keine Rolle spielt, nur eine Belegstelle angegeben. Zu einzelnen, typologisch oder etymologisch aussagekräftigen Formeln sind längere Ausführungen der Übersichtlichkeit halber in Exkursform dargestellt.

Die in diesem Kapitel angeführten Formeln werden in der Übersetzung i. d. R. ohne Possessivpronomina angeführt.

1 Die viergliedrige Formel

Als häufigster und metrisch durchsichtigster Typ ist die viergliedrige Formel anzusehen, die durch eine Zäsur nach G2 in zwei Teile (G1–G2 und G3–G4) gegliedert wird.

Als Grundtendenz gilt, daß Formeln dann als viergliedrig bezeichnet werden können, wenn sie aus mindestens vier Lexemen bestehen. Formeln, die aus mehr als vier Lexemen bestehen, zählen als viergliedrig, wenn wahrscheinlich gemacht werden kann, daß zwei Lexeme ein Glied[1] ausfüllen. Dies ist der Fall v. a. bei zwei einsilbigen Lexemen, z. B. *χoləm tŏχpi waś jim tŏχ* 'guter Abschnitt des Klageliedes mit drei Abschnitten' (V. 501):

G1	G2	G3	G4
χoləm	*tŏχpi*	*waś jim*	*tŏχ*

Die Lexeme *waś* und *jim* bilden wahrscheinlich G3. Möglich ist allerdings auch, daß *waś* für sich allein die Position G3 ausfüllt und *jim* und *tŏχ* gemeinsam in G4 stehen:

G1	G2	G3	G4
χoləm	*tŏχpi*	*waś*	*jim tŏχ*

1 Zum Gliedbegriff s. Kapitel I 2.4.2, v. a. S. 41 f.

Mangels Kriterien läßt sich aber über den Verlauf der Nebenzäsur zwischen G3 und G4 keine sichere Aussage treffen, doch ist es wahrscheinlicher, daß *waś* und *jim* zusammen ein Glied bilden, da *jim* 'gut' in metrisch durchsichtigen Formeln eminent häufig in der Position G3 steht. Auf jeden Fall kann festgehalten werden, daß *waś jim tŏχ* den zweiten Halbvers (G3 und G4) ausfüllt. Anschaulich sind die Fälle, in denen zwei Einsilbler auch syntaktisch eng verbunden sind, z. B. *weləm or-waj welmàŋ ort* 'zu jagendes Wild jagender Held' (wörtl. 'getötete Wald-Tiere tötender Held'; V. 206): hier füllen *or* und *waj* mit Sicherheit zusammen die Position G2 aus. Bei einer Vielzahl von Formeln mit einem Dreisilbler an erster Stelle im Vers kann ebenfalls wahrscheinlich gemacht werden, daß es sich aus metrischer Sicht um einen viergliedrigen Vers handelt, z. B. *kortilà χoləm lok* 'drei Schleifen aus Eisen' (V. 285). Zu diesem Typ s. hier unter 1.5. „Viergliedrig" ist also ein metrischer Begriff. Die Zahl der Glieder muß nicht mit der Zahl der Lexeme übereinstimmen.

Im folgenden (1.1–1.6) werden auch die sog. Partizipialverse unter den viergliedrigen Formeln behandelt, da diejenigen Formelteile, die nach dem Konnektor-Partizip erscheinen, häufig auch ohne Partizipialvers vorkommen, z. B. *mà aməsmem àj lari melti χat* 'von mir bewohntes Haus von der Größe eines kleinen Teiches' (V. 333, 603, 762, 1270, 1287) neben *àj lari melti χat* 'Haus von der Größe eines kleinen Teiches' (V. 14, 36, 211).

Obgleich die Zahl der Silben innerhalb eines Gliedes sich relativ häufig auf zwei beläuft[2], sind auch ein- bzw. dreisilbige Glieder anzunehmen, z. B. *χănti-neŋχo aməsti sir* 'Art, wie der gewöhnliche Mensch zu sitzen pflegt' (wörtl. 'Art des Sitzenden o. sitzende Art des ostjakischen Menschen' V. 506): G1 und G2 sind je zweisilbig, G3 dreisilbig und G4 einsilbig.[3]

1.1 Die häufigsten Attribute in der Position G3

Der Aufbau der Formelverse folgt i. w. bestimmten Regeln und Restriktionen, von denen die für die Position G3 geltenden im folgenden herausgearbeitet werden sollen. Die wichtigsten Regeln erklären sich aus der Verstechnik: Fällt der semantische Mittelpunkt mit dem syntaktischen Mittelpunkt zusammen, ist G4 von

2 Die Bedeutung der Silbenzahl wird auch noch durch den Umstand relativiert, daß bei der Aufzeichnung eine unbekannte Zahl von Füllsilben unterschlagen worden sind.

3 Möglicherweise ist dieser Vers(-typ) auch als *χănti* | *neŋχo* || *aməs-* | *ti sir* zu gliedern, vgl. Kapitel I 2.4.2.

vornherein auf die Funktion als Mittelpunkt festgelegt. G1–2 bilden meistens eine syntaktische Einheit (daher auch die Häufigkeit von *-əp* und *-pi* an G2, s. u.) und enthalten meist die für die Aussage wichtigen typischen Attribute. Auf G3 fällt nach Aussage des Textes das Augenmerk im geringsten Maß: Neben den in dieser Position markant häufigen semantisch schwachen Wörtern (wie *jim* 'gut', *tinəŋ* 'teuer' usw.) treten i. a. durch die Tradition festgelegte, also für das Textverständnis im betreffenden Moment nicht relevante Attribute auf. G3 ist mit anderen Worten die Position in Vers, die am wenigsten den kreativen Geist des Sängers fordert und überdies durch ihren geringen Status die Wichtigkeit des gleich darauf folgenden Mittelpunktes noch hervorhebt. R. BARTENS hat diesen Umstand im Zusammenhang mit den poetischen Bildern bereits beobachtet, und verbindet ihn damit, daß das der Metapher zugrundeliegende Bild auch ohne Spezifizierung des Tenor-Gliedes einleuchtet: „Als Attribut für das Tenor-Glied, wie es der Rhythmus offenbar verlangt, verwendet der Sänger ein naheliegendes Adjektiv – schließlich ist seine Leistung, das Bild, bereits fertig" (S. 40). Die Position G3 ist jedoch nicht nur in Metaphern mit einem semantisch schwachen Attribut besetzt, es ist dies geläufige Praxis.

Im einzelnen ist die Position G3 bevorzugt mit

a) semantisch schwachen
b) vom selben Wortstamm wie das an G2 stehende Attribut abgeleiteten
c) semantisch starken, aber für die jeweilige Formel als stehende Epitheta festgelegten

Attributen besetzt.

Als a) semantisch schwache Attribute fungieren die in der Folkloresprache üblichen in ihrer Funktion als Füllwörter bekannten Lexeme ohne ausgeprägten semantischen Gehalt mit Ausnahme der Substantive der Bedeutung 'Teil eines Ganzen'[4], i. e. *jim* 'gut', *satəŋ* 'teuer' und Zahlwörter (zur semantischen Schwäche von Zahlwörtern im allgemeinen und 'sieben' im speziellen s. DEWOS 81, s. v. *aləŋ* 'Ende' usw. Bedeutung 3, sowie STEINITZ OA II: 36).

Die poetischen Formeln der Gruppe b) fallen unter den Begriff „etymologische Figur", s. hier unter 1.3.2.2.

Unter c) sind ein Teil der unter 1.3.1 angeführten Formeln einzuordnen.

Die unter a) und b) angeführten Typen sind in der nordostjakischen Liedersprache zu PÁPAYS Zeit als produktiv anzusehen.

---

4 Mit Ausnahme der Formeln, die zwei semantisch schwache Lexeme an G3–4 aufweisen.

1.1.1 *jim* 'gut'

Markant häufig steht *jim* 'gut' an G3. In der Fachliteratur gilt *jim* der Folklore-sprache gemeinhin als Füllwort.[5] Auch der hier untersuchte Text liefert Belege für die semantische Schwäche dieses Lexems; nachweisen läßt sich eine reine Füllfunktion allerdings nur in den Fällen, in denen die Konnotation klar negativ ist.

Belegstellen für *jim* 'gut' in der Position G3, geordnet nach den Elementen in der Position G2[6]:

a) G2 Partizip auf *-əm*:
àmp χirəm mă̆l jim lat 'vom Hund gegrabene tiefe gute Grube' (1029)

b) G2 Äquativ auf *-àt*:
sorəs-wutàt jim sarńi 'gutes Gold in Spannenbreite' (1134)

c) G2 Verbaladjektive auf *-là*:
χar χoχəllà χŏw jim lepəŋ 'vom Renstier belaufenes langes gutes Vorhaus' (71)
niŋ lajlà jim kurəm 'von der Frau gesprungener guter Schritt' (1302)

d) G2 Adjektive auf *-i*[7]:
105 (=[8] 405, 770); 106; 126; 138; 515; 571; 699 (= 1337); 766 *oni*; 1067; 1083; 1315; 1331; 1333; 1338

e) G2 Adjektive auf *-əŋ*:
327, 341 (= 418, 569, 625, 662, 779, 1081, 1147, 1166, 1335), 475 (= 1141, 1269); 890; 957[9]; 1019; 1041; 1120; 1197; 1324

f) G2 Adjektive auf *-(ə)p* ~ *-ep*[10]:
93; 296; 434 (= 449); 866; 936 (= 945, 954, 996, 1013, ~ 905)

g) G2 Adjektive auf *-pi*:
256 (= 570, 839); 262 (= 596, 1069); 429; 706; 734 (= 736); 1112

h) G2 ohne Suffix:
5 (= 940[11]; ~ 6); 31; 37 (= 212); 45 (= 646, 687); 114 (= 213, 306, 668, 686); 118; 167; 272; 389; 455; 472; 510 (= 512); 511; 575; 578; 613; 651; 656; 656;

---

5 S. z. B. OA II: 237 f., DEWOS s. v.

6 Ohne *sat-* 'teuer', dazu s. u. 1.3.2.1.

7 Alle Belege stehen vor *jim*, könnten also prinzipiell auch Sandhiformen darstellen.

8 Das Gleichheitszeichen (=) bedeutet hier in der Auflistung der Beispiele, daß die danach genannten Belege mit dem vor der Klammer genannten Beleg identisch sind. Entsprechend bezeichnet die Tilde (~) Varianten derselben poetischen Formel.

9 *kàrti pă̆təŋ jim moŋχəl*: sonst *k. pă̆təp j. m.*

10 PÁPAY schreibt auch die von Vokalstämmen abgeleiteten attribuierten Attribute mit *-əp* anstelle von *-ep*, vgl. OA II: 70 Fn. 27.

11 [*jim*] von PÁPAY in eckige Klammern gesetzt.

660; 702; 725; 765; 785; 815; 817; 822; 831; 855; 872; 873; 889; 924; 944; 950 (= 1011, 1056); 994; 1002; 1006; 1047; 1048; 1054; 1068; 1070; 1086; 1132; 1133; 1158; 1173; 1210; 1222; 1231; 1258; 1265; 1276; 1308; 1310.

1.1.2 Numeralia

Numeralia erscheinen sehr häufig in der Position G3. Dies ist auf ersten Blick überraschend, da sich in der Position G1 und G2 ebenfalls Attribute befinden und im Ostjakischen ebenso wie im Deutschen in der Reihung von Attributen die Zahlwörter und Quantifikatoren in der normalen Wortfolge vor anderen, beispielsweise adjektivalen, Attributen stehen, vgl. die höchstwahrscheinlich nur éin Glied ausfüllenden – und daher metrisch jedenfalls nicht beeinträchtigten – *kat* 'zwei' bzw. *ȧr* 'viel' in Verbindung mit *jim* 'gut' in den Formeln *korti pătəp* ***kȧt jim*** *moŋχ* 'zwei gute Klumppfeile mit Eisenboden' (V. 296) und *tŏχləŋ waj* ***ȧr jim*** *χŏr* 'viele gute Gestalten der flügeligen Tiere' (d. h. Vögel; V. 660) oder das klar gegliederte *sat optəŋ χoləŋ ŏχ* 'reiches Haupt mit hundert Haaren' (V. 64, 271).

Die Umstände, unter welchen die Numeralia in diese Position rücken, lassen sich am besten am Beispiel einer poetischen Formel zeigen, die ein „Kästchen" als Aufbewahrungsort für Rüstung und Waffen beschreiben:
tŏmanəŋ ăwpi jim lȧrȧs 'gute Kästchen mit schlossiger Tür' (V. 256, 570, 839)
tŏmanəŋ ăwpi χoləm lȧrȧs 'drei Kästchen mit schlossiger Tür'[12] (V. 282, 340, 384)
tŏmanəŋ ăwpi lȧpət lȧrȧs 'sieben Kästchen mit schlossiger Tür'[12] (V. 347).
Das Zahlwort *χoləm* 'drei' (entsprechend in V. 347 'sieben') steht also in den Versen 282, 340, 384 anstelle von *jim* 'gut'. PÁPAY übersetzt es auch syntaktisch genau entsprechend „gutes Kästchen ~ drei Kästchen", indem er also annimmt, daß es sich um drei (bzw. sieben) Kästchen handelt. Die Varianten mit *jim* 'gut' vs. *χoləm* 'drei' vs. *lȧpət* 'sieben' an G3 werden im Lied gleichwertig behandelt; der Kontext gibt nicht vor, welche der Varianten gewählt wird. Mit diesen Formelvarianten werden die Kästchen des Großvaters, der Frau, des ältesten Schwagers und der Mutter in folgender Verteilung beschrieben (die Zahlen referieren auf die Zeilennummern):

		Großvater	Frau	Schwager	Mutter
jim	'gut'	256	570	839	—
χoləm	'drei'	282	—	—	340, 384
lȧpət	'sieben'	—	—	—	347

12 PÁPAYs Übersetzung.

Obwohl der Mutter drei bzw. sieben Kästchen zugeschrieben werden, geht aus dem Kontext hervor, daß sie nur eines besitzt: In V. 384 wird nach PÁPAYs Übersetzung gesagt, daß die Mutter zwei Schaftschuhe aus drei Kästchen nimmt, beim Großvater wird einmal von einem guten und einmal von drei Kästchen gesprochen, wobei letzteres wiederum vom Kontext her als unwahrscheinlich gelten muß. Da die Zahlwörter 'drei' und 'sieben' hier kaum als Angaben der Anzahl Kästchen aufgefaßt werden können, liegt es nahe, diese auf die Anzahl Schlösser an den Kästchen zu beziehen – ein einleuchtendes Bild für Kästchen, die wertvolles Gut bergen. 'Sieben' dürfte in diesem Fall als Variante zu 'drei' aufzufassen sein – beide Zahlwörter haben mythische Konnotation und sind daher – wie so oft in der Folkloresprache – nicht als exakte Zahlenbegriffe zu verstehen, aber auf jeden Fall stehen sie in Opposition zu 'eins'. Damit ergeben sich die Übersetzungen

tŏmanəŋ ǎwpi jim làràs 'gutes Kästchen mit schlossiger Tür' (V. 256, 570, 839)
tŏmanəŋ ǎwpi χoləm làràs 'Kästchen mit dreischlossiger Tür' (V. 282, 340, 384)
tŏmanəŋ ǎwpi làpət làràs 'Kästchen mit siebenschlossiger Tür' (V. 347).

Der Grund für diese auffällige Wortfolge liegt darin, daß in den Positionen G1–2 ein zweigliedriges (G1 *-əŋ*, G2 *-pi*) Attribut steht. Um diese syntaktisch zusammengehörigen Attribute nicht durch die Hauptzäsur trennen zu müssen, rückt das Numerale, das inhaltlich eigentlich zu *tŏman(-)* 'Schloß' gehört, in die Position vor *làràs* 'Kästchen'. Daraus ergibt sich für die versgebundene Folkloresprache, daß die Regel, der zufolge das *-(ə)ŋ* vom *-(ə)pi*-Attribut nicht getrennt werden darf, in der Regelhierarchie weiter oben steht als die Regel, daß ein Attribut vor seinem Bezugswort zu stehen hat, und dies trotz der daraus resultierenden inhaltlichen Ambiguität.

Auf die Restriktion, nach der zweigliedrige Attribute am Anfang einer mehrgliedrigen Attributenreihe zu stehen kommen müssen, hat schon M. KERTÉSZ aufmerksam gemacht und sie aufgrund altungarischer Quellen für das Ugrische nachgewiesen[13]:

> „Azonban nem tárgyalja azt a kétségtelen törvényszerűséget mutató szórendi jelenséget, hogy az összetett ill. többtagú jelző megelőzi az egytagú számnévi ill. melléknévi jelzőt."
> [Er behandelt hingegen nicht das ohne Zweifel eine Gesetzmäßigkeit zeigende Phänomen, nach dem das zusammengesetzte bzw. mehrgliedrige Attribut dem eingliedrigen Zahlwort- bzw. Adjektivattribut vorausgeht] (KERTÉSZ 1914).

---

13 SIPŐCZ 1999 macht ohne Rezeption von KERTÉSZ 1914 den Versuch, im Wogulischen die Attribute ohne Berücksichtigung der metrischen Regeln nach rein semantischen Kriterien zu ordnen, und gelangt zum Schluß, die Wortfolge bei Modifikatoren sei im Wogulischen weniger fest als im Ungarischen und vielen anderen Sprachen. Dies ist ein rein deskriptives Ergebnis, das die genrespezifischen Unterschiede außer acht läßt.

Für diese Reihenfolge sollen laut KERTÉSZ a. a. O. die Satzakzentregeln des Ugrischen verantwortlich gewesen sein.

Weitere poetische Formeln mit Numerale an G3 in unserem Text sind:

97, 111 (= 130, 141, 1326), 132 (= 1341; ~ 133, 1342), 143 (= 437, 448, 490, 715, 1108), 170 (= 374, 740), 183, 191 (= 313, 555, 685, 701, 1191, 1207, 1304), 203, 241 (= 1046), 254, 282 (= 340, 384; ~ 347), 296 (~ 414, 921), 312, 321 (= 352, 391), 329, 332, 324 (~ 985, 986), 383 (= 375, 757, 760), 438 (= 496, 1274), 497 (= 1273; ~ 522, 989), 508, 528, 560, 609, 610 (~ 1314), 618, 637, 660, 694, 710 (= 1053), 712 (~ 724), 746, 753 (= 903, 1042, 1065; ~ 858, 871, 947, 964, 1230; ~ 971), 807 (= 1084, 1254; ~ 1090), 816, 828, 853 (= 951, 1220), 946, 1035, 1044, 1057, 1060, 1092, 1097 (~ 1099), 1174, 1243 (~ 1244), 1317, 1328.

In einigen Fällen steht das Numerale möglicherweise nicht allein in der Position G3: *tŏχləŋ* | *waj* || ***àr jim*** | *χŏr* 'viele gute Gestalten der flügeligen Tiere' (Vögel; V. 660); allerdings kann nicht ausgeschlossen werden, daß *jim* mit *χŏr* zusammen die Position G4 einnimmt: *tŏχləŋ* | *waj* || ***àr*** | ***jim*** *χŏr* [strukturell ähnlich auch V. 853 (= 951, 1220)], wobei die erste Alternative wahrscheinlicher ist, vgl. S. 100 f.

Unklar ist die metrische Struktur von *śuγəś-wuri χăsmàŋ kàt wàj* 'zwei Stiefel mit bestickter Fersenkante' (V. 97): Es scheint, als stünde das Numerale *kàt* gemeinsam mit dem Kernnomen an G4. Möglich wäre aber auch, daß die poetische Formel im ersten Halbvers korrupt ist und *śuγəś* 'Ferse' und *wuri* 'Kante' beispielsweise aus Parallelversen zusammengesetzt worden sind und ursprünglich jeweils mit *χăsmàŋ* 'verziert' den ersten Halbvers ausfüllten.

1.1.3 Attribute auf -(*ə*)*ŋ*

Sehr häufig sind in der Position G3 auch Adjektive (genauer gesagt: denominale Nomina possessoris)[14] auf -(*ə*)*ŋ* (SAUER 1967: 49–56). Diese verteilen sich in bezug auf die sie umgebenden Elemente wie folgt:

1) G1 ohne Suffix:

a) G1 und G2 ohne Suffix:

164, 187, 201, 273, 276, 359, 360, 370, 408, 433, 487, 517, 530, 534 (= 562, 607, 1155, 1330; ~ 1327), 546 (= 638, 663, 1102, 1151), 550 (= 557, 580, 592, 598, 695, 758, 764, 777, 1249, 1312; ~ 1345), 593, 615 (= 704; ~ 619), 742 (= 1125), 837, 887, 923, 1001 (= 1015, 1016; ~ 1000), 1018, 1045, 1100, 1135, 1236, 1248 (= 1313)

14 Der Begriff „Adjektiv" ist für das Ostjakische nicht unproblematisch, vgl. SAUER 1983.

b) G2 Äquativ auf *-ät*:
sorəs-wutät liləŋ ŏχ 'glänzendes Metall in Spannenbreite' (1136)

c) G2 auf *-(ə)p*:
korti pătəp teləŋ moŋχäm 'Klumppfeil mit vollem eisernen Grund' (999)

d) G2 auf *-(ə)pi*:
puti săχpi sewəŋ ort 'bezopfter Held mit schwarzem Fell' (32),
ńăləŋ jaspi satəŋ ort 'teurer Held mit Pfeil [in der] Hand' (226),
sat peŋkpi kesəŋ χuj 'Mann mit hundertzahnigem Messer' (265)

e) G2 auf *-(ə)ŋ*:
64, 174, 271, 376 (= 412, 749, 780, 939), 1039 (= 1329), 1123, 1305[15]

f) G2 auf *-i*:
1 (= 250, 1033), 28, 67 (= 78, 122, 153, 157, 160, 179, 315, 316, 423, 621, 623, 628, 649, 656, 691, 693, 707, 783, 797, 799, 911, 1288; ~ 68, 123), 166 (= 345, 1167), 207, 371, 581, 754, 768 (~ 1005, 1129), 1009 (= 1024), 1211

g) G2 auf *-lä*:
77 (= 169, 380, 727, 756), 115 (= 267, 268, 404, 775, 1175), 393, 1292

h) G2 auf *-mäŋ*:
sat ńal pŏnmäŋ săməŋ tiwət 'mit hundert Pfeilen versehener Köcher mit Schuppen' (289 = 342, 411, 413)

i) G2 auf *-əm*:
89 (= 165, 182, 222, 230, 245, 467, 941, 1127, 1139, 1177, 1198), 234, 974 (= 975, 993, 997, 1059, 1229, 1272; ~ 978, 987, 1012, 1225; ~ 1014)

2) G1 mit Suffix, G2 ohne Suffix:

a) G1 Abessiv auf *-li*:
sijli ńal tinəŋ wăl 'teure Stelle des geräuschlosen Pfeiles' (1062)

b) G1 auf *-(ə)ŋ*:
140, 346, 441, 659, 676, 774, 1094, 1111

c) G1 auf *-i*:
214 (= 320, 1263; ~ 793, 1279), 348, 631

d) G1 auf *-əm*:
weləm or-waj käsəŋ jos 'freudiger Weg des zu erlegenden Wildes' (38 = 48, 210, 224),
leləm χap suwəŋ lăl 'moosige Abteilung des Kahnes mit Sitz' (1202)

e) G1 auf *-ti*:
257, 489, 640 (~ 641), 973, 1164, 1320

---

15 Mit dem Possessivsuffix der 2.Sg.: *jiŋkŋən*.

3) G3 auf *-mȧŋ*:
22, 337–338 (= 397), 351 (= 1321), 447, 673, 791, 790, 1064.

1.1.4 Attribute auf *-mȧŋ ~ -nȧŋ*

Attribute auf *-mȧŋ* sind in G2 und in G3 vertreten, bei beiden Gruppen handelt es sich um Adjektivableitungen eines Partizip Präteriti.

Das „Folklorepartizip" O *-mȧŋ* usw. (Sauer 1967: 35: „attributive, stets attribuierte Verbalnomina, die meistens die abgeschlossene, bisweilen aber auch die fortlaufende Handlung ausdrücken") aus dem Partizip-Präteritum-Suffix -(*ə*)*m* und dem Adjektivsuffix -(*ə*)*ŋ* ist aus dem Bedürfnis heraus gebildet worden, die finit gebrauchten Partizipien des Verbalverses von den attributiv gebrauchten Partizipien des Nominalverses formal zu unterscheiden.

Belege für *-mȧŋ* in der Position G3:

śuγəś-wuri χăsmȧŋ kȧt wȧj 'zwei Stiefel mit bestickter Fersenkante' (97)

weləm or-waj welmȧŋ ort 'zu erlegendes Wild erlegender Held' (206)

sarńi sem χŏńmȧŋ nȧj 'das goldene Auge schließende [Sonnen-]Fürstin' (214, 320, 1263)

lar χălew răχmȧŋ ńăχ 'schrilles Lachen der Seemöwe' (276, 673)

χŏw ont-waj welmȧŋ jos 'langer, Wild erlegender Weg' (337b–338, 397)

sarńi sem ȧltmȧŋ nȧj 'das goldene Auge erhebende [Sonnen-]Fürstin' (351)

ȧj peŋk-χol kuśmȧŋ tur 'durch den kleinen Zahnzwischenraum pfeifende Stimme (Wind)' (487)

śel etər wosmȧŋ nȧj 'reine, heiter (seiende) Sonne' (447)

kul lonti ŏwmȧŋ sij 'schreiendes Geräusch dicker Gänse' (791)

χoləm ortlȧn sosmȧŋ jos 'von drei Helden beschrittener Weg (od. Weg, auf dem drei Helden gehen können)' (1064).

Daneben ist eine Variante *-nȧŋ* belegt, die nur nach Dentalen auftritt (vgl. Widmer 1996a: 55 mit Fn. 1[16], wobei dies keine assimilatorische Neuerung zu sein braucht, sondern auch als Nische beurteilt werden kann, in der das *n* bewahrt worden ist):

χoləm pȧjart altnȧŋ χat 'aus drei Brettern zusammengefügtes Haus' (55, 754)

kit juχi altnȧŋ χat 'aus zwei Hölzern zusammengefügtes Haus' (683, 790, 836, 1282)

---

16 Allerdings ist im Ostjakischen auch ein Verbalnomenbildungssuffix auf *-nV* bezeugt, vgl. Gulya 1967, von dem (oder dessen nordostjakischem Pendant) *-nȧŋ* abgeleitet worden sein könnte.

Bisweilen ist eine und dieselbe poetische Formel einmal mit *-màŋ*, einmal mit *-nàŋ* belegt:

sarńi sem àltmàŋ nàj 'das goldene Auge erhebende [Sonnen-]Fürstin' (351) vs.
sarńi sem àltnàŋ nàj 'das goldene Auge erhebende Sonne' (585, 793, 1321).

1.2 Die häufigsten Attribute in der Position G2

In der Position G2 lassen sich keine so klaren Tendenzen feststellen wie im Fall von G3. Dennoch wird deutlich, daß eine wichtige Gruppe die Attribute auf -(*ə*)*p* bzw. -(*ə*)*pi* ausmachen. Daneben sind noch Adjektive auf *-i* sowie deverbale Adjektive auf *-là* relativ frequent.

1.2.1 Attribute auf -(*ə*)*p* / -(*ə*)*pi*

Mit -(*ə*)*p* bzw. -(*ə*)*pi* suffigierte Attribute stehen fast ausnahmslos in der Position G2. Dies erklärt sich aus dem Umstand, daß dies die einzige Stellung ist, in der das mit -(*ə*)*p* bzw. -(*ə*)*pi* suffigierte Attribut weder durch die Hauptzäsur noch durch eine Versgrenze von seinem eigenen Attribut getrennt wird.

Zur Distribution von -(*ə*)*p* vs. -(*ə*)*pi* läßt sich folgendes aussagen: Die Variante mit Endvokal, -(*ə*)*pi*, erscheint überwiegend in metrisch gebundenen Folkloretexten und verdankt ihre Existenz dem Zusammenspiel verschiedener verstechnischer Eigenheiten: In der vom Suffix -(*ə*)*pi* bevorzugten Position vor der Hauptzäsur wurden ursprünglich durch die Anfügung von Füllsilben die Umstände geschaffen, welche die Erhaltung des auslautenden Suffixvokals ermöglichten. Daneben ist auch das lautlich normal weiterentwickelte Suffix -(*ə*)*p* belegt, das erwartungsgemäß dieselbe morphologische Funktion aufweist, s. WIDMER (i. D. 1).

-(*ə*)*p*:

8 (= 12, 13, 24, 40, 46, 79, 83, 104, 119, 148, 154, 159, 233, 335, 381, 463, 1291, 1299; ~ 15 [= 231, 246, 1200, 1204, 1208, 1216, 1245]), 93, 145, 200, 203, 243 (= 283, 287a, 339, 343, 417, 567, 781, 859, 861, 862, 864, 866, 874, 878, 917, 932, 1078, 1144), 293 (~ 744), 434 (vgl. *-pi* 429; = 449; ~ 430, 526*[17], 589, 617, 936 (= 945, 954, 957, 996, 1013; ~ 296, 905; ~ 414, 921; ~ 999; ~ 1051*), 959, 961, 1008 (= 1023), 1238 (= 1242; ~ 1239)

-(*ə*)*pi*:

2 (~ 3), 32, 34 (= 566, 587), 41, 43 (= 445), 44 (= 215, 228, 244, 294, 354, 377, 400, 443), 57 (~ 96*), 65, 100 (= 352, 385, 388, 477, 627, 632, 933, 1030; ~ 591 [= 629, 1195], 70 [= 180, 185, 253, 275, 386, 416, 778, 868, 919, 926]),

17 Der Asterisk hinter einer Ziffer bedeutet, daß die betreffende Formel dreigliedrig ist.

256 (= 570, 839; ~ 282, 340, 384; ~ 347), 262 (= 596, 1069), 265, 429 (s. *-əp* 434), 465 (= 531), 500 (= 504, 547; ~ 501, 1293; ~ 696, 769), 508, 558*, 579, 604* (~ 674), 618, 645, 647, 706 (= 1112), 716b (= 1328), 720 (~ 734 [= 736]), 854 (= 1221), 867 (= 886), 1031 (~ 1055), 1114 (~ 1116), 1209, 1241a (~ 1241b)*.

1.2.2 Attribute auf *-i* versus *Ø*

Das „denominale, attributive Nomina possessoris bezeichnende“ *-i* (SAUER 1967: 118 ff.) ist in der Position G2 gut bezeugt:

1) *àj lari melti χat* (211) (s. Exkurs weiter unten im Text)
2) *jij sati jim nem* ‘teurer guter Name des Vaters’ (225)
3) *jim orti jim nem* ‘guter Name des guten Helden’ (232)
4) *jim sati jim nem* ‘guter teurer guter Name’ (234 b)
5) *jim orti jim weśəl* ‘gutes Gesicht des guten Helden’ (929)
6) *wăjilt-χuji turəŋ wăl* ‘Stelle mit Stimme des schlafenden Mannes’ (371)
7) *lăχrəŋ χuji jim telàm* ‘gutes Panzerkleid des gepanzerten Mannes’ (571)
8) *marťi mŏwi sewəŋ nàjàn* ‘bezopfte Heldin des Südlandes’ (768)
9) *marťi-mŏwi sewəŋ ortàn* ‘bezopfter Held des Südlandes’ (1005)
10) *mătti mŏwi sewəŋ ort* ‘bezopfter Held welchen Landes’ (1129).
11) *jirpàŋ ŏχi χoləm pàjik* ‘drei Gebete des gebeugten Hauptes’ (794)
12) *śel-kewi jim sop* ‘gutes Stück des reinen Felsens’ (1067).

Allem Anschein nach wechselt *-i* mit Ø (bisweilen sogar in Parallelversen, vgl. die Verse 370 ~ 371), ohne daß daraus ein Unterschied in der Bedeutung entstünde. Dies ist mit ein Grund für die Schwierigkeiten bei der Übersetzung: Ob ein Substantiv oder ein Adjektiv vorliegt, ist oft nicht ersichtlich und syntaktisch auch gar nicht festgelegt, und für die Ostjaken wohl oft im wesentlichen eine Frage des Stils, vergleichbar mit dt. *väterliches Haus = Haus des Vaters* (s. S. 34 f.):

ad 3) *sijəŋ ort nemàn-pà* ‘Name des berühmten Helden’ (678)
ad 6) *aləm-χuj tureŋ poŋk* ‘Fläche mit Stimme des Schlaf-Mannes’ (370)
ad 6) *wăjilt-χuj turəŋ poŋk* ‘Fläche mit Stimme des schlafenden Mannes’ (1320)
ad 7) *lăχrəŋ χuj jim telən* ‘gutes Panzerkleid des gepanzerten Mannes’ (873)
ad 8) *marťi-mŏw sewəŋ nàj* ‘bezopfte Heldin des Südlandes’ (550, 777, 1312)
ad 9) *marťi-mŏw χut ortàn* ‘sechs Helden des Südlandes’ (610)
ad 9) *marťi-mŏw sewàl ort* ‘bezopfter Held des Südlandes’ (893)
ad 10) *mătti mŏw sewəŋ nàj* ‘bezopfte Heldin welchen Landes’ (530)
ad 11) *jirpàŋ ŏχ χoləm pàjik* ‘drei Gebete des gebeugten Hauptes’ (132)
ad 12) *śel-kew jim sop* ‘guter Teil des reinen Felsens’ (1231).

In den Fällen, in denen an G3 *jim* 'gut' folgt, kann auch mit Sandhierscheinungen gerechnet werden.

Eine recht häufige poetische Formel ist *ȧj lari melti χat*, von PÁPAY übersetzt als 'Haus neben dem kleinen See' (V. 14, 36, 211, 333, 603, 762, 1287). Geht man von PÁPAYs Übersetzung aus, fällt die Formel insofern aus dem Rahmen, als das von PÁPAY als Postposition gedeutete *melti* an G3 steht, aber syntaktisch mit dem vierten Glied keine von G1–2 unabhängige Einheit bildet, sondern mit G1–2 verbunden ist. Es ist diese syntaktische Struktur, welche die Deutung Reg. *melti* usw. (DEWOS 910) als 'neben ... stehend(?)' hier und in anderen von PÁPAY aufgezeichneten Texten (Páp.[1]: 13 V. 6 f.; Páp.[1]: 160 (13, 24, 88); Páp.[1]: 169 V. 389 (13, 24, 88) usw.) fragwürdig erscheinen läßt (die Form *mewəḷti* ist wohl konstruiert).

Zahlreiche strukturell ähnliche Formeln zur Beschreibung des Wohnhauses weisen in der Position G3 eine Maßeinheit auf: 'in der Größe von...; groß; klein': KoP folk. *torə-joktə enə χot, tŏw-joktə enə χot* 'ein wie ein See großes Haus' und *ten jokta, tōr jokta* 'so groß wie ein See' (PATKANOV 1900: 170, beides zit. aus DEWOS 357); entsprechend *tòr i̭ò·ktɜ ènə χò·t ~ to̭w i̭ò·ktɜ ènə χò·t* 'See-artig ~ Teich-artig großes Haus (bzw. Stube)' (PV I: 64/65 Z. 1221 ff., PV III: 72/73 Z. 1418 ff.); im Wogulischen VNGy. II: 248 V. 98 f. *māń tūr jänit kwolēnnė ~ śāriş jänit kwolēnnė* 'kis tó ~ tenger nagyságú házába' [in sein kleiner-See- ~ kleines-Meer-großes Haus]; ähnlich VNGy. II: 32 V. 124; 126.

Daneben werden auch der Rasen, die Tür, im Wogulischen sogar der Bauchraum – als Sitz der (guten) Stimmung (vgl. hier Kapitel IV 3.4) – mit einem See oder Teich verglichen: PV III: 36/37 Z. 683 ff. *tòr wà·ntšèt màŋ məγā̆· ~ to̭w wà·ntšèt màŋ məγā̆·* 'auf ein reines Land – sein Rasen [wie] ein kleiner See ~ Teich' und PV III: 104/105 Z. 177 ff. *tò·r to̭wà·ttɜ ē·nə χa̭tà̭·ŋ ~ to̭w to̭wà·ttɜ ē·nə χa̭tà̭·ŋ* 'eine Teichgroße ~ Seegroße riesige Türe'; VNGy. II: 44 f. V. 327; 329 *tūr jänit sḁrni nḁmtkėm ~ ās jänit sḁrni nḁmtkėm* 'tó ~ Ob nagyságú aranyos kedvemet' [meinen goldnen Sinn, groß wie ein See ~ der Ob].

MUNKÁCSI zeigt in VNGy. II: 0589 (Fn.) vom Kontext der Textstelle Páp.[1]: 160 f. ausgehend, daß die Größe des Hauses an dieser Stelle eine wichtige Rolle spielt und daher die Bedeutung 'neben ... befindlich' von PÁPAY falsch konstruiert sein muß, und verbindet *melti* mit ung. *méltó* 'würdig'.[18] Genau diese Bedeutungsnuance wird in einer anderen poetischen Formel vorausgesetzt: *jăr-meltəŋ meltəŋ χat* (V. 151, 789), von PÁPAY übersetzt als 'uras formájú(?) formás(?) ház' [förmiges(?) Haus mit herrschaftlicher Form(?)]; *meltəŋ* in der Fußnote mit „a *meltəŋ* szó jelentése elhomályosult [die Bedeutung von *meltəŋ* ist verblaßt]" kommentiert. Diese Formel bezeichnet nur die Häuser der regierenden Fürsten, nämlich das des Großvaters und das des ältesten Schwagers, während die Häuser der anderen Personen mit der Formel *ȧj lari melti χat*, die auch kraft des Attributes *ȧj* 'klein' als im Verhältnis klein gekennzeichnet ist, beschrieben werden.

18 Überraschenderweise wurde dies in DEWOS nicht rezipiert, sondern Reg. *melti* S. 909 f. zweifelnd zu 'Brust' gestellt.

Über die semantische Evidenz hinaus sprechen auch die morphosyntaktischen Verhältnisse gegen PÁPAYs Interpretation: Die Deutung von *melti* als 'melletti' [neben ... befindlich] setzt voraus, daß die Postposition, deren Gebrauch in einer poetischen Formel ohnehin ungewöhnlich wäre, an ein Adjektiv (*lari*) angeschlossen und zudem durch die Zäsur von diesem getrennt wurde.

So läßt sich für Reg. *melti*, Páp. *melti* anhand ostjakischer und wogulischer Parallelen, morphosyntaktischer Kriterien und metrischer Gesetzmäßigkeiten die Bedeutung 'groß wie ...; ... entsprechend', daneben ein *-əŋ*-Adjektiv *meltəŋ* '(id.)' (in Verbindung mit *jăr* 'Herrscher' auch 'würdig'), postulieren, die in DEWOS 919 VVj. *mel-* 'passen' etymologisch Anschluß finden.[19] Die Übersetzung der Formel *àj lari melti χat* lautet somit 'Haus von der Größe eines kleinen Teiches', die von *jăr-meltəŋ meltəŋ χat* als 'herrschaftliches Haus (wörtl. der Herrschaft [in der Größe] entsprechendes, entsprechendes [od. würdiges] Haus)', was für *meltəŋ* denselben semantischen Wandel voraussetzt wie im ungarischen *méltó*.

1.2.3 Attribute auf *-là*

Relativ häufig stehen an G2 mit dem deverbalen *-là* (vgl. SAUER 1967: 12 f.) suffigierte Attribute, während *denominale* Attribute auf *-là* nicht belegt sind.[20] Die deverbalen Nomina verhalten sich erwartungsgemäß wie die Partizipen auf *-əm*, *-màŋ* und *-tə*.

Die Belege sind folgende:

χapnà jăŋ'là χapəŋ jŏχan 'von Booten befahrener (befahrbarer) Fluß mit Booten' (4)

χar χoγəllà χŏw (jim) lepəŋ 'vom Renstier belaufenes langes (gutes) Vorhaus' (71, 124, 152, 318, 424)

ort aməslà satəŋ wăl 'vom Helden besetzte teure Stelle' (77, 169, 380, 667, 727, 756)

ort lajlà sŏχməŋ wăl 'vom Helden besprungene beschrittene Stelle' (115, 267, 268, 404, 775, 1175)[21]

---

19 Schon früh verband RÉDEI (Radanovics) 1963: 14–16 – wohl in Unkenntnis von VNGy. II: 0589 Fn. – das ostostjakische Wort mit ung. *méltó* 'würdig, entsprechend'.

20 Neben den mit denominalem *-là* in der Position vor der Zäsur gebildeten, deskriptiv dreigliedrigen Formeln gibt es hier auch zwei poetische Formeln mit denominalen Nomina in der Position G3: *sŏχlà* in der poetischen Formel 'Lederpanzer des Bräutigams' (V. 572 = 771) und *sijlà* (V. 1122 = 1124, 1137, 1142) in der auch sonst verbreiteten poetischen Formel 'Kranichkropf-festes Sandufer'.

21 Vgl. an der ersten Belegstelle der Formel den Ersatz durch ein *-ti*-Partizip: *ort lajti sŏχməŋ wăl* 'vom Helden besprungene beschrittene Stelle' (V. 22).

mŏwət wantlȧ kȧt χaspi 'Land sehende zwei Seher (Augen)' (143, 437, 448, 490, 715, 1108)

korti werlȧ tos ort 'Eisen machender (Eisen bearbeitender) geschickter Held' (i. e. Schmied; 297b)

χar killȧ aləŋ χuńtľ 'Renstier weckende Morgendämmerung' (393)

niŋen soslȧ χŏw sŏχəm 'von der Frau geschrittener langer Schritt' (544)

niŋ lajlȧ jim kurəm 'von der Frau gesprungener guter Schritt' (1302)

niŋ lajla jim sŏχəm 'von der Frau gesprungener guter Schritt' (1302 Fn.)

χar χoγəllȧ χŏw sŏχəm 'vom Renstier gelaufener langer Schritt' (427)

χar nȧwərlȧ χŏw sŏχəm 'vom Renstier gesprungener langer Schritt' (705, 968)

niŋ aməslȧ χoləŋ wăl 'von der Frau besetzte reiche Stelle' (1292)

law tăjlȧ law jim χat 'vom Pferd gehabter guter Stall (eig. gutes Haus des Pferdes)' (563)

χos niŋ mănlȧ seγəlt χat 'von zwanzig Frauen begangenes Haus mit Brettern' (565, 750, 900)

jiməs ńislȧ lan-ler ort 'sich gut dehnender Sehnenfaser-Held' (805)

tut-juχ tăjlȧ juχi nir 'Feuerholz haltende Holzstange' (843)

was lilȧ wul pari 'von der Stadt[bevölkerung] gegessenes großes (Opfer-) Essen' (1346, 1347).

In Munkácsi 1894 wird das entsprechende Suffix im Wogulischen behandelt. Munkácsi sieht darin ein Passivpartizip und leitet dessen infinite Funktion aus einer inversen Analogie zum finiten Gebrauch infiniter Verbformen in der Folkloresprache her: Umgekehrt sollen finite Formen in der Folkloresprache auch in infiniter Funktion auftreten.

Die Annahme, daß die Verteilung von finiten und infiniten Verbalsuffixen in früheren Sprachzuständen nicht der heutigen (bzw. der vor hundert Jahren) entsprach und daß sich dies in der teilweise archaischen Folkloresprache erhalten hat, ist nicht abwegig. Hingegen ist die Annahme einer morphologischen Kategorie „Passivpartizip" gerade für die ugrischen Sprachen kaum haltbar. Für das Ostjakische läßt sich jedenfalls feststellen, daß eine passivische Bedeutung nicht durchgehend und auch nicht öfter als bei den anderen, produktiven Partizipien *-əm* und *-tə* zu beobachten ist[22]. Einige Beispiele belegen eindeutig eine aktivische Bedeutung des Partizips:

---

22 Es ist bekannt, daß Verbalnomina im Finnisch-Ugrischen a priori diathesenindifferent waren und „irgendein Verhältnis, irgendeinen Zusammenhang zwischen der im Verbalnomen

mŏwət wantlà kàt χaspi 'Land sehende zwei Seher (Augen)' (143, 437, 448, 490, 715, 1108)

korti werlà tos ort 'Eisen machender (Eisen bearbeitender) geschickter Held' (i. e. Schmied; 297b)

χar killà aləŋ χuńtľ 'Renstier weckende Morgendämmerung' (393)

tut-juχ tăjlà juχi nir 'Feuerholz haltende Holzstange' (843).

Außer in der Position G2 erscheint ein deverbales *-là* wie auch die in der Umgangssprache produktiven Partizipsuffixe häufig in der Position *vor* G1 (i. e. als Konnektor-Partizipien) in erweiterten poetischen Formeln.

Die relative Häufigkeit der Formeln mit passivischer Bedeutung des Partizips läßt sich damit erklären, daß in der Position G1 (bei erweiterten Formeln mutatis mutandis an G4 der ersten Formel, vor dem Konnektor-Partizip) häufig das Agens der Handlung genannt wird.

1.2.4 Attribute auf *-màŋ*

Die Belege für *-màŋ* in der Position G2 sind nicht so zahlreich wie die für dasselbe an G3 (s. o. 1.1.4).

os-jiŋk mănmàŋ kàt χaspi 'zwei von Laugenwasser begangene Seher (Augen)' (170, 374, 740)

sămnà măsmàŋ sarəm lànt 'dem Herz gefällige Trockenspeise' (220)

sat ńal pŏnmàŋ săməŋ tiwət 'mit hundert Pfeilen versehener Köcher mit Schuppen' (289, 342, 411, 413)

lànt liwmàŋ làntəŋ ontər 'Speise essendes Inneres mit Speise' (930).

1.3 Zusammenfall von semantischem und syntaktischem Mittelpunkt

Im häufigsten Typ der viergliedrigen Formel fällt der semantische Mittelpunkt mit dem syntaktischen Mittelpunkt (G4) zusammen.

1.3.1 Epitheta ornantia

Bei weit verbreiteten und häufigen Formeln, die habituelle Eigenschaften des an G4 stehenden Substantivs bezeichnen, treten Epithetafügungen im klassischen Sinn auf

---

genannten Handlung und dem in Beziehungsworte Bezeichneten" (FOKOS-FUCHS 1963: 82) darstellten.

(vgl. auch SCHULZE 1988: 74–82), wobei auch die oben unter 1.1.1 und 1.1.3 angeführten Attribute in festen Fügungen vorkommen können.

Eine häufige Fügung ist z. B. das Epitheton *sewəŋ* 'bezopft' mit *ort* 'Held' bzw. *nȧj* 'Heldin'; oder, wenn es um den Ruhm und die Macht eines Helden geht, wird letzterer mit *neməŋ* 'mit Name' attribuiert; wenn es um *nȧj* 'Sonnenfürstin' geht, steht *seməŋ* 'mit Auge'. Weitere feste Formeln sind beispielsweise:

on sȧrni wuntȧŋ χuj 'großer goldener mächtiger Mann' (1)
ȧj lari melti χat 'Haus von der Größe eines kleinen Teiches'[23] (14)
sewəŋ ŏχ jim nurəl 'gute Rache des bezopften Hauptes' (31)
sat ńŏχəs liji χŏri ' Fellbündel aus hundert Zobelschwänzen[24]' (33)
wurti piśpi liś-lȧŋki 'rothüftiges Eichhörnchen mit Fangschlinge' (44)
ort lajlȧ sŏχməŋ wăl 'beschrittene Stelle, wohin der Held springt' (115)
χol-juχi jiləŋ ăw ~ nȧŋk-juχi jiləŋ ăw 'zügige Tür aus Lärchen- ~ Fichtenholz' (122–123)
χar χŏγəllȧ χŏw lepəŋ 'vom Renstier beschrittenes (od. belaufenes) langes Vorhaus' (124)
kortnȧ olti lȧpət satȧm 'in Eisen seiende sieben Hundert[schaften]' (130)
sări-pȧγləŋ joγəl-χolȧn 'glücklicher Zwischenraum deiner Schulterblätter' (139)
ȧmp-oni kul jeləm 'Hunde-große tiefe Scham' (150)
ȧr sewi χŏləŋ ŏχəl 'reiches Haupt mit vielen Zöpfen' (166)
ort aməslȧ satəŋ wăl 'teure Stelle, an der der Held zu sitzen pflegt' (169)
ńăl-tăj olti χoləm ewmem 'auf die Nasenspitze gehörenden drei Küsse' (191)
sămnȧ măsmȧŋ sarəm lȧnt 'dem Herz gefällige Trockenspeise' (220)
ńaləl kȧtləm joχləŋ ort 'Pfeil ergriffen habender Held mit Schießbogen' (234 a)
lar-χălew răχmȧŋ ńăχ 'schrilles Lachen der Seemöwe' (276)
wurt-laptəp sŏχ-joχəl 'Lederschießbogen mit roter Birkenrindenschicht' (283)
tŏmanəŋ awpi χŏləm ~ lȧpət lȧrȧs 'Kästchen mit drei- ~ siebenschlossiger Tür' (340 ~ 347)
ilȧ-χuj ȧnəŋ lȧnt ~ ila-χuj putəŋ lȧnt 'Schalen- ~ Kesselspeise des Abendmannes' (359–360)
ȧr nămsəŋ sojəŋ ontrem 'friedliches Inneres mit vielen Gedanken' (376)

---

23 Zu *melti* s. o. Exkurs in 1.2.2.

24 *liji* 'mit od. aus Schwänzen' ist hier Kompositionshinterglied. Insofern entspricht die Formel nicht der klassischen Gliederung mit der Zäsur vor G3, das durch ein syntaktisch von G1–2 unabhängiges Wort ausgefüllt ist.

χar χoγəllà χŏw sŏχəm ~ *χar nàwərlà χŏw sŏχəm* 'vom Renstier geschrittener ~ gesprungener langer Schritt' (427 ~ 705) ~ *χar sati χŏw sŏχəm* 'teurer langer Schritt des Renstiers' (486)

χoləm tŏχpi jes ~ *waś jim tŏχ* 'guter Abschnitt des Weinens ~ Klageliedes mit drei Abschnitten' (500 ~ 501)

lŏŋk-sem pătlàm sări àt '[wie] Geisteraugen dunkle finstere Nacht' (513)

sŏχəl χŏrti sŏχəŋ waj 'felliges Tier mit zu schindendem Fell' (537)

ńăləŋ jaspi àj ortəl 'kleiner Held mit Pfeil [in der] Hand' (543)

mŏləm put χŏw jim sis 'lange gute Zeitspanne des aufgesetzten Kessels' (687)

ńŏχsəŋ làŋkər kàt pelkəl 'zwei Seiten der Zobel-Schulter' (710)

χoləm juχi altnàŋ χat 'aus drei Brettern zusammengefügtes Haus' (754)

sisəŋ pon χŏw mări ~ *mărəŋ pon χŏw mări* 'langer Zeitabschnitt der Reuse mit Zeitspanne ~ Zeitabschnitt' (907–908)

torəmnà χajəm jeməŋ ~ *ńŏsəŋ kew* 'zum Himmel reichender heiliger ~ bunter Fels' (978 ~ 1272)

tàrən on jeməŋ tut 'großes heiliges Feuer des Krieges' (1000) ~ *tàrən on jeməŋ* ~ *jim siw* 'großer heiliger ~ guter Rauch des Krieges' (1001 ~ 1002)

puləŋ unləp ńorəm-sàw 'Elster mit gefräßigem Maul' (Tod) (1008)

χăla χălti sŏχəŋ mŏw 'haarige (fellige) Erde, wo die Toten sterben' (1025)

marťi-mŏw χut upàm 'sechs Schwager des Südlandes' (1065)

măti mŏw neməŋ ort 'Held mit dem Namen welchen Landes' (1102)

tarʿ-χŏn-loχ sijlà pàn '[wie ein] Kranichkropf festes sandiges Ufer' (1122)

esməŋ larəŋ jim mewlàm 'brustwarzige berühmte(?) gute Brust' (1197)

àjəŋ χuj àr mŏχen 'viele Knaben des Nachrichtenmannes' (1254)

sŏχlà torəm ~ *śel etər làpət pŏŋk* 'sieben Flächen des klaren ~ heiteren Himmels' (1273 ~ 522).

1.3.2 Implikative Verknüpfungen

1.3.2.1 G2 = *sati* 'teuer', G3 = *jim* 'gut'

Das wie *jim* semantisch schwache *sati* steht in den meisten Fällen in der Position G2. Es fällt dabei auf, daß in den meisten Fällen nach *sati* an G3 *jim* 'gut' folgt. Wichtig für das Verständnis dieses Umstandes ist die Tatsache, daß PÁPAYS Schreibung nicht phonematisch ist, und dadurch *sat* 'hundert' (DEWOS 1381) und *sot* 'Kraft' (DEWOS 1383) mitsamt ihren Adjektivableitungen auf *-i* und *-əŋ* in der Notation zusammengefallen sind.[25] Auch in der Übersetzung PÁPAYs hat dies zu Konfusion geführt. So ist die in bestimmten Kontexten von PÁPAY vorgeschlagene Übersetzung von *sat* als 'hundert' zweifelhaft, z. B. in *ńaləŋ niŋ sat tin* (Páp.) 'hundert Preise der Frau mit Pfeil' (202). Inhaltlich paßt eine Auslegung „hundert Preise“[26] nicht, viel wahrscheinlicher ist die Deutung 'teurer Preis der Frau mit Pfeil'.

Betrachtet man die Verwendung von *sat* im Einzelnen, so fällt folgendes auf:

In der Bedeutung 'hundert' ist *sat* ganz häufig in der Position G1 belegt (V. 33, 64, 87, 89, 116, 182, 164, 165 usw.).

sat kommt an nichterster Stelle einer poetischen Formel in folgenden Fällen vor:

kortnȧ olti lȧpət sat 'in Eisen seiende sieben ...' (141),
ńormi sat jim tel '... gutes Kleid aus Sumpf[tierfell]' (248 = 251, 255, 260, 263, 270 usw.),
nȧwi tŏχləp sat ńal '... Pfeile mit weißen Federn' (293 = 744),
lăχər sat milȧm '... Mütze des Panzers' (545),
lăχər sat śal'ən sij '... schrilles Geräusch des Panzers' (654 = 1018),

also verhältnismäßig selten.

Übersetzt werden diese Belege von PÁPAY wie folgt:

'in Eisen seiende sieben **Hundert**' (141)
'**teures** gutes Panzerkleid mit Bärenfell' (248)
'**hundert** Pfeile mit weißen Federn, die Helden töten' (293)
'**teure** Mütze des Panzers' (545)
'**teures** („bűvös“ [magisch]) klirrendes Geräusch des Panzers' (654).

In denjenigen Fällen, in denen PÁPAY *sat* als 'teuer' interpretiert hat, kann eine Bedeutung 'hundert' ganz klar vom Kontext her ausgeschlossen werden. Lautlich ergibt sich ebenfalls ein Zusammenhang mit *sati* 'teuer': In den Belegen mit <*sat*> an G2 steht häufig *jim* an G3, was die Deutung von [*sat*] als /*sati*/ mit *i* > Ø /_*j* ermöglicht.

In einem singulären Fall (V. 141) tritt *sat* an G4 auf: *kortnȧ olti lȧpət sat* 'in Eisen seiende sieben Hundert'. Es handelt sich dabei um ein substantivisches 'Hundert' im Sinne von 'Hundertschaft', s. dazu OA II: 267 Fn. 13. An den verbleibenden Stellen V. 293 und V. 744 *nȧwi tŏχləp sat ńal* '... Pfeile mit weißen Federn' ist ebenfalls eine Bedeutung 'teuer' wahrscheinlich: Die Deutung, daß die

25 Lautlich bedingt ist der Zusammenfall der beiden hier fraglichen Lexeme z. B. in Š, was dieselben semantischen Komplikationen evoziert hat, s. OA II: 284, Kommentar zu V. 55.

26 Allenfalls kommt eine Umstellung in Frage: *'Preis von hundert Pfeil habenden Frauen'.

Pfeile, die Helden töten können, teuer sind, ist der Interpretation PÁPAYS 'hundert Pfeile mit weißen Federn, die Helden töten' semantisch sicher nicht unterlegen, und die Handlung im Kontext dieses Verses spricht auch gegen die Annahme, daß von hundert Pfeilen die Rede ist: Es geht um die Pfeile, die vom Großvater in den Köcher des jungen Helden gesteckt werden sollen, ihre Anzahl kann kaum so groß gewesen sein. Die Anzahl Klumppfeile, die dem jugendlichen Helden vom Großvater mitgegeben wird, beläuft sich auf zwei (vgl. *korti pătəp kàt jim moŋχ* 'zwei gute Klumppfeile mit eisernem Grund' V. 296). Somit lassen sich für das Zahlwort *sat* 'hundert' in den Positionen G2 und G3 keine zwingenden Belege vorbringen.

Auf der anderen Seite muß die Verwendung von *sati* 'kräftig; teuer' überprüft werden. Die Beleglage sieht so aus, daß an 22 Belegstellen <*sàti*> vor *jim* 'gut' steht, lediglich an zwei Stellen folgt ein anderes Wort:

a) In *χar sati χŏw sŏχəm* '(es ging los mit dem) teuren langen Schritt des Renstiers' (486), wo das fragliche *sati* sich auf ein Pferd bezieht, und in augenfälliger Beziehung zu einer Formel besteht, in welcher in der Position G3 regelmäßig das Adjektiv *χŏw* 'lang' steht: *χar χoɣəllà χŏw sŏχəm* 'vom Renstier gelaufener langer Schritt'(427), *χar nàwərlà χŏw sŏχəm* 'vom Renstier gesprungener langer Schritt'(705, 968).

b) in V. 528, wo das nach *sati* folgende *ńil* 'vier' als Parallelwort zu *jim* 'gut' erscheint, was der Bezug der Formel, nämlich die 'guten' bzw. 'vier Beine des Pferdes', durchaus rechtfertigt.

Eine weitere Koppelung tritt zutage in der Auswahl der an der Position G1 vorkommenden Elemente: In den Fällen mit *jim* 'gut' in der Position G3 steht an G1 von insgesamt 22 Belegen in 17 Fällen *law* 'Pferd'. Die verbleibenden fünf Belege verteilen sich wie folgt: V. 23 und 225 weisen an G1 *jij* 'Vater' auf: *jij sati jim nuràm* 'teure gute Rache des Vaters' (V. 23); *jij sati jim nem* 'teurer guter Name des Vaters' (V. 225). Der dritte, aus zwei miteinander verknüpften Formeln bestehende Beleg *ńaləl kàtləm joχləŋ ort jim sati jim nem* 'guter teurer guter Name des einen Pfeil ergriffen habenden Helden mit Schießbogen' (V. 234) entspricht inhaltlich klar dem in V. 225, s. Kapitel IV 1.1.1.2. Die Belege *lŏŋk-sati jim wuràj-* 'teure gute Kraft des *lŏŋχ*-Geistes' (V. 773 und 846), sowie das mit diesen verwandte, doch ohne *sati* gebildete *ort oni jim wuràjem* 'große gute Kraft des Helden' (V. 766) sind strukturell mit den poetischen Formeln in V. 23 und V. 225 exakt identisch, es läßt sich sogar in Anbetracht der mythologischen Bedeutung des Namens (s. Kapitel IV 1.1.1.2) eine inhaltliche Übereinstimmung (Heldenname = Kraft) geltend machen.

Die Verwendung von */sati/* im vorliegenden Heldenlied läßt sich wie folgt zusammenfassen: In 22 von 24 Fällen erscheint es an G2, dabei folgt an G3 unmittelbar das Füllwort *jim* ‘gut’; die zwei abweichenden Fälle, in denen an G3 etwas anderes als *jim* steht, lassen sich zum einen gut aus der parallelistischen Verwendung mit Variation des Wortes an G3, zum andern als Kontamination mit einer anderen Formel verstehen. Die von Pápay mit *sat* ‘hundert’ an G3 übersetzten Belege lassen sich als ‘teuer’ besser erklären; die ebenfalls als <*sàt*> transkribierten Belege an G2 werden auch von Pápay aus kontextuellen Gründen mit ‘teuer’ übersetzt (s. o.). Damit erscheint auch die Existenz eines Minimalpaares *sat* ‘hundert’ vs. *sati* ‘teuer’ als unwahrscheinlich. Die auf Vokal auslautende Form scheint in irgendeiner Form durch das nachfolgende *j-* bedingt zu sein. Es könnte das in der gesungenen Sprache an Wörtern in der Position G2 häufig angefügte „Deminutivsuffix“ *-ije* oder ein anderes Füllelement (s. Widmer i. D. 1) angehängt worden sein, das bei der Übertragung in die gesprochene Sprache vor dem folgenden *jim* ohne weiteres als *-i* wiedergegeben werden konnte (zum adjektivischen *-i* und Ø s. hier 1.2.2).

Die poetischen Formeln mit *jim* ‘gut’ und *sat-* ‘teuer’ an G2 und G3 verteilen sich in bezug auf die umgebenden Wörter wie folgt:

G1 Personen:

23; 225; 485; 773 (= 846)

G1 *ńormi* ‘Sumpf’:

ńormi sat jim tel ‘teures gutes Kleid aus Sumpf[tierfell]’ (248 = 251, 270, 840, 943, 1182, 1189)

G1 ‘Pferd’ (*law sati jim X*):

law sati jim kur ‘teurer guter Hinterlauf des Pferdes’ (481, 520, 527 ~ 479);
law sati jim śermät ‘teurer guter Zaum des Pferdes’ (483, 493, 1260, 1285);
law sati jim top ‘teure gute Hufe des Pferdes’ (488, 507);
law sati jim χŏn ‘teurer guter Bauch des Pferdes’ (499);
law sati jim săs ‘teurer guter Rücken des Pferdes’ (505, 554, 1252);
law sati jim sŏχəl ‘teures gutes Fell des Pferdes’ (516);
law sati jim χat ‘teures gutes Haus (i. e. Stall) des Pferdes’ (1253);
law sati jim seməl ‘teures gutes Auge des Pferdes’ (1257).

1.3.2.2 Figura etymologica mit Beteiligung von G2 und G3

Bei dieser Gruppe handelt es sich um eine spezielle Ausprägung der etymologischen Figur, bei der das i. a. auf *-(ə)p* bzw. *-(ə)pi* endende attribuierte Attribut in der Position G2 in der Position G3 mit der Adjektivendung nichtattribuierter Attribute -(ə)ŋ (s. OA II: 42 f. unter II. mit Fußnoten zum Wogulischen) wieder aufgenommen wird.[27] Dieser Formeltypus ist im Nordostjakischen und Nordwogulischen geläufig.

Beispiele aus unserem Text sind:

wet lujpi lujəŋ kur ‘zehiger Fuß mit fünf Zehen’ (100)
wet lujpi lujəŋ jas ‘fingerige Hand mit fünf Fingern’ (185)
kew làŋkləp làŋkləŋ χat ‘dachiges Haus mit Steindach’ (961)
ńijil pàrpi pàrʿəŋ χat ‘dachsparriges Haus mit acht Dachsparren’ (645)
sarńi siləp siləŋ lăχər ‘randiger Panzer mit goldenem Rand’ (617)
ńŏmər sempi seməŋ seplem ‘schuppiger Panzer mit dichten Schuppen’ (854)
măti nempi neməŋ was ‘namige Stadt mit welchem Namen’ (1209)
wàś lijpi lijəŋ ari ‘dünnschwanzige geschwänzte Hündin’ (35)
sarńi sempi seməŋ nàj ‘äugige Fürstin (Sonne) mit goldenem Auge’ (39)

Zum vollständigen Korpus der poetischen Formeln mit etymologischer Figur an G2–G3 s. folgende Belegstellen:

1) *-əŋ* — *-əŋ*:
sat paγləŋ paγləŋ ăntəp ‘knopfiger Gürtel mit hundert Knöpfen’ (116 = 406)
jăr-meltəŋ meltəŋ χat ‘der Herrschaft entsprechendes würdiges Haus’ (789)

2) *-pi* — *-əŋ*:
35, 39 (~ 440), 41, 65, 70 (= 180, 185, 275, 386, 416, 868, 919, 926; ~ 100 [= 385, 388, 477, 627, 632, 933; ~ 253, 591 {= 629, 1195}]), 645, 647, 716, 720, 854 (= 1221), 886, 1031 (~ 1055), 1116, 1209

3) *-pi* — *-àl*:
măti weśpi weśàl mŏw ‘was für eine gesichtige Erde mit Gesicht’ ~ *măti sijpi sijàl jiŋk* ‘was für eine seitige Gegend mit Seite’ (2 ~ 3)

4) *-i* — *-əŋ*[28]:
làj wuri wurəŋ sem ‘blutiges Auge mit dunklem Blut’ (1180)

5) *-i* — Ø[24]:
was àri àr murew ‘viel Volk in der Menge einer Stadt’ (1332).

---

27 Zu anderen Typen s. hier 1.6.
28 *i* auch sonst nicht belegt in etymologischen Figuren, vgl. SAUER 1967: 121.

1.4 Semantischer Mittelpunkt in anderen Positionen als G4

In einer Gruppe von Formeln fallen der semantische und der syntaktische Mittelpunkt nicht zusammen. Dies tritt dann ein, wenn das Element an G4 bezüglich seiner Kontrollfähigkeit [± control] gegenüber dem Possessor schwächer ist. „Semantische Stärke“ bzw. „Schwäche“ sind relative Begriffe, und stehen an den beiden Enden eines Kontinuums. Dazwischen liegt ein Übergangsbereich mit vielen Nuancierungen:

semantische Stärke <----------------------------> semantische Schwäche

So z. B. befindet sich an einem Ende der Skala (semantischer Mittelpunkt = syntaktischer Mittelpunkt) die poetische Formel *marťi-mŏwi sewəŋ ort* ‘bezopfter Held des Südlandes’ mit starker Semantik des Nomens an G4, am anderen Ende z. B. *pǎlti sǎm jim pelək* ‘gute Hälfte des ängstlichen Herzens’ (V. 822) mit gänzlich schwacher Semantik des Nomens an G4. Dazwischen liegen Formeln, in denen das an G4 stehende Element semantisch festgelegt ist, neben dem sich aber ein bezüglich seiner Kontrollfähigkeit noch stärkerer Possessor befindet. So z. B. die Formeln *àś(i) nemtəm jim nem* ‘vom Vater gegebener guter Name’ (227) und *jij sati jim nem* ‘teurer guter Name des Vaters’ (i. e. Name, der üblicherweise vom Vater vergeben wird; 225). Im ersteren Beispiel ist *nem* ‘Name’ in Bezug auf *àś(i)* ‘Vater’ relativ stärker als im zweiten Beispiel dasselbe in Bezug auf *jij* ‘Vater’, da das Partizip in der Position G2 die Kontrollausübung des Lexems *àś(i)* ‘Vater’ in die Vergangenheit rückt, also den Vater weniger einflußreich erscheinen läßt. Diese Übergangsgruppe, deren genaue Position nur schwer zu fassen ist, wurde hier unter 1.3 behandelt, da sich auf der semantisch-syntaktischen Ebene keine Schwierigkeiten einstellen.

Bei der Gruppe mit semantisch sehr schwachen Substantiven an G4 handelt es sich um poetische Formeln, deren letztes Glied ein Lexem ist, das allgemein einen Teilbereich eines Gegenstandes bezeichnet: ‘Stück’, ‘Teil’, ‘(vorderes oder hinteres) Ende’, ‘Seite’, ‘Hälfte’, ‘Spitze’, ‘Grenze’[29] usw.

1.4.1 Der Begriff „Füllwort“

1.4.1.1 Forschungsstand

Die Lexeme mit besonders schwacher Semantik, die allgemeine Teilbereiche einer Einheit bezeichnen, übernehmen in der versgebundenen Sprache häufig eine

29 In unserem Text nicht belegt.

metrische Füllfunktion; darüber hinaus werden sie in bestimmten Fällen auch in der Alltagssprache gebraucht. Diese Lexeme werden in der Fachliteratur häufig als Füllwörter bezeichnet und wurden in mehreren Abhandlungen diskutiert (OA II: 4 ff., DEWOS ss. vv., AUSTERLITZ 1958: 101 ff., KÁLMÁN 1962 usw.).

Wolfgang STEINITZ drängte darauf, in bestimmten Fällen solche Wörter unübersetzt zu lassen, s. v. a. OA II: 237 f. zu Š *jạ̑m ɔ̄təŋ* 'gutes Ende' und seinen Entsprechungen in anderen ostjakischen Dialekten und dem Wogulischen:

> „...vgl. z. B. Scher 41_{103} *ńoχen ɔ̄təŋ* 'dein Fleisch', das parallel zu *tuwen tạ̑χtə* 'deine Knochen' steht. *tạ̑χtə* ist zweifellos Deminutivwort (mit verächtlichem Nebensinn), s. o. S. 142; *tuwen tạ̑χtə* kann also 'deine Knochenstücke', 'deine alten Knochen' übersetzt werden, und entsprechend *ńoχen ɔ̄təŋ* 'dein altes Fleisch'. Ähnlich *śiśket ɔ̄təŋ* 'ihre armen Seelenvögelchen' 41_{113}.[30] Für wog. *ą̊ul* führt MUNKÁCSI Vogul Nyelvjár. 67 f. zahlreiche ähnliche Fälle mit deminutivartiger oder verblasster Bedeutung an."

Dies bedeutet mit anderen Worten, daß mit Hilfe der sogenannten Füllwörter bisweilen eine semantische Schattierung ausgedrückt werden kann, auch wenn in einzelnen Fällen eine unmittelbare Wiedergabe in der deutschen Übersetzung nicht möglich ist.

Ein anderer Aspekt tritt in der exzellenten Sammlung SAUER 1967 zutage: Einige der semantisch diffusen Lexeme werden diskutiert, wobei der Entwicklungsweg vom vollwertigen Lexem zum suffixoiden Stadium aufgezeigt wird, z. B. anhand von *sŏχ* 'Stück' s. S. 209 f., auf OA II: 88 referierend; *tăχti* 'Stückchen' s. S. 210 f.; *tăχa* 'Stelle, Platz' s. S. 212 f.

Wiewohl die Weglassung solcher Füllwörter mit „ganz oder fast verblaßter Bedeutung" bei einer Übersetzung mit literarischen Ansprüchen aus stilistischen Gründen geboten ist[31], so ist es für syntaktische Belange von Wichtigkeit, diese Wörter auf eine eventuelle grammatikalisierte Funktion zu untersuchen. Allein aus der Tatsache, daß ihre wörtliche Wiedergabe in der Übersetzung mehr schadet denn nützt, darf nicht geschlossen werden, daß sie in der Ausgangssprache absolut keine Funktion haben.

30 Vgl. auch in unserem Text V. 700 *sij-lil'i jim peləkləmən* mit *pelək* 'Hälfte' anstelle von *aləŋ* 'Ende' [AW].

31 Dafür plädiert auch R. BARTENS 1986b: 21 f.

1.4.1.2 Beleglage

Häufig treten sog. Füllwörter zusammen mit Lexemen auf, die Körperteile bezeichnen. Die in unserem Heldenlied belegten poetischen Formeln mit semantisch schwachem Lexem in der Position G4, deren semantischen Mittelpunkt Körperteilbezeichnungen darstellen, sind folgende[32]:

wantti sem tinəŋ sop 'teures Stück des sehenden Auges' (1164)

wantti-sem aləŋ 'Ende des sehenden Auges' (979)

wantti-sem sop- 'Stück des Auges' (92; 468; 1156)

săləŋ sem-jiŋk jim sopəl 'gutes Stück des salzigen Augenwassers' (702)

làj-wuri kàt sopəl 'zwei Stücke des dunklen Blutes' (332)

làj wuri jim sopəl 'gutes Stück des dunklen Blutes' (1337)

puť wuri jim sopəl 'gutes Stück des schwarzen Blutes' (1338)

sij-ńŏχi[33] *jim pelkəl* 'gute Seite des Seitenfleisches' (515)

enəmti χuj jasàm jir ~ seŋkəlti χuj kuràm jir ~ enəmti χuj kuràm jir ~ seŋkəlti χuj jasàm jir 'Rand der Hand ~ des Fußes des wachsenden ~ heranwachsenden Mannes ~ Rand des Fußes des wachsenden ~ heranwachsenden Mannes' (9 ~ 10 ~ [11] ~ 112 ~ 135 ~ 136 ~ 196 ~ 197)

ńŏsəŋ kur tinəŋ tăj 'teure Spitze des bunten Fußes' (774)

pălti săm jim pelken 'gute Hälfte des ängstlichen Herzens' (822)

sămàn jir aləŋ muj-wer 'Ende oder Sache des Herzrandes' (825)

săməŋ waj săməl jir aləŋ 'Ende des Randes des Herzen des Tieres mit Herz' (1259)

sewəŋ ŏχ jim tăχtem 'gutes Stückchen (Lappen) des bezopften Hauptes' (815)

kul sàs wus satəŋ sop 'teures Stück des Loches des dicken Knies (in Kniedicke)' (433)

ńŏχsəŋ làŋkər kàt pelkàm 'zwei Hälften (Seiten) der Zobel-Schulter' (1053)

săŋkew jiŋk jim aləŋ 'gutes Ende des Schweißwassers' (924)

măsəl jiŋk jim tăχti 'gutes Stückchen des Schweißwassers' (1258)

sij-lil'i jim peləkləmən 'unsere guten Seiten des Seelenvogels' (700)

ńaγəl tur jim aləŋ 'gutes Ende der ...[34] Stimme' (1222).

---

32 Daneben ist eine Vielzahl von dreigliedrigen Körperglied-Formeln belegt, die an der letzten Stelle ein Füllwort aufweisen. Daß die sog. Füllwörter, die an Körperteilbezeichnungen angefügt werden, hier unter den viergliedrigen Formeln behandelt werden, liegt daran, daß diese Gruppe als formal gesicherter und häufigster Typus den Ausgangspunkt für weitere Untersuchungen bildet.

33 Für den Dialekt von Obdorsk ist sonst *ńŏχa* belegt, vgl. DEWOS 1030.

Die Verwendung von sog. Füllwörtern im Zusammenhang mit Körperteilen ist aber keineswegs obligatorisch:
tárnári rapχəŋ sem 'blinzelnde **Augen** des Heldenliedes' (742)
esməŋ larəŋ jim mewəl 'brustwarzige bekannte(?) gute **Brust**' (1019)
χar-juwi kát esəm 'schön wallende zwei **Brüste**' (560)
wet lujpi lujəŋ kur ~ wet lujəpi lujəŋ jas 'zehiger **Fuß** mit fünf Zehen ~ fingerige **Hand** mit fünf Fingern' (385 ~ 386)
ŏχem-pắl sár opət 'harte(?) **Haare** des Hauptes' (372)
jim ort-pắχ jim sáplem 'guter **Hals** des Heldensohnes' (1192)
sat optəŋ χoləŋ ŏχ 'reiches **Haupt** mit hundert Haaren' (64)
ár sewi χŏləŋ ŏχ 'reiches **Haupt** mit vielen Zöpfen' (1167)
kắripánŏχ tắjəŋ ŏχ '[wie ein] Sterlettkopf spitzes **Haupt**'[35] (409)
ár nămsəŋ sojəŋ ontrem 'friedliches **Inneres** mit vielen Gedanken' (376)
mŏwət wantlá kát χaspi 'Land sehende zwei **Seher**' (Augen) (143)
os-jiŋk mắnmáŋ kát χaspəl 'zwei von Laugenwasser begangene **Seher**' (Auge) (170)
jasem-peli oγəl sor ~ jasem-peli wanti-sor 'dünner **Unterarm** des einen Armes' (564 ~ 564 Fn.)
sewəŋ χuj jim χŏrán 'gute **Gestalt** des bezopften Mannes' (114).

Daneben ist auch eine Gruppe mit 'Teil' bezeichnenden Lexemen an G4 gut vertreten, die keine Körperglieder im semantischen Mittelpunkt aufweist[36]:
ńil pájárt jim sopəl 'Stück des Balkens' (935)
i lomi tinəŋ sop 'Stück der Decke' (581)
ắľáŋ kew jim aləŋ 'Ende des Felsens (glänzend)' (510)
śel-kewi jim sop 'Stück des Felsens (rein)' (1067)
weləm jiŋk-χul alŋán 'Ende des Fisches' (820)

34 Die Bedeutung von *ńaγəl* ist nicht klar. PÁPAY übersetzt es mit 'alacsony' [tief]. Ein lautlich und semantisch weitgehend entsprechendes Lexem (*ńaχəlt* 'niedrig, kurz') ist in konkreter Verwendung in DEWOS 1038 verzeichnet, doch kommen auch andere lautlich und kontextuell mehr oder minder passende Attribute in Frage: *ńắχ* 'Lachen' mit einem Partizip *ńắχəlt*['ə] 'Lachen' der Verbalableitung *ńắχəlt-* 'lachen' (DEWOS 1027); eine potentielle Ableitung zum Stamm von *ńoγalem* (Ahl.) 'ersticken, erwürgen' (DEWOS 1030; zu 1031 *ńŏγa-*?); *nắγi̯* (Vj.), PMu. 44 *nåχej-* 'schimpfen, fluchen' usw., mit *t* > Ø /_*t*.

35 Gemeint ist der Helm.

36 In der Übersetzung der Belege werden nur das sog. Füllwort und der semantische Mittelpunkt genannt. Die restlichen Elemente der Formeln bleiben hier der Übersichtlichkeit halber unübersetzt. Die vollständigen Übersetzungen sind Kapitel II 4.2.2 zu entnehmen.

tinli nȧj jim pelkəl ‘Hälfte der Frau’ (994b)
saɣləŋ χat-χăr jim pelȧ ‘Hälfte des Fußbodens’ (765)
alŋəŋ ăntəp jim alŋəl ‘Ende des Gürtels’ (117)
χăni oŋk χoləm sŏp ‘Stück des Harzes’ (1044)
sȧrəŋ l'ȧl'i jim sop ‘Stück des Krieges’ (138)
sopəŋ χuj kȧt sopəl ‘Stück des Mannes’ (331)
liləŋ ŏχ jim tăχti ‘Stückchen des Metalls’ (472)
sări ȧt χŏw-pelək ‘Hälfte der Nacht’ (518)
sări ȧt jim sopȧn ‘Stück der Nacht’ (575)
sijəŋ lăχər jim sopəl ‘Stück des Panzers’ (651)
wȧjəŋ ńȧl jim sopəl ‘Stück des Pfeils’ (889)
păsəŋ ńal i sopȧn ‘Stück des Pfeils’ (946)
tăjəŋ ńal jim sopem ‘Stück des Pfeils’ (1066a)
ńal χŏrəŋ jim wus (sop) ‘Stück des Pfeil-Lochs’ (1041)
sewəŋ law jim sop ‘Stück des Pferdes’ (998)
lŏŋklȧ nări mul alŋəl ‘Ende der Pritsche’ (261)
śăpər-ŏχi ȧr jim sop ‘Stück des ś.-Metalls’ (1315)
păsti nȧri jim sop ‘Stück des Säbels’ (1083)
kȧrtəŋ nȧri jim sopəl ‘Stück des Säbels’ (1132)
lȧntəŋ lar pȧ-pelək ‘Hälfte des Sees’ (1091)
liś-koli jim sop ‘Stück des Seils’ (1333)
juχəŋ was jim pelȧ ‘Hälfte der Stadt’ (1070)
juχəŋ was jim sop ‘Stück der Stadt’ (785)
weləm or-waj sopen aləŋ ‘Ende des Wildes’ (218)
lŏŋklȧ nări mul alŋəl ‘Ende des Winkels’ (838)
lańśəŋ tăl jim sopew ‘Stück des Winters’ (1308)
ńŏχəŋ lȧpət χŏw pelək ‘Hälfte der Woche’ (582).

Die Verwendung von ‘Teil’ bezeichnenden Wörtern kann also nicht (nur) vom Faktor [±Körperglied] abhängen.

1.4.2 Die Konnotationsgruppen

Können durch Füllwörter semantische Feinheiten wie „klein (mit verächtlichem Nebensinn)“ (s. o.) ausgedrückt werden, stellen sich folgende Fragen:

a) An welche Wörter werden die sog. Füllwörter angefügt?
b) Was drücken sog. Füllwörter im einzelnen aus?

c) In welchen Fällen kann man von parallelistischer oder analogischer Übertragung ausgehen?

Als Summe dieser Aspekte stellt sich die Frage: In welchen Fällen ist der Ausdruck „Füllwort“ überhaupt berechtigt?

1.4.2.1 Konkreter Teil des semantischen Mittelpunktes[37]

Diese Gruppe enthält poetische Formeln, in denen ein tatsächlicher, konkreter, pragmatisch und okkasionell wichtiger Teil des semantischen Mittelpunktes gemeint ist.

sǎri ȧt χŏw-pelək ‘lange Hälfte der dunklen Nacht’ (518); *sǎri ȧt jim sopȧn* ‘deine gute Hälfte der dunklen Nacht’ (575); *sǎri ȧt pelək* ‘Hälfte der dunklen Nacht’ (665). Hier ist wohl die Tatsache maßgeblich, daß die Nacht bei den Ostjaken zweigeteilt ist: Es gibt die Sitznacht (der erste Teil der Nacht, wenn man noch wach ist und erzählt; s. DEWOS 199) und die Schlafnacht.

sopəŋ χuj kȧt sopəl ‘zwei Stücke des Mannes mit Stücken’ (331). Hier ist in der Tat von zerstückelten Männern die Rede: Der junge Held schneidet die alten Leute mit seinem neuen Säbel entzwei.

Š *sɔ̄rńijen sēwər tinəŋ ɔ̄təŋ* ‘am teuren Ende einer goldenen Kette’ (OA I: 340 V. 11). Die Formel wird in DEWOS 81 mit der Übersetzung ‘an einer goldenen Kette (hängen)’ unter Punkt 3 „bedeutungsloses Schlußwort“ angeführt. Hier scheint für den Gebrauch von *ɔ̄təŋ* ‘Ende’ der Umstand verantwortlich zu sein, daß im betreffenden Text tatsächlich das Hängen eines Hauses am Ende der Kette gemeint ist und nicht etwa ein an einer horizontal aufgespannten Kette (in der Mitte) hängendes Haus.

sewəŋ ŏχ (jim) tǎχtem ‘(gutes) Stückchen des bezopften Hauptes’ (815; 1233). Hier ist *tǎχti* ‘Stück(-chen), Teil (von Stoff, Fell, Fleisch usw.); Lappen, Fetzen’ (DEWOS 1422) offensichtlich lexikalisch vollwertig: *ŏχ tǎχti* (wörtl.) ‘Kopflappen’ bezeichnet die Kopfhaut. In Heldenliedern tritt beim Ausfechten diverser Kämpfe zwischen den befeindeten Gruppen oder Individuen häufig das Motiv der Skalpierung auf, so auch hier in V. 1233. In V. 815 geht es darum, daß der Schwager dem jungen Helden freundschaftlich über den Kopf streicht.

37 Ausnahmsweise werden hier in 1.4.2.1–1.4.2.5 neben den Belegen aus unserem Text der Vollständigkeit halber auch besonders prägnante Beispiele aus anderen Texten bzw. in DEWOS zitierte Belege angeführt.

1.4.2.2 Konkreter Teil eines nicht fokussierten Ganzen

Eine weitere Gruppe bilden poetische Formeln, in denen betont wird, daß der semantische Mittelpunkt selbst ein habituell wichtiger Teilbereich eines größeren Ganzen ist (speziell bei Körpergliedern):

sij-lil'i jim peləkləmən 'gute Seiten des Seelenvogels' (700)
pălti săm jim pelken 'gute Hälfte des ängstlichen Herzens' (822)
sămán jir aləŋ muj-wer 'Ende oder Sache des Herzrandes' (825).

Zu dieser Gruppe gehört auch die in unserem Text dreigliedrige[38] Formel *jijli mewəl alŋəl* 'Ende der vaterlosen Brust' (V. 7). Der Held drückt die Tatsache, daß er als Halbwaise aufgewachsen ist, anhand dieser in wörtlicher Übersetzung nicht ohne weiteres verständlichen Formel aus.

Wie aus der poetischen Formel *esməŋ mewləp àŋkem* 'meine Mutter mit brustwarziger Brust' und ihrem häufigen Vorkommen (8, 12, 13, 24, 40, 46, 79, 83, 104, 119, 148, 154, 159, 233, 335, 381, 463, 1291, 1299) erhellt, ist 'Brust' ein stehendes Attribut der Mutter. Daher heißt es, wenn jemand ohne Mutter aufgewachsen ist, er sei wörtlich „mutterbrustlos" aufgewachsen. Parallelbegriff zur 'Mutter' ist der 'Vater', der demzufolge parallelistisch auch ein Attribut 'mit Brust' annehmen kann, vgl. *esməŋ mewləp àśem* 'mein Vater mit brustwarziger Brust' (15, 231, 246, 1200, 1204 usw.), obwohl der sachliche Bezug nicht gegeben ist. Wächst jemand ohne Vater auf, dann kann er wörtlich als „vaterbrustlos" bezeichnet werden.

In *jijli mewəl* 'vaterlose Brust' im Sinne von 'ohne (brüstigen) Vater' ist ein weiterer Schritt vollzogen. Die zu erwartende Struktur ˣ*mewləŋ jijli* ist offenbar nicht bildbar. Dies zeigt sich auch an der Distribution von *-li* in den verschiedenen Verspositionen: An G1 steht *-li* am häufigsten, nämlich in sechs verschiedenen poetischen Formeln: 650, 1062, 1082, 1092, 1106 (= 1109), 1158; in der Position G3, an der wegen der Zäsur üblicherweise ebenfalls keine attribuierten Attribute stehen: 146 (= 149, 548, 1082), 730, 994 sowie 1106 (= 1109), welch letztere auch in der Position G1 dasselbe Lexem mit dem Abessiv *-li* aufweist.[39] Die Unmöglichkeit, attribuierte Substantive abessivisch zu suffigieren, ist auch damit zu erklären, daß der Status des Abessivsuffixes *-li* zwischen Kasus- und Ableitungssuffixen liegt.

---

38 Eine vollständige, viergliedrige Variante ist in Páp.[1]: 13 V. 17 f. *jiwli mēwəl jem ạ̄ləŋ* ~ *aśli mēwəl jem ạ̄ləŋ* 'atyátlan ~ anyátlan mell jó véggel; zu vaterlosen Busens gutem Ende (züchtet mich) ~ zu mutterlosen Busens gutem Ende (erzieht mich)' belegt (entsprechend S. 16, 17, 79 usw.).

39 Die poetische Formel in V. 833, *mŏwət χajli jiŋkət χajli śokət* 'Schwere [d. h. betrübtes Aussehen], [wie wenn jemand länger] seine Heimat (wörtl. die Länder [und] die Gewässer) verlassen hat', ist seiner Struktur nach nicht mit den anderen vergleichbar: Es scheint vielmehr eine unvollständige erweiterte poetische Formel vorzuliegen, in der *χajli* die Position von Konnektor-Partizipien sonst einnimmt.

Man kann sogar soweit gehen, die Einordnung des Abessivs als Kasus gänzlich in Frage zu stellen, zumal er im Gegensatz zu den produktiven Kasus keine Gruppenflexion zeitigen kann.

Um das Fehlen des Vaters trotzdem ausdrücken zu können, wurde die anzunehmende Wortfolge ˣ*mewləŋ jijli* umgestellt zu *jijli mewəl:* Als semantischer Mittelpunkt erscheint 'Brust', erweitert durch das *aləŋ* 'Ende' (die Mutter/der Vater wird durch 'Brust' v. a. dann attribuiert, wenn sie/er als Ernährer/in gesehen wird, eine/r, die/der ernährt, aufpaßt, sorgt, erzieht; die Brust ist also ein Teil des Ganzen); das semantisch wichtigste *jijli* 'vaterlos' steht als Attribut von *mewəl* 'Brust'[40].

Die Bedeutung von *jijli mewəl alŋəl* läßt sich im Deutschen am besten mit 'ohne Vater' wiedergeben.

Als wichtigste Untergruppe sind die Formeln mit paarigen Körpergliedern zu nennen, mit *pelək* 'Seite; Hälfte' als Bezeichnung von einem Teil[41] paariger Körperglieder (oder mit 'zwei' auch beide Teile):[42]

enəmti χuj jasàm jir ~ seŋkəlti χuj kuràm jir usw. 'Rand der Hand ~ des Fußes des wachsenden ~ heranwachsenden Mannes' usw. (9 ~ 10 usw.)

ńŏχsəŋ làŋkər kàt pelkəl 'zwei Seiten der Zobel-Schulter' (710, 1053)

ńŏχsəŋ làŋkər pelkəl 'Seite der Zobel-Schultern' (814, 1004)

ńŏχsəŋ làŋkər pà-pelkəś 'andere Hälfte der Zobelschulter' (949).

1.4.2.3 Konkreter Teil einer Stoffbezeichnung oder einer Zeitangabe

In diese Gruppe gehören poetische Formeln, als deren semantischer Mittelpunkt ein Materialwort fungiert, dessen konkrete Einheiten hervorgehoben werden sollen. Die Verwandtschaft der in 1.4.2.1 und 1.4.2.5 behandelten Typen und der Abstrakta (Zeit als abstrakter Begriff) ist naheliegend.

---

40 Unklar ist, ob das wogulische Reg. *mą̊ile meχu ą̊nge meχu* 'seine Brust [ist] ein M.-Geist, seine Mutter [ist] ein M.-Geist' (VNGy. IV: 89) hierher gehört: Nach MUNKÁCSI (VNGy. I: 248, II: 0267) und KÁLMÁN (MUNKÁCSI-KÁLMÁN 1963: 118) gehört *mą̊ile* (Munk. *maịlä*) nicht zu 'Brust', sondern ist ein Wort für 'Vater', das hier parallel zu *ą̊nge* (Munk. *oąñkhwä*) 'Mutter' gebraucht wird. Möglich wäre allerdings auch, daß 'Brust' für 'Mutter' steht, wie dies im Wogulischen des öfteren zu sein pflegt (vgl. *śiś* MK s. v.).

41 Hierzu gehört semantisch, aber nicht formal, *peli* in den poetischen Formeln *jasàm-peli wanti-sor* 'Unterarm des einen Arms' (wörtl. Unterarm der Armhälfte od. -seite) (564 Fn., 1203) und *jasàm-peli oγəl sor* '(id.)' (120, 564).

42 Das nur in den beiden poetischen Formeln *mŏwət wantlà kàt χaspi* 'Länder sehende zwei Augen' (143, 437, 448, 490, 715, 1108) und *os-jiŋk mănmàŋ kàt χaspi* 'von Laugenwasser begangene zwei Augen' (170, 374, 740) gebrauchte Lexem *χaspi* 'Auge' könnte aufgrund seiner stark verkürzten Gestalt ohne Füllwort gebraucht worden sein: Es hat sich vermutlich aus einem attribuierten Attribut *X- χaspi* von *sem* 'Auge' verselbständigt (DEWOS 436 f.; vielleicht zu O *χăťśə-* '(die Augen) schließen', DEWOS 581).

liləŋ ŏχ jim tăχti 'gutes Stückchen glänzenden Metalls' (472)

śăpər-ŏχi är jim sop 'viele gute Stücke von *ś.*-Metall' (1315)

śel-kewi jim sop 'gutes Stück des reinen Felsens' (1067); *śel-kew jim sop* '(id.)' (1231). Die Formel steht für den Stein oder Felsen als Material im Gegensatz zum ganzen Berg[43]: In den Versen 1067 und 1231 wird berichtet, daß die Schwager des Helden zu Stein erstarrt sind (in V. 1231 wird dies dem Vater und Großvater des Helden vorgeführt); in V. 1234 versucht der Großvater den Skalp des ältesten Schwagers aus dem Stein zu reißen.

Eine wichtige Untergruppe bilden die Formeln, die Tropfen einer Flüssigkeit (Schweiß, Blut, Tränen) bezeichnen:

săŋkew jiŋk jim aləŋ 'gutes Ende unseres Schweißwassers' (924) (mit der häufigeren dreigliedrigen Variante *săŋkäm jiŋk aləŋ* 'Ende des Schweißwassers': 446, 918, 970)

măsəl jiŋk jim tăχti 'gutes Stückchen des Schweißwassers' (1258)

χăni oŋk χoləm sop 'drei Stücke klebrigen Harzes' (1044)

läj wuri jim sopəl 'gutes Stück des dunklen Blutes' (1337)

puť (Fn. *puti*) *wuri jim sopəl* 'gutes Stück des schwarzen Blutes' (wörtl. schwarzblutiges gutes Stück) (1338)

săləŋ sem-jiŋk jim sopəl 'gutes Stück der salzigen Träne' (wörtl. des Augenwassers) (702)

jertəŋ χŏrpi är sŏχi 'Sommerregen-gestaltige viele Stücke' (508). In dieser Formel könnte das als Deminutivwort gebräuchliche *sŏχ* 'Stück' (< 'Leder, Fell' usw.; DEWOS 1304) als Ergänzungswort zu *χŏrpi* erforderlich sein: Der Sommerregen wird genau genommen nur als Vergleich herangezogen und tritt daher als Attribut von *χŏr* 'Gestalt' auf. Da aber die Gestalt nicht als Ganzes eine Rolle spielt, sondern vielmehr das Iterative des Niederprasselns (vgl. auch *är* 'viele') betont werden soll – es handelt sich bei dieser Stelle eigentlich um das Geräusch der Pferdehufe, das dem Regenprasseln ähnlich klingt –, werden

---

43 Demgegenüber wird der Berg als Ganzes anhand einer anderen poetischen Formel ausgedrückt, bei der in der Position G4 das semantich starke *kew* 'Stein, Fels, Ural' steht. Die beiden Formelvarianten *torəmnä χajəm ńosəŋ kew* 'Himmel berührender bunter Fels' (974, 975, 993, 997, 1059, 1229, 1272) ~ *torəmnä χajəm jeməŋ kew* 'Himmel berührender heiliger Fels' (978, 987, 1012, 1225), die im Textverlauf völlig gleichwertig behandelt werden, stehen eindeutig für den gesamten Berg: Der Berg erscheint in den meisten Fällen als Gegenstand, der vom Helden mit dem Pfeil zertrümmert werden soll, ist aber auch ein heiliger Ort (997). Darüber hinaus ist der Berg auch einfach ein geographisches Hindernis, das vom Pferd überwunden (überflogen) werden muß, damit der Held in seine Heimatstadt zurückkommt (V. 1272).

die Materialeinheiten (Tropfen im Gegensatz zu den Stoffbezeichnungen bzw. den abstrakten Begriffen für die Naturerscheinung), hervorgehoben.

tăl-lańśi sopem 'Stück des Winterschnees' (432). Gemeint sind in diesem Fall nicht die Schneeflocken; der Kontext spricht für größere Einheiten Schnees, in denen man bis zu den Knien versinken kann.

Wenn im Text ein bestimmtes Ereignis zu einer bestimmten Zeit, also ein Zeitabschnitt fokussiert wird, im Gegensatz zum abstrakten Begriff, erscheint in der Position G4 ein 'Teil' bezeichnendes Wort[44]:

ńŏχəŋ lȧpət χŏw peląk 'lange Hälfte der Fleischwoche' (582)
lańśəŋ tăl jim sopew 'gutes Stück des schneeigen Winters' (1308)
păməŋ luŋ jim kutpəl 'gute Mitte des heißen Sommers' (1310).

1.4.2.4 Kasusrelationen bzw. Handlungsrichtung

Eine im gesamten Ostjakischen verbreitete Gruppe bilden diejenigen poetischen Formeln, deren semantischer Mittelpunkt ein länglicher Gegenstand ist, v. a. wenn sich eine solche Handlung darauf richtet, die im Ostjakischen eine lativische oder ablativische Ergänzung fordert (z. B. 'nehmen', 'ergreifen', 'fassen'[45], 'bis irgendwohin reichen, abschneiden, herunterziehen od. -schlagen, einsinken'). Die Setzung des 'Teil' bezeichnenden Lexems in der Position G4 impliziert also Kasusrelationen bzw. Handlungsrichtungen.

ńŏsəŋ kur tinəŋ tăj 'teure Spitze bunten Fußes' (774). Hier ist davon die Rede, daß der junge Held aufsteht, sich „auf die Fußspitze" stellt und im folgenden Vers sich auf eine bestimmte Stelle des Fußbodens stellt.

kul sȧs wus satəŋ sop 'teures Stück des Loches des dicken Knies (in Kniedicke)' (433). Es handelt sich um die Schilderung, daß der Schnee dem jungen Helden bis zu den Kniekehlen reicht.

ńaγəl tur jim aləŋ 'gutes Ende der ... Stimme' (1222). Hinter dieser Formel steht die Vorstellung, daß mit der Stimme – abhängig von der erzielten Höhe – bei einer Gottheit Gehör erlangt wird.

ăl'ȧŋ kew jim aləŋ 'gutes Ende des gleißenden Urals' (510, 512); *ăl'ȧŋ kew alŋəl* 'Ende des gleißenden Urals' (1265).[46] Die Formel fokussiert den Teil des

---

44 Auch hier könnte die Formelgruppe *sări ȧt χŏw-peląk* 'lange Hälfte der dunklen Nacht' (518) usw. (s. 1.4.2.1) angeführt werden.

45 Das 'Ende' ist der Teil, an dem man solche Gegenstände (Bogen; Hand) typischerweise anfaßt.

46 Zu zwei anderen poetischen Formeln mit *kew* 'Stein; Ural' als semantischem Mittelpunkt s. hier 1.4.2.3 mit Fn. 43.

Gebirges, der den Horizont ausmacht: In den Versen 510 und 1265 wird der Sonnenstand daran gemessen (und damit eine Zeitangabe gemacht: wenn die Sonne die Höhe des Urals erreicht, d. h. am Horizont angelangt ist; bzw. wenn die Sonne in der Höhe eines eisernen Säbels über dem Ural steht, i. e. kurz vor Sonnenuntergang). In V. 512 heißt es, das Pferd sei mit dem jungen Helden schon über den Ural geflogen; *kew aləŋ* bezeichnet also die besagte Linie, d. h. den konkret sichtbaren Teil des Urals, der als letzter am Horizont sichtbar ist.

Š *χus-tapətmit kɔt wŭš ewət* 'vom Jahre 1927 an' (OA III: 139, DEWOS 1555)[47]

Sy. *ma numtem wŭš elʿti* 'solange ich mich erinnern kann' (OA III: 515, DEWOS 1555)

KoP *čänč wičä jəŋkä rŏŋkəm* 'ich watete bis zu den Knien in Wasser' (DEWOS 1555)

KoP *tŏwnə ăttə-kečəjät čänč wičiwə sewərmäj* 'er schlug ihm mit dem Schwert die Knie durch' (DEWOS 1555)

Ni. *jɔš jŏχəttə wŭš ewət ĭtə sewr̥te* 'er schlug sie mit der Hand herunter', wörtl. 'von der kommenden Grenze der Hand schlug er sie herunter' (OA III: 350).[48]

1.4.2.5 Verbalnomina und 'Stelle'

Eine besondere Funktion erfüllen 'Teil' bezeichnende Nomina in poetischen Formeln, deren semantischen Mittelpunkt ein Verbalnomen bildet. Dadurch erhalten Verbalabstrakta eine konkrete Bedeutung, so wie dies auch im parallelen Prozeß 'Zeit' → 'Zeitabschnitt' der Fall ist:

Š *ĭj utəm wŭšen sĭ utmat* '(wenn ich dich mit dem Schwert haue,) dann hast du dein Leben ausgelebt (dein eines gelebtes Ende [od. dein Lebensende – AW] war dann)' (OA I: 298, DEWOS 1555)

Š *ma năŋət χŭw taγəttep jăm ɔtəŋ taγətta pĭttem* 'ich werde dich mit dem guten Ende des langen Wartens erwarten' (OA I: 253) wird in DEWOS 81 mit der Übersetzung 'ich werde dich mit langem Warten erwarten' unter Punkt 3 „bedeutungsloses Schlußwort" angeführt.

Ein weiteres Lexem, das sonst nicht als Füllwort geführt wird, tritt in füllwortähnlicher Funktion auf: *wăl* 'Stelle, Ort'. Dies muß in bestimmten Zusammenhängen

---

47 Das ablativische Verhältnis wird in den aus OA bzw. DEWOS zitierten Beispielen aus nicht versgebundenen Texten verdeutlicht durch *ewəlt* 'von, durch' usw. und dessen dialektalen Entsprechungen.

48 Parallelen aus anderen Dialekten sprechen für eine andere Deutung dieser Stelle, s. WIDMER 1996: 33.

als eine Art syntaktisches Ergänzungswort, als Platzhalter für 'wenn; als' usw. aufgefaßt werden. Entsprechende Funktionen hat SAUER 1967: 212 f. im Zusammenhang mit dem gleichbedeutenden VVj. *tăγi̯* 'Stelle, Platz' usw. konstatiert:

> „Nachgestellt oft mit abgeschwächter Bedeutung, besonders im Anschluss an partizipia präsentis oder p. präteriti, wo *-tăγi̯* usw. zur Bildung von substantivierten Verbalnomina verwendet wird" (SAUER 1967: 212);
> „Der Lokativ von *tăγi̯* usw. wird im Anschluss an partizipia präsentis oder p. präteriti als Postposition verwendet, z. B. Páp.[1] 18 *velpaslatem taγāna* 'als ich jagte'" (SAUER 1967: 213).

Die Belege aus dem vorliegenden Heldenlied decken den konkreten Bedeutungsbereich von *wăl* 'Platz':

sat tăχər wujiŋ wăl 'Stelle mit Bärenfell und hundert Matten' (164; 187)[49]

sat tăχər wujiŋ mul-tăχa 'heiliger Winkel (Winkel-Stelle) mit Bärenfell und hundert Matten' (164 Fn.)

χut jiŋkŋən wujiŋ wăl 'Bärenfell-Stelle von sechs Gegenden (Gewässern)' (1305)

bis hin zu grammatikalisierten Funktionen ab, bei denen durch das lokale Element *wăl* 'Stelle' eine Nominalisierung der deverbalen Nomina auf *-məŋ* und *-là* in höherem Maße gezeitigt wird[50]:

ort lajlà sŏχməŋ wăl 'springende Stelle des Schreitens des Helden; Stelle, wo der Held stehenbleibt' (22, 115, 267, 268, 404, 775, 1175)

ort aməslà satəŋ wăl 'teure Stelle des Sitzens des Helden; Stelle, wo der Held zu sitzen pflegt' (77, 169, 380, 667, 727, 756)

χŏntti làŋki sŏχməŋ wăl 'springende Stelle des fliehenden Eichhörnchens' (973)

niŋ aməslà χoləŋ wăl 'von der Frau besetzte reiche Stelle; Stelle, an der die Frau zu sitzen pflegt od. sitzen sollte' (1292),

wobei auch die dazwischenliegenden Bereiche, nämlich die Funktion als modale Ergänzung – oft mit unmittelbarem Bezug zum finiten (bzw. finit gebrauchten) Verb – abgedeckt werden:

săχ-puni răχi wăl 'nahe Stelle des Fellhaares; so nah, daß man das Fellhaar [der Stiefel] berührt' (599)

---

49 Zur Deutung von *tăχər* s. WIDMER 1999: 53.

50 Auffällig ist die Tatsache, daß an G4 nie ein Partizip erscheint. In der Prosasprache werden Partizipien – unabhängig davon, ob sie lexikalisiert sind oder nicht – wie jedes andere Nomen verwendet, z. B. können sie als Subjekt fungieren, Lokal- und Possessivsuffixe sowie Postpositionen zu sich nehmen usw. Es scheint also, daß die Liedersprache hier einen älteren morphosyntaktischen Zustand widerspiegelt. Für die Archaizität sprechen auch die quer durch

săs-wàsi tinəŋ wăl 'teure Stelle der Hermelin-Ente; wo die Ente ...' (1028). Man kann vermuten, daß auf eine Stelle referiert wird, die im Boden vertieft liegt, vgl. auch den Parallelvers *àmp χirəm măl jim lat* 'vom Hund gegrabene tiefe gute Grube' (1029)

simti korti tinəŋ wăl 'teure Stelle des rostigen Eisens' (257). Die Formel hat eigentlich eine modale Bedeutung: 'als rostendes Eisen' rostet das Panzerkleid (V. 255) im Kästchen (V. 256), womit die Aussage des Verbalverses 'verrostet' (V. 257) zusätzlich betont wird.

sijli ńal tinəŋ wăl 'teure Stelle des geräuschlosen Pfeiles' (1062). *sijli* 'geräschlos' erscheint attributiv zu *wăl* 'Stelle', das hier offensichtlich nur der syntaktischen Einbettung dient. Gemeint ist: '(Der Pfeil fiel) geräuschlos (Adv.) hin'.

wăjilt-χuji turəŋ wăl 'Stelle mit Stimme des schlafenden Mannes' (371). Man könnte die Aussage am ehesten wiedergeben mit 'im Zustand eines schlafenden Mannes mit Stimme (i. e. der schnarcht) [lege ich mich hin (Verbalvers)]'. Ebenso verhält es sich mit dem Parallelvers *aləm-χuj tureŋ poŋk* 'Fläche mit Stimme des Schlaf-Mannes' (370), in dem anstelle des allgemein gebräuchlichen *wăl* 'Stelle' *poŋk* 'Fläche' erscheint.

sărəŋ χuj tinəŋ wăl 'teure Stelle des Mannes mit Schaufel; [als ob jemand mit der] Schaufel (...)' (441). Die Bedeutung des ganzen Satzes läßt sich wiedergeben mit '[der Schnee (V. 442)] wird schaufelweise geworfen'.

In diesen zwei letzteren Gruppen geht es m. E. ursprünglich keineswegs um konkret als solche zu verstehende Lokalitäten. Die Nennung von Lexemen mit lokaler Bedeutung am Ende dieser Nominalverse ist ein Resultat der Verstechnik, die vorschreibt, daß einem Verbalvers notwendigerweise ein Nominalvers vorausgehen muß. Auf der nächsten Ebene, innerhalb des Nominalverses, schreibt die Verstechnik vor, daß das Kernnomen kein Verbalnomen sein darf. Ein weiterer Prozeß im rein semantischen Bereich bedingt den synchronen Zustand, in dem beispielsweise der 'vom Helden zu besitzenden Stelle' ein konkreter Ort im Haus zugeordnet wird.

1.4.3 Ergänzungswörter

Es zeigt sich, daß ein großer Teil der sogenannten Füllwörter in poetischen Formeln als semantische und syntaktische Ergänzungswörter erklärt werden kann. Der Gebrauch der Ergänzungswörter erinnert teils an Klassenmarker (Singulativ usw.), teils an Rektionskodierungen (Direktionalität usw.). In vielen Fällen kann man von Suffixoi-

alle wog. und ostj. Lieder verwendeten Verbaladjektiv-Suffixe, die umgangssprachlich in den betreffenden Dialekten sonst nicht mehr produktiv sind.

den sprechen. Häufig liegen die 'Teil' bezeichnenden Nomina noch in konkreter Verwendung vor. Die oben angeführten fünf kernprägnanten (also nicht randscharf zu verstehenden) Gruppen sind jedenfalls deutlich genug vertreten, um die Notwendigkeit einer genaueren Analyse der einzelnen Konnotationen zu zeigen.

Es stellt sich heraus, daß die metrische Füllfunktion vielfach nur ein zusätzliches, wenn auch willkommenes, Nebenprodukt darstellt. Der Begriff „Füllwort" ist also bei nicht einwandfrei erwiesener semantischer Leere bzw. ausschließlicher Füllfunktion vorsichtshalber besser durch den Begriff „Ergänzungswort" zu ersetzen.

Für eine umfassende Behandlung wäre eine gründliche Sichtung aller versgebundenen Texte sowie auch aller Prosatexte des Ostjakischen wie des Wogulischen nötig.

1.5 Formeln des Typs X-PYZ

Die Zuordnung dieses Typs zu den viergliedrigen Formeln stützt sich auf die Beschreibung durch STEINITZ zu einer Untergruppe der Belege mit einer enklitischen Partikel vor der Zäsur[51]: *-ke* hat demzufolge „hauptsächlich eine rhythmische Funktion, indem es als metrisches Füllwort dient" (s. OA II: 58).

1) G1–2 mit der Partikel *-ki:*[52]
   20 (= 75, 85, 304, 588, 614, 653, 703, 909), 307 (= 677; ~ 308), 328, 460 (= 821), 796, 809 (= 841, 845, 863, 865, 882, 980; ~ 813), 994, 1104, 1157, 1181, 1349
2) G1–2 mit der Partikel *-là:*
   285 (= 1080), 326 (= 633, 717, 1121, 1148, 1227, 1255), 330, 420 (= 1146), 471, 526, 844, 884 (~ 1098), 934, 1036, 1051, 1118, 1286
3) G1–2 mit sonstigen Partikeln: *-pi*, *-pil*; *-păl*; *peli*[53] u. a. m.:
   131 (~ 142), 194, 204, 372, 458, 558, 606, 630, 643.

1.6 Formeln mit etymologischer Figur[54]

1.6.1 Formeln des Typs XYZX

Von den hier in 2.1 behandelten Formeln des Typs XYX scheint es einen abgeleiteten Typ zu geben, in dem nach dem Y ein weiteres Glied Z eingeschoben wurde.

---

51 Zu Formeln mit einer enklitischen Partikel in G4 s. u. 1.6.2 b.

52 Zu den Funktionen von *ki* 'wenn' usw. in der poetischen Sprache im Detail s. OA II: 57–61.

53 Hier nicht nur in Füllfunktion wie in KÁLMÁN 1962 angeführt, sondern tatsächlich auf einen von zwei referierend.

54 Zu dem Typ der etymologischen Figur, in der die Wortstammwiederholung in den Positionen G2 und G3 erscheint, s. hier 1.3.2.2.

Dieser Typ ist viergliedrig, mit einer Zäsur zwischen Y und Z. Als Z erscheinen gewöhnlich semantisch schwache Wörter, wie dies auch bei einem Großteil (aber nicht bei allen Untertypen, s. o.) der viergliedrigen Formeln anderen Typs ist:

1. *alŋəŋ ăntəp jim alŋəl* 'gutes Ende des Gürtels mit Ende' (117)
2. *marməŋ ńal jim marəm* 'gute Falte des Pfeiles mit Falte' (299)
3. *sopəŋ ńal i sopəl* 'ein Stück des Pfeiles mit Stück' (955)
4. *mărəŋ pon χŏw mări* 'guter Zeitabschnitt der Reuse mit Zeitabschnitt' (908) (mit der parallelistischen Variante *sisəŋ pon χŏw mări* (907))
5. *suŋəŋ χir i suŋəl* 'éin Winkel des Sackes mit Winkel' (107)
6. *ȧjəŋ waj jim ȧjəl* 'gute Nachricht des Tieres mit Nachricht' (738)
7. *śărəŋ ăw jim śări* 'gute Türangel der Tür mit Türangel' (529)
8. *mŏwəl-ki ȧr jim mŏw* 'viele gute Erd[teil]e, wenn Erde' (1157).

Zu einigen dieser Formeln sind im vorliegenden Text auch die anzunehmenden Ausgangsformen des Typs XYX belegt (s. auch 2.1):
zu 5: *suŋəŋ χir suŋəl* 'Winkel des Sackes mit Winkel' (61)
zu 6: *ȧjəŋ waj ȧjəl* 'Nachricht des Tieres mit Nachricht' (18; ebenso 52, 81, 82, 353, 594, 688, 728, 731, 732, 852, 897, 899, 1322)
zu 7: *śărəŋ ăw śărəl* 'Türangel der Tür mit Türangel' (624; = 657, 800).

1.6.2 Formeln des Typs XYXZ

Allem Anschein nach wurde aus XYX-Formeln (vgl. hier 2.1) ein Formeltyp XYXZ entwickelt. Das Element bzw. die Elemente, die am Versende erscheinen, gehören drei verschiedenen Gruppen an:

a) Substantive mit schwacher Semantik, die auch sonst häufig metrische oder syntaktische Füllfunktion haben:
sămməŋ waj sămməl jir aləŋ 'Ende des Randes des Herzen des Tieres mit Herz' (1259)
mul wȧrəs mul alŋəl 'Ende der Hinterecke des Raumes[55] mit Hinterecke' (804)
wutpəŋ lȧrȧs wut-alŋəl 'Ende der Innenseite des Kästchens mit Innenseite' (288)

sowie

b) Partikel, deren metrischer Wert in anderen nordostjakischen Texten in OA II: 58 nachgewiesen worden ist:

55 Ein semantisch passendes *wȧrəs* ist sonst nicht belegt. PÁPAY übersetzt den ganzen Vers als „Ezenkívül a bálványos hely vége felől" [Darüber hinaus, vom Ende der Heiligen Ecke], läßt also *wȧrəs* unübersetzt. Semantisch in Frage kommt das lautlich denkbare **ȧrəs* in *wȧn-ȧrəsnȧ* 'in der Nähe' (*wȧn* 'nah'; *-nȧ* '(Lok.)') zu Ahl. *aras* 'Raum' (DEWOS 173).

àjəŋ waj àjəl-ki ‘wenn [er] die Nachricht des Tieres mit Nachricht [hat]’ (731)
ńăləŋ waj ńăləl-pà ‘die Nase des Tieres mit Nase aber’ (1270).

c) Als weiteres Element nach dem zweiten X erscheint ein semantisch vollwertiges Nomen:
ŏwəŋ χat ăw-jàŋk-ki ‘Türnagel Hauses mit Tür’ (948)
mul wasi mul ăwəl ‘Öffnung der Hinterecke der Stadt mit Hinterecke’ (1077).

Diese unter c) angeführten poetischen Formeln erwecken den Anschein, als seien sie das Ergebnis einer Kombination von je zwei verschiedenen Formeln.

Die Belegstellen sind nach dem wiederholten Lexem geordnet:

1) G2—G4:
227, 500 (= 504, 547; ~ 501 [= 1293], 696 [= 769]), 714, 1061
2) G1—G4:
a) G3 *χŏw*:
73 (= 908; ~ 74 [= 907])
b) G3 *jim*:
117, 299, 529, 622 (~ 1040), 1336, 1348
c) G3 Numerale:
107, 205, 331, 559, 955, 1185
3) G1—G3:
a) Px3Sg *-əl* — *-əŋ*:
63, 537 (= 856, 975; ~ 538)
b) *jim* — *jim*:
232 (~ 234), 929, 1192
c) Sonstiges:
4, 206, 288, 297, 442, 563, 608 (= 723), 664, 930, 1074, 1077, 1106 (= 1109)
4) G1—G2:
a) normal:
1025 (= 1073, 1172, 1194, 1284, 1334)
b) zweiteiliges G2:
76, 103.

2 Die deskriptiv dreigliedrige Formel

Prinzipiell stellt sich bei dreigliedrigen Formeln die Frage, ob es sich um (metrisch) unvollständige Formeln handelt, oder ob sie in der Form gesungen wurden, in der PÁPAY sie aufgezeichnet hat.

2.1 Formeln des Typs XYX

Unabhängig von dieser metrischen Frage stellen die dreigliedrigen poetischen Formeln des Typs XYX einen weiteren etablierten Typ dar. Das ostostjakische Material von M. CSEPREGI liefert dazu auch einschlägiges Material, das die Existenz dieses Formeltyps für das Ostostjakische bestätigt: z. B. *ḵărəŋ puwəʌ(a) ḵărinə* 'am Platz des Dorfes mit Platz' (CSEPREGI 1998: 124/125 V. 37).

Belege für Formeln des Typs XYX[56]:
ăsməŋ pàjàrt ăsməl 'Balken mit Kopfkissen' (888)
wurəŋ juχ wurəl 'Baum mit Seite' (711)
pujiŋ juχ pujil 'Baum mit Stammende' (1329B)
alŋəŋ joχəl alŋəl 'Bogen mit Ende' (912b)
sănsəŋ joχəl săsəl (sănsàm) 'Bogen mit Rücken' (885; 937, 995, 1027, 1050)
jintəŋ joχəl jintəl 'Bogen mit Sehne' (883, 891, 938)
pătəŋ χap pătəl 'Boot mit Boden' (1093, 1110)
jupəŋ χap jupəl 'Boot mit Hinterseite' (1119)
kutpəŋ χap kutpət 'Boot mit Mitte' (1126)
ńăləŋ χap ńăləl 'Boot mit Nase' (1117, 1138)
làŋkləŋ kew làŋkləl 'Fels mit Dach' (988)
loməŋ χŏr loməl 'Gewand mit Busen' (574)
kimpəŋ χat kimpi- 'Haus mit Außenseite' (113; 127, 421, 648, 690, 747; 259, 597)
suŋən χat suŋəl 'Haus mit Ecke' (94; ähnlich 965; 1290)
lipəŋ χat lipi- 'Haus mit Innenseite' (54; 88, 658, 755, 913, 1214; 158, 161, 881)
χŏnəŋ χat χonàm 'Haus mit Rauchloch' (373)
sănsəŋ χat săsəl 'Haus mit Rücken' (1283)

56 Bei der Übersetzung wird die Bedeutung von X aus Gründen der Leserlichkeit nur einmal angegeben, z. B. *wurəŋ juχ wurəl* 'seitiger Baum mit Seite' (711) als 'Baum mit Seite'.

kortəŋ moŋχ kortəl ‘Klumppfeil mit Eisen’ (1052)
pelkəŋ l'àl' pelkàm ‘Krieg mit Seite (Hälfte)’ (737)
miləŋ mal'śàŋ miləl ‘Malitza mit Mütze’ (772)
ălpəŋ χuj ălpəl ‘Mann mit Gesicht’ (716a, 833a)
jupəŋ χuj jupen ‘Mann mit Hinterseite’ (325, 982)
kutpəŋ χuj kutpàm ‘Mann mit Mitte’ (186, 1168)
miləŋ lăχər miləl ‘Panzer mit Mütze’ (849)
panəŋ lăχər panəl ‘Panzer mit Saum’ (713, 847)
pelkəŋ lăχər peləklàl ‘Panzer mit Seite (Hälfte)’ (953, 1022)
păsəŋ ńal păsəl ‘Pfeil mit Schaft’ (1003, 1007, 1020)
sănsəŋ law săsəl ‘Pferd mit Rücken’ (503)
sănsəŋ nàri sănsət ‘Säbel mit Rücken’ (1235, 1261)
suŋəŋ χir suŋəl ‘Sack mit Ecke’ (61)
jŏwləŋ ńir jŏwllən ‘Schaftschuh mit Kniebinde’ (387, 389a)
alŋəŋ was alŋəl ‘Stadt mit Ende’ (1228)
jărlà was jărəw ‘Stadt mit Herr’ (134, 394a)
kutpəŋ was kutpəl ‘Stadt mit Mitte’ (788a, 963, 1087)
χărəŋ was χărəl ‘Stadt mit Platz’ (129, 425)
sănsəŋ was sănsem ‘Stadt mit Rücken’ (428, 1325)
χojti was χojti ‘Stadt mit Schlafendem’ (665)
teləŋ was telàn ‘Stadt mit Vollheit’ (309)
pătəŋ wàj pătiləw ‘Stiefel mit Boden’ (721, 764 b, 1072)
jŏwləŋ wàj jŏwəllən ‘Stiefel mit Kniebinde’ (767)
uŋəŋ wàj uŋlən ‘Stiefel mit Öffnung’ (763)
kutpəŋ ńorəm kutpəl ‘Sumpf mit Mitte’ (435)
keləŋ waj keləl ‘Tier mit Botschaft’ (19)
ŏχəŋ waj ŏχəl ‘Tier mit Haupt’ (476, 492 b)
àjəŋ waj àjəl ‘Tier mit Nachricht’ (18, 52, 353, 688, 852, 897, 899, 1322; 728)
ńăləŋ waj ńăləl ‘Tier mit Nase’ (457, 494, 532, 1262)
sănsəŋ waj săsəl ‘Tier mit Rücken’ (473, 474, 521, 1268)
nŏrəŋ ăw nŏrəl ‘Tür mit Knauf’ (69, 181)
śărəŋ ăw śărəl ‘Tür mit Türangel’ (624, 657, 800)
sepəŋ antəp sepət ‘Wiege mit Holzmehl’ (42).

Das Element X ist in einer nur einmal belegten Formel des Typs XYX ein Partizip Präsens: *χojti was χojti* 'Schlafendes der schlafenden Stadt' (665). Diese poetische Formel ist insofern singulär, als die XYX-Formeln sonst (abgesehen von etwaigen Erweiterungen) durchgehend nur denominale Formen aufweisen. Die Silbenzahl entspricht aber jener der XYX-Formeln mit Possessivsuffix am letzten Glied und den übrigen Subtypen.

Bei einem Teil dieser Formeln ist das Glied X durch eine unspezifische Semantik gekennzeichnet. Genauer gesagt enthalten diese Elemente allgemeine lokale Begriffe und lassen sich dadurch in einer Vielzahl von Kontexten in Verbindung mit Konkreta verwenden.

Genau um diesen Typ entzündete sich vor gut hundert Jahren eine Diskussion zwischen M. SZILASI und B. MUNKÁCSI. SZILASI sah in den Konstruktionen des Typs XYX ('X des Y-s mit X') eine syntaktische Relation X Y-X ('X-iges X des Y'), sozusagen mit Y-X als Kompositum, wobei X-iges X eine verstärkte Eigenschaft X („erősítő jelző" [verstärkendes Attribut]) von Y bezeichnen sollte (SZILASI 1896 v. a. S. 135 ff.). MUNKÁCSI wehrte sich in der ihm eigenen, stets bescheidenen doch bestimmten Art gegen den Vorwurf der ungenauen Übersetzung (MUNKÁCSI 1896: 351–355). MUNKÁCSI argumentiert, daß beispielsweise in der Formel 'mittiges Haus mit Mitte' die Eigenschaft „mit Mitte versehen" keine herausragende Eigenschaft speziell dieses in Rede stehenden Hauses sei, die sodann auch noch betont werden müsse, indem 'mit Mitte versehen' doppelt gesetzt würde. Vielmehr handele es sich um ein rein metrisch bedingtes Phänomen (S. 353), das erfordert, daß das X (in unserem Beispiel 'Mitte(-n-)') noch einmal vor dem Y erscheint.

Die Argumentation von MUNKÁCSI, der nicht nur über hervorragende Wogulischkenntnisse verfügte, sondern auch über ein außerordentlich feines Textgespür, ist der des mit Psychologie argumentierenden SZILASI deutlich überlegen.

Die beiden von MUNKÁCSI aus SZILASIS Aufsatz zitierten Beispiele 'Mitte des Hauses mit Mitte' und 'Anlegeplatz des zum Anlegeplatz gehörenden Kahnes' stellen genau die beiden Gruppen dar, die sich auch aus dem in unserem Heldenlied vorhandenen Material herauskristallisieren: Die Gruppe mit einem stark lokal konnotierten X und die mit einem semantisch spezifischeren (in seiner Verwendung eingeschränkteren) X. Diese beiden Gruppen werden denn auch im folgenden bei der Behandlung der Formeln des Typs XYX die entscheidenden Kategorien bilden.

Ein Teil dieser Formeln des Typs XYX mit lokaler Bedeutung von X – in Frage kommen zunächst die Begriffe *kimpi* 'Außenseite', *lipi* 'Innenseite', *jupi* 'Hinterseite', *aləŋ* '(vorderes oder hinteres) Ende', *kutəp* 'Mitte', *ŏχ* 'Kopf', *păti* 'Boden', *pelək* 'Hälfte' – eignen sich besonders gut, um lokale Verhältnisse auszudrücken. Ausgehend von der Annahme, daß in der gesungenen Dichtersprache i. a. weder Kasussuffixe noch Postposition gebräuchlich sind, stellen diese lokalen Substantive prinzipiell eine Möglichkeit dar, die fehlenden morphologischen Lokalitätsmarker mit lexikalisch-syntaktischen Mitteln zu substituieren.[57]

Die Auswertung der Belege des vorliegenden Heldenliedes führte diesbezüglich zu folgendem Ergebnis:

Trotz des wohl sekundären, durch die Umstände der Niederschrift bedingten Vorhandenseins von Lokalitätsmarkern (v. a. von Postpositionen) ist die Möglichkeit gegeben, in poetischen Formeln Lokalrelationen auszudrücken.[58] Zum einen geschieht dies durch die o. g. Lexeme, zum anderen mittels solcher, die über eine speziellere Semantik verfügen. Im einzelnen sind es folgende Belege, die bezüglich rein semantischer (also nicht morphologischer oder syntaktischer) Lokalmarkierung einschlägig sind:

kimpəŋ χat kimpi- 'Haus mit Außenseite'[56] (113; 127, 421, 648, 690, 747; 259, 597). Verwendung: *'hinaus; draußen; außer* Hauses'

lipəŋ χat lipi- 'Haus mit Innenseite' (54; 88, 658, 755, 913, 1214; 158, 161, 881). Verwendung: *'hinein; drinnen; im* Haus'

jupəŋ χuj jupen 'Mann mit Hinterseite' (325, 982). Verwendung: 'den Mann *von hinten* (beobachten)'

jupəŋ χap jupəl 'Boot mit Hinterseite' (1119). Verwendung: *'hinter* dem Boot'

alŋəŋ was alŋəl 'Stadt mit Ende' (1228). Verwendung: 'zur Stadt *hinaus'*

kutpəŋ χap kutpət 'Boot mit Mitte' (1126). Verwendung: *'im* Boot'

kutpəŋ was kutpəl 'Stadt mit Mitte' (788a, 963, 1087). Verwendung: *'in* die Stadt' (963, 1087), *'inmitten* der Stadt' (788a)

kutpəŋ ńorəm kutpəl 'Sumpf mit Mitte' (435). Verwendung: *'im* Sumpf, *inmitten* des Sumpfes'

---

57 AUSTERLITZ 1958: 13 Fn. 1 geht davon aus, daß Kasussuffixe in gesungenen Liedern dann weggelassen werden, wenn das Kernnomen an sich schon lokativische Bedeutung innehat. Dabei bemerkt er: „The most common case-suffixes happen to be local case-suffixes". Da im Scherkal- und Synjaostjakischen, die ja AUSTERLITZ' *Central corpus* ausmachen, keine anderen Kasussuffixe im Substantivparadigma produktiv sind als Lok. *-n(a)*, Lat. *-a* („Nominativ" –), kann sich letztere Bemerkung wohl nur auf die Funktion und nicht auf die Oberfläche beziehen. Gerade dies trifft aber nicht zu: Auch z. B. in modalen Ergänzungen wird das Lokativsuffix weggelassen. Auf der anderen Seite erscheinen die hier 1.4.2.4 als lokale Ergänzungswörter erklärten 'Teil' bezeichnenden Nomina auch nach Nomina mit inhärenter lokaler Bedeutung.

58 Zu den Lokalitätsmarkern im Verbalvers s. WIDMER i. D. 2.

pelkəŋ lăχər peləklál 'Panzer mit Seite (Hälfte)' (953, 1022). Verwendung: 'der Panzer (reißt) *auseinander, zu den Seiten hin* (in zwei Hälften) auf'

pelkəŋ l'ál' pelkám 'Heer mit Seite (Hälfte)' (737). Verwendung: *'zusammen mit* dem Heer, *mit dem* Heer *an der Seite'*.

Neben den angeführten Lexemen mit relationaler lokaler Bedeutung ('Ober-', 'Unter-', 'Vorder-', 'Hinter-', 'Außen-', 'Innenseite', 'vorderes/hinteres Ende', 'Mitte', 'Seite/Hälfte') übernimmt auch ein Lexem mit konkreterem Bedeutungsspektrum die Funktion eines Lokalmarkers: *săns* 'Rücken'. Es wird in der Bedeutung von 'auf (etwas)', wie man sie bei *ŏχ* 'Kopf' vermuten könnte (vgl. die ostseefinnischen Ausdrücke für 'auf', z. B. ingr. *kiven pǟl* 'auf dem Stein', wörtl. 'auf dem Kopf (= oberes Ende) des Steines' usw.), verwendet, sowie für das ebenfalls naheliegende 'hinter':

sănsəŋ χat săsəl 'Haus mit Rücken' (1283). Verwendung: *'hinter* dem Haus'

sănsəŋ was sănsem 'Stadt mit Rücken' (428, 1325). Verwendung: *'hinter* der Stadt'

sănsəŋ waj săsəl 'Tier mit Rücken' (473, 474, 1268). Verwendung: *'auf das* Tier'.

Die Lexeme sind in ihrer Funktion nicht gänzlich als Marker von Lokalbeziehungen grammatikalisiert, so ist z. B. *kutəp* 'Mitte' auch ganz konkret zu verstehen in *kutpəŋ χuj kutpám* 'Mann mit Mitte' (186, 1168), ebenso *săns* 'Rücken' in *sănsəŋ waj săsəl* 'Tier mit Rücken' (521) in konkreter Bedeutung als 'Rücken des Tieres'.

Weiterhin *tendiert* eine Gruppe von Lexemen in die Richtung von Lokalmarkern: In ihrer Nennung ist sowohl der konkrete Teil des semantischen Mittelpunktes als auch die Richtung der Handlung mitenthalten:

wurəŋ juχ wurəl 'Baum mit Seite' (711). Verwendung: 'der Baum (fällt) *zur Seite hin* (um)'

ńăləŋ χap ńăləl 'Boot mit Nase' (1117). Verwendung: *'vor* dem Boot; bei der Nase des Bootes'

păsəŋ ńal păsəl 'Pfeil mit Schaft' (1003, 1007, 1020). Verwendung: *'in einer Richtung* mit dem Pfeil, *entlang* des Pfeiles'

jŏwləŋ ńir jŏwllən 'Schaftschuh mit Kniebinde' (387). Verwendung: *'in Richtung des Endes* der Kniebinden (ziehen)'

pătəŋ wäj pătilən 'Stiefel mit Boden' (764b). Verwendung: 'den Stiefel *nach unten hin*, weiter in Richtung der Stiefelsohle (ziehen)' *uŋəŋ wàj uŋlən* ‘Stiefel mit Öffnung’ (763). Verwendung: ‘den Stiefel *nach oben hin,* weiter in Richtung der Stiefelöffnung und der Knie (ziehen)’

alŋəŋ joχəl alŋəl ‘Bogen mit Ende’ (912b). Verwendung: ‘den Bogen *da, von wo aus man sich ihm nähert,* nämlich am Ende (anfassen)’.

Es zeigt sich also auch hier bei den Formeln des Typs XYX die Grammatikalisierung in statu nascendi.

Ein Großteil dieser lokalen Beziehungen ist in flektierenden Sprachen des indogermanischen Typs nicht als eigene morphologische Kategorie vertreten, weshalb die vorlagenorientierte Wiedergabe von Nuancen bei der Übertragung z. B. ins Deutsche auf Schwierigkeiten stößt.

Belegstellen für Formeln des Typs XYX:

1) G1 auf *-əŋ*,vereinzelt mit Partikel bzw. Erweiterung:
18 (= 52, 353, 594, 688, 728, 732, 738, 852, 897, 899, 1322; ~ 19, 82), 42, 54 (= 88, 158, 161, 658, 755, 881, 913, 1214), 61, 69 (= 181), 94 (= 1290), 113 (= 127, 259, 421, 597, 648, 690, 747), 129 (= 425), 186 (= 1168), 290, 297, 309, 325 (= 982), 373, 387 (= 389), 428 (= 1325), 435, 444, 457 (= 494, 532, 1262, 1270), 473 (= 474, 521, 1268), 476, 492, 503, 574, 657 (= 800), 711, 713 (= 847), 716, 721 (= 764, 1072), 737, 763, 767, 772, 788 (= 963, 1087), 833 (= 891, 938), 849, 885 (= 937, 995, 1027, 1050), 888, 912, 938, 953 (= 1022), 965, 988, 1003 (= 1007, 1020), 1052, 1093 (= 1110), 1117 (= 1138), 1119, 1126, 1228, 1235 (= 1261), 1265, 1283, 1329 B

2) G1 ohne *-əŋ*:
134 (= 394), 665.

2.1.1 Suffixe am Versende

Unklar ist die metrische Rolle von Possessivsuffixen hier wie bei unsymmetrischen dreigliedrigen poetischen Formeln. Bei den XYX-Formeln läßt sich jedenfalls feststellen, daß nur eine geringe Menge kein Possessivsuffix am letzten Glied aufweist. Die Tatsache, daß anstelle der Possessivsuffixe andere Elemente mit mindestens einer zusätzlichen Silbe stehen können (s. o. 1.6.2), deutet darauf hin, daß die Possessivsuffixe selbst, die sonst an dieser Stelle erscheinen, auch metrische Funktionen erfüllen könnten.

Es lassen sich dabei folgende Gruppen ohne Possessivsuffix unterscheiden:

1) letztes Glied in der Grundform auf *-i*:

kimpəŋ χat kimpi- 'Außenseite des Hauses mit Außenseite' (259, 597)

lipəŋ χat lipi- 'Innenseite des Hauses mit Innenseite' (158, 161, 881).

Alle fünf Belege stehen ursprünglich im Lokativ, weisen also in der von PÁPAY aufgezeichneten Textform ein *-nȧ* am letzten Glied auf. Dieses Suffix wurde, wie alle Kasusendungen am letzten Glied einer Formel, bei der Isolierung der poetischen Formeln weggelassen. Die metrische Vollständigkeit scheint jedenfalls auch ohne das Lokativsuffix gewährleistet zu sein: Als Vokalstämme können *kimpi* und *lipi-* prinzipiell einen Halbvers ausmachen.

2) letztes Glied auf *-ət*:

kutpəŋ χap kutpət 'Mitte des Bootes mit Mitte' (1126)

suŋəŋ χat suŋət 'Ecke des Hauses mit Ecke' (1290)

sǎnsəŋ nȧri sǎnsət 'Rücken des Säbels mit Rücken' (1235)

sepəŋ antəp sepət 'Holzmehl der Wiege mit Holzmehl' (42).

Im Dialekt von Obdorsk besteht zunächst die Möglichkeit, in *-ət* das Pluralsuffix eines Nomens in der Grundform zu sehen, dies wird aber durch den Kontext in allen vier Fällen eindeutig widerlegt: Ein Boot besitzt nur eine einzige Mitte, ein Säbel nur einen einzigen Rücken, die Mutter kann auf einmal nur aus einem Hauseck kommen, zum Materialwort 'Holzmehl' schließlich wäre eine Pluralbildung hier widersinnig.

In Frage kommen folgende Erklärungen:

1) Die erste Alternative bezieht sich schlicht auf die graphische Ähnlichkeit von *l* und *t:* Danach handelt es sich um Verschreiber bei einem der Arbeitsgänge von PÁPAY.

2) Die zweite Alternative wäre die Annahme, PÁPAY habe bei der Bearbeitung das *l* durch *t* nach dem Muster süd-nordostjakischer und südostjakischer Dialekttexte ersetzt. Zur Schwankung *l* ~ *t* in PÁPAYs Texten vgl. auch WIDMER 1999: 53.

Auszugehen wäre in beiden Fällen von einem Possessivsuffix der 3.Sg. *-(ə)l*.

Für einen entsprechenden Fall aus dem Dialekt von Scherkal *ɔ̄tŋəŋ kūrtə ɔ̄tŋ-ət-a* 'an den Rand des (randigen) Dorfes', das als Parallelvers von *ɔ̄tŋəŋ wɔ̄šə ɔ̄təŋa* 'an den Rand der (randigen) Stadt' angeführt wird, nimmt AUSTERLITZ 1958: 113 Fn. 4 ein lokativisches *-t* an. Da für ein solches Lokativsuffix in der Substantivdeklination des Nordostjakischen sonst jede Evidenz fehlt, scheidet diese Möglichkeit auch aus. Der Kontext spricht in den Beispielen aus unserem Text (v. a.

V. 1290; sonst wird *-t* jeweils vom Lokativsuffix *-nà* gefolgt) ebenfalls gegen diese Deutung.

Wahrscheinlicher ist m. E. eine Verbindung mit dem in SAUER 1967: 92 f. unter Punkt a) („Substantivische Nomina"; S. 93: denominal) angeführten Suffix.

2.1.2 Metrum der Verse mit Formeln des Typs XYX

Wahrscheinlich verläuft die musikalisch bedingte Zäsur in Formeln des Typs XYX wie bei den erweiterten (XYZX) nach dem zweiten Glied (Y).

2.2 Formeln des Typs XYZ

In relativ großem Umfang sind im vorliegenden Heldenlied auch Formeln des Typs XYZ enthalten, s. z. B. *lăχrəŋ mewlip ortəl* 'Held mit gepanzerter Brust' od. 'panzerbrüstiger Held' (V. 666). Das Vorhandensein solcher metrisch – zumindest deskriptiv – unvollständiger Formeln ist möglicherweise auf die Umstände der Aufzeichnung zurückzuführen (vgl. *kesəŋ mewləp ńil ort* 'vier messerbrüstige Helden'; V. 712). Allerdings kann auch nicht ausgeschlossen werden, daß diese Verse durch Füllelemente im Gesang metrisch vollständig erscheinen; ungeklärt bleiben muß vorerst auch die metrische Rolle von Possessivsuffixen und Kasussuffixen. Diese Problemkreise können erst nach einer gründlichen Sichtung des gesamten obugrischen Materials eingehender behandelt werden.

3 Formeln mit mehr als vier Gliedern

3.1 Erweiterte Formeln

Als erweiterte Formeln werden hier durch einen weiteren Vers attribuierte poetische Formeln bezeichnet, wobei beide Verse mehr oder weniger vollständige poetische Formeln sein können. Die syntaktische Verbindung wird durch ein Partizip hergestellt, das hier als Konnektor-Partizip bezeichnet wird. Dieser Typ von mehrfach attribuierten Konnektor-Partizipien, die als Attribut einer vollständigen poetischen Formel erscheinen, wird von SCHMIDT (1990: 188) als „hängender/ abhängiger Vers" (d. h. Partizipialvers) bezeichnet.

Die Belege verteilen sich wie folgt:

1 Glied + Partizip + viergliedrige Formel:

35, 55, 57[59], 144, 151 (~ 333), 178, 252, 255[60] (~ 776), 280, 293 (= 744), 415, 450, 565, 566, 585 (~ 1311 [= 1323]), 589, 683 (= 1282; ~ 836), 751, 880, 998, 1017, 1250, 1275

2 Glieder + Partizip + viergliedrige Formel:

145, 238, 239, 263[61], 301, 616–617, 859, 867, 966, 1038

XPYZ + Partizip + viergliedrige Formel:

602–03

viergliedrige Formel + Partizip + viergliedrige Formel:

49–50 (= 86–87, 540–41, 679–80[62], 901–02, 915–16, 942–43 (= 951–52), 960–961, 991–92), 400–01, 542–43, 602–03 (~ 761–62)[63]

viergliedrige Formel + Partizip + 2 Glieder + Partizip + viergliedrige Formel:

marťi-mŏw-χuj wul jim was lȧjiltsȧjən păllȧn-ńăllan-sŏχəptijlȧ-ńormi-turəŋ-tȧrəm-joχəl die große gute Stadt des Südlandmannes bewachender Donnerkeil losreißender starker Schießbogen mit der Stimme eines Sumpf[tier]es (681–82 ~ 1212–13)[64]

davon die ersten 2 Glieder + Partizip + viergliedrige Formel:

păllȧn-ńăllȧn-sŏχəptijlȧ-ńormi-turəŋ-tȧrəm-joχəl Donnerkeil losreißender starker Schießbogen mit der Stimme eines Sumpf[tier]es (611, 733, 806, 829, 851, 860, 879, 928, 990, 1232])

1 Glied + Partizip + dreigliedrige Formel[65]:

81 (= 594), 82, 731, 732, 1200

XPYZ + Partizip + dreigliedrige Formel:

jijem-ki sewəŋ ŏχ mănilijəm nurəŋ mŏw alŋəl bezopftes Haupt des Vaters gebrachtes Ende der Rache [bringenden] Erde (21)

---

59 ~ 96 ohne *jim* an G3.

60 ~ 263 mit 2 Glieder + Partizip + viergliedrige Formel.

61 ~ 255, 776 mit 1 Glied + Partizip + viergliedrige Formel.

62 Die Formel ~ 679–80 *χuśi-χuj jăγi-χuj wul jim was* ... kombiniert im ersten Teil zwei parallelistische Verse (5 *χuśi-χuj wul jim was* ~ 6 *jăγi-χuj wul jim was*).

63 ~151 (~ 333) mit 1 Glied + Partizip + viergliedrige Formel.

64 Daraus V. 832 mit 2 Gliedern der ersten viergliedrigen Gruppe + den 2 Gliedern aus dem Mittelteil + Partizip + viergliedrige Formel.

65 In allen Fällen außer 1200 besteht der hinter dem Partizip erscheinende Teil aus einer Formel des Typs XYX.

viergliedrige Formel + Partizip + dreigliedrige Formel:

tǎjəŋ ńal jim sopem χajəm tǎχa kȧt pelək der vom guten Stück des spitzigen Pfeiles getroffenen Stelle zwei Seiten (1066)[66]

2 Glieder + Partizip + dreigliedrige Formel:

mǎtti jiŋk-χuj am'silijəm juχəŋ was aləŋ vom Mann irgendeiner Gegend bewohnter hölzerner Stadt Ende (525)

2 Glieder + viergliedrige Formel + Partizip + 1 Glied:

pȧ-mǒw-χuj jemalt'-nȧj pusəŋ χǒr pȧjtilijəm weŋem Mann eines anderen Landes[,] [in das] gefütterte Gewand der Frau, die ihr Gesicht bedeckt[,] sich verbergender Schwager (808)

viergliedrige Formel + Partizip + 2 Glieder:

wurt-laptəp sǒχ-joχəl tǎjti-ki χoləm lokȧn gehabte drei Schleifen des Lederschießbogens mit roter Birkenrindenschicht (287).

Die Belege zeigen, daß es sich bei den erweiterten Formeln ursprünglich um zwei oder mehrere durch Partizipien verbundene poetische Formeln handelte. Daher werden die vollständigen, vor den Konnektor-Partizipien erscheinenden Formeln in 1.1–1.6 gemeinsam mit den aus reinen Nominalversen stammenden, „klassischen" poetischen Formeln behandelt.

Über die metrische Rolle des Konnektor-Partizips läßt sich aufgrund der Verwendung in diesem Text keine Aussage treffen. Nach SCHMIDT 1990: 189 müßten sie einen Halbvers ausmachen, was impliziert, daß für den rein nominalen Formelteil nur G1–2 frei bleiben.

3.2 Kombinierte Formeln

Als kombinierte poetische Formeln werden solche Formeln bezeichnet, die metrisch undurchsichtig (zumeist sechsgliedrig) sind und mit zwei eigenständigen poetischen Formeln Ähnlichkeiten aufweisen.

66 ~ 1043 mit 2 Glieder + Partizip + dreigliedrige Formel.

Beispiele für diesen vermutlich nur in metrisch unzulänglichen Texten vorkommenden Formeltyp sind:

pătəŋ wȧj-păt śeχrəŋ sij 'knirschendes Geräusch der Sohle des Stiefels mit Sohle' (76);

kunšəŋ ńormi jim ăwpi χat 'Haus mit kralliger sumpf[tierfell]iger Tür' (125);

wet lujpi lujəŋ jasəl küsəl 'Nagel[67] der fingerigen Hand mit fünf Fingern' (778);

jijen-ki sewəŋ ŏχ jim nurəl 'gute Rache des bezopften Hauptes des Vaters' (27);

χujiŋ ruś-χuj tinəŋ kȧmkȧ χoləŋ ŏχsȧm 'an teurer Seide reiches Tuch des mannigen Russen-Mannes' (62);

mătti mŏw sewəŋ nȧj torəm jăl 'von irgendeines Landes bezopfter Heldin [gemachte] himmlische Naht' (101);

săsəl lepət wurt laptəp sŏχ-joχəl 'Lederschießbogen mit roter Birkenrindenschicht [und] ungespanntem [Bogen]-Rücken' (243);

pȧ-mŏw-χuj liti lȧnt kul ńŏχi ~ pȧ-mŏw-χuj jeśti jiŋk kul ńŏχi 'des fremdländischen Mannes dickes Fleisch der (zu essenden) Speise ~ des fremdländischen Mannes dickes Fleisch des Trinkwassers' (583 ~ 584);

jeməlt'-nȧj kimləŋ săχ sȧjləŋ ort 'Held mit dem Kleidersaumwinkel der Frau, die ihr Gesicht bedeckt' (675);

marťi-mŏw-χuj χut upȧm χut joχəl 'sechs Bogen der sechs Schwager des Südlandmannes' (875);

jasȧm-mărt wurt-laptəp sŏχ-joχəl 'zu meiner Hand passender Lederschießbogen mit roter Birkenrindenschicht' (878);

părγəl jorəŋ ȧjəŋ χuj ńil mŏχi 'starkrümpfige vier Knaben des Nachrichtenmannes' (922);

marťi-mŏwi ȧjəŋ χuj ȧr ortȧn 'des Südlandes viele Helden des Nachrichtenmannes' (1088);

marťi-mŏw-χuj ȧjəŋ χuj ȧr mŏχen 'viele Knaben des Nachrichtenmannes des Südlandmannes' (1101);

pȧ-mŏw-χuj χut sȧrpi sȧrəŋ ŏw 'des fremdländischen Mannes *sar*-iger Schrei mit sechs *sar'* (1114);

χănti neŋχo tăjəŋ ńal jim tăjəl 'des ostjakischen Menschen spitzigen Pfeiles gute Spitze' (1131).

67 Beim letzten Lexem dieser Formel könnte es sich um das Relikt eines Parallelverses handeln.

Möglicherweise handelte es sich bei diesen Formeln ursprünglich um sog. Terrassenverse (zum Begriff s. AUSTERLITZ 1958: 65 ff.), z. B. *marťi-mŏw-χuj χut upȧm χut joχəl* ‘sechs Bogen der sechs Schwager des Südlandmannes’ (875) aus **marťi-mŏw-χuj χut upȧm // χut upȧm χut joχəl* ‘sechs Bogen der sechs Schwager (der sechs Schwager) des Südlandmannes’ usw.

IV Poetische Formeln in funktionalen Gruppen

Die folgenden Gruppierungen und Analysen ausgesuchter inhaltlicher Konzepte, die einen wichtigen Teil der im Anhang angeführten semantischen Gruppen umfassen, bilden die eigentliche Grundlage für die philologische Erschließung der Funktionen sowohl der einzelnen poetischen Formeln als auch speziell deren konstituierender Elemente, sowie der metrischen Eigenheiten. Es geht i. w. darum, auf syntaktischer, semantischer und metrischer Ebene die Variabilität bzw. Invariabilität der Formelteile und der damit einhergehenden Funktionsunterschiede festzustellen; es gilt, mit anderen Worten, zu untersuchen, ob und wie mit einzelnen Elementen der verschiedenen sprachlichen Ebenen Funktionen korrelieren. Besonders hilfreich sind naturgemäß mehrfach in jeweils leicht abgeänderter Form vorkommende Formeln, bei denen der Kontext Aufschluß über die Bedeutung gibt. Als nicht unwesentliches Nebenprodukt entsteht dadurch ein Korpus, das für diverse Zwecke den Vergleich mit poetischen Formeln in anderen Texten erleichtert.

Die Formeln werden hier gemäß ihrer Zugehörigkeit zu den wichtigsten funktionalen Gruppen geordnet und diskutiert. Es lassen sich drei große funktionale Gruppen ausmachen:

1) Formeln in beschreibender Funktion
2) Formeln in zeitraffender Funktion
3) Formeln in rein pragmatischer Funktion.

Die beschreibenden Formeln bilden die umfangreichste Gruppe, zu der über 90 % der Formeln gehören. Hier werden nicht alle bearbeitet, da damit jeder vernünftige Rahmen gesprengt würde.

Aus den beiden anderen Gruppen werden alle in diesem Lied enthaltenen Formeln angeführt. Bezeichnend für die zeitraffenden und pragmatischen Formeln ist, daß sie enger mit dem Verbalvers zusammenhängen, was sich in der formelhaften Wiederholung auch des verbalen Teils äußert.

Innerhalb der drei Hauptgruppen wurde das Material zusätzlich nach semantischen Gruppen geordnet. In der obugrischen Volksdichtung bietet sich eine solche Einteilung nach semantischen Kriterien an, da durch die dominanten Stilmittel der obugrischen Dichtung, i. e. Wiederholung und Variation, häufig semantisch nahestehende Wörter in inhaltlich, strukturell und funktional zusammengehörigen poetischen Formeln vorkommen: Es tritt in einer derartigen Anordnung deutlich zu Tage, daß die diversen Varianten von poetischen Formeln ein Netzwerk bilden, in dem die Formeln untereinander durch feine morphologische, syntaktische, stilistische und lexikalische Bande verknüpft sind und das Gesamte durch seine inhaltlichen Konzepte zusammengehalten wird. Als Beispiel möge das Formelpaar *nàjəŋ mŏw χut suŋ* 'sechs Ecken der Heldinnengegend' (V. 312) versus *mă̆tti mŏw sewəŋ nàj* 'bezopfte Heldin irgendeines Landes' (V. 101a, 530) dienen, das nach formalen Kriterien getrennt behandelt werden müßte, nach inhaltlichen aber zusammengehört. So erscheint die Formel *nàjəŋ mŏw χut suŋ* 'sechs Ecken der Heldinnengegend' hier in 1.1, da sie etwas über das Bild der Heldin im Heldenlied aussagt, in der Zuordnung zu den semantischen Feldern aber unter 8.1.1 „Trockene Erde“. Bei der Einordnung ergeben sich daher zwangsläufig Abweichungen zu der im Anhang vorgenommenen Gruppierung nach dem jeweiligen semantischen Mittelpunkt.

Wenn auch von den angeführten Beispielen etliche formal nicht dem in Kapitel I aus vollständigem — oder mit guten Gründen als vollständig angesehenem — Material extrahierten Grundtypen entsprechen und auf den ersten Blick nicht direkt als poetische Formeln bezeichnet werden dürften, so muß doch berücksichtigt werden, daß anhand von Parallelen aus dem untersuchten Heldenlied und aus sonstigen Texten i. d. R. plausibel gemacht werden kann, daß in diesen Fällen formal komplettere Formeln zugrunde liegen.

Der Aufbau der Einträge sieht i. w. so aus, daß nach dem Stichwort / den Stichwörtern (im Fettdruck) die grob phonologisch transkribierten Belege mit einer interlinearen morphologischen Aufschlüsselung folgen (die in der Interlinearzeile vorkommenden Suffixe und Suffixkombinationen sind im Anhang tabellarisch zusammengestellt). Darunter steht eine sinngemäße Übersetzung, der in runden Klammern die Angabe der Versnummer folgt, mittels derer die Verse in ihrer sprachlichen Umgebung im Korpus (Kapitel II) nachgeschlagen werden können. Den Belegen folgt der Kommentar zur Verwendung der betreffenden poetischen Formel. In einigen Fällen wird auf Parallelen aus anderen Texten Bezug genommen, und zwar vornehmlich dann, wenn abweichender Gebrauch zu konstatieren ist. Bei der Auswahl von Parallelen wurden vorrangig geographisch entferntere Dialekte berücksichtigt. I. w. wurden folgende Sammlungen herangezogen: Ostjakisch: Textsammlungen von PATKANOV (PATKANOV 1900), PAASONEN (PV I–IV), KARJALAINEN (KV) (Südostjakisch); PÁPAY$^{1-3}$, STEINITZ (Nordostjakisch); CSEPREGI 1998 (Surgut-Ostjakisch), sowie DEWOS. Wogulisch: Textsammlungen von MUNKÁCSI (VNGy. I–IV) und KANNISTO (WV I–IV).

1 Beschreibende Formeln

Die heroische Welt der ostjakischen Heldenepik wird vom kriegerischen Helden und seinen Kontrahenten dominiert.[1] Naturphänomene, Ökonomie etc. finden hingegen weniger Beachtung, wie auch aus der als Anhang angeführten nach inhaltlichen Kriterien erfolgten Zusammenstellung hervorgeht. Ein großer Teil der poetischen Formeln dient i. ü. der Beschreibung von Sachverhalten, die sowohl die in der Dichtung erschaffene Welt und deren Handlungsträger beschreiben als auch den Zusammenhalt der Geschichte zwischen den spannenden Episoden gewährleisten, und die es dem Publikum darüber hinaus ermöglichen, in der vom Dichter geschaffenen Welt potentielle Realität zu erkennen. Solche polyvalente Sachverhalte sind etwa der Aufbruch bzw. die Ankunft der Helden, ihr Aufstehen und Ankleiden am Morgen, das Anlegen der Waffen und Rüstungen, das Pferd und die Waffen des Helden sowie soziale Ereignisse wie Feste mit reichlich Essen und Trinken.

1.1 Held und Heldin

Die Parallelbegriffe *ort* 'Held' und *näj* 'Heldin', die naturgemäß konstituierende Elemente einer Vielzahl von Formeln in Heldenliedern darstellen, erscheinen in den poetischen Formeln regelmäßig in Verbindung mit charakteristischen Attributen. Die Ausprägungen und Auftretensweisen dieser poetischen Formeln werden hier eingehender untersucht.

Die Lexeme *ort* und *näj* könnten im Prinzip anstelle von 'Held' und 'Heldin' auch generell mit 'Fürst' und 'Fürstin' übersetzt werden, haben doch die Heldenlieder i. a. auch einen historischen Hintergrund, der mit der politischen Organisation der alten ostjakischen (bzw. wogulischen) Fürstentümer zusammenhängt.[2] Für die Wahl von 'Held' und 'Heldin' spricht außer der Tradition der deutschsprachigen Finnougristik auch die Tatsache, daß diese mit den genrespezifischen Begriffen wie „Heldenlied", „Heldendichtung", „Heldenepos" usw. leichter zu verbinden sind.

Textintern spricht ebenfalls einiges für die Auffassung von *ort* als 'Held': Die rangniedrigeren Boten werden im Ostjakischen ebenfalls mit diesem Wort bezeichnet. Eine Auslegung als 'Fürst' hätte nur zu Verwirrungen geführt.

---

1 Einen tiefen Einblick in die liederimmanente und historische Welt der Helden gewährt PATKANOV 1975.

2 S. PATKANOV 1975.

In einem Fall lag allerdings eine Wiedergabe von *nàj* als 'Fürstin' näher: in den Formeln, mit denen die Sonne beschrieben wird. In diesen Formeln wurde in der deutschen Übersetzung 'Fürstin' gewählt.

1.1.1 Identifizierende Attribute

1.1.1.1 Herkunft

Held/Heldin irgendeines Landes

mằtti mŏw sew-əŋ nàj
irgendein Land Zopf-ADJ Heldin
'bezopfte Heldin irgendeines Landes' (101 a, 530)

mằtti mŏw-i sew-əŋ ort
irgendein Land-ADJ Zopf-ADJ Held
'bezopfter Held irgendeines Landes' (1129)

Der Gebrauch der poetischen Formel zeigt, daß *mằtti mŏw* 'irgendeines Landes' zum einen als Ausdruck dafür gebraucht wird, daß es sich um eine nicht näher bestimmte Heldin handelt, so in V. 101 bei der Näherin der schönen Fußbekleidung des Helden, wobei hier durch diese Formulierung auch suggeriert wird, daß ihre Nähkünste unerreicht sind, und zum anderen als Ausdruck für eine(n) bestimmte(n), dem jungen Helden aber noch nicht bekannten Helden bzw. einer Heldin. Diese unbekannte Heldin nimmt ihn in V. 530 im fremden Land dann auch in Empfang, der unbekannte Held sitzt in V. 1129 hinter dem Großvater im Kahn und entpuppt sich in der Folge als Vater des jungen Helden.

Held welchen Landes

mằti mŏw nem-əŋ ort
welch- Land Name-ADJ Held
'Held mit dem Namen welchen Landes' (546, 638, 663, 1102, 1151)

Diese Formel erscheint immer in einer Frage nach der Herkunft des jungen Helden. Namen enthalten häufig Elemente, die grob die geographische Herkunft ihres Trägers angeben, s. ↗*Name*.

Held/Heldin des Südlandes

marťi- mŏw ort-àn
Süd- Land Held-PX2SG
'Held des Südlandes' (672)

marťi- mŏw sew-əŋ nȧj (-ȧn)
Süd- Land Zopf-ADJ Heldin PX2SG
'(deine) bezopfte Heldin des Südlandes' (550, 557, 580, 592, 598, 695, 758, 764a, 768, 777, 1249, 1312, 1345)

marťi- mŏw sew-ȧl ort (-ȧn)
Süd- Land Zopf-ADJ Held PX2SG
'(dein) bezopfter Held des Südlandes' (893, 1005)

marťi- mŏw ȧr ort-ȧn
Süd- Land viel Held-PX2SG
'(deine) vielen Helden des Südlandes' (1314)

marťi- mŏw χut ort (-ȧn)
Süd- Land sechs Held PX2SG
'(deine) sechs Helden des Südlandes' (610, 761, 1212)

Die Formelgruppe steht für die Braut (alle Belege mit *nȧj* 'Heldin') und die Schwager des jungen Helden (jene mit *ort* 'Held'). In V. 672 wird der zweite jüngere Schwager so bezeichnet; in V. 761 fragt die Frau den jungen Helden, ob er in das Haus der Schwager gehen wolle; in V. 1314 wird der von den Schwagern aus der Südstadt geraubte Schatz mit dieser poetischen Formel charakterisiert.

marťi- mŏw-χuj wul ort-ȧn
Süd- Land Mann groß Held-PX2SG
'großer (d. h. ältester) Held des Südland-Mannes' (1017)

Hiermit wird der älteste Schwager des jungen Helden bezeichnet, als er vom Pfeil des jungen Helden getroffen zusammenbricht.

marťi- mŏw-i ȧj-əŋ χuj ȧr ort-ȧn
Süd- Land-ADJ Nachricht-ADJ Mann viel Held-PX2SG
'(deine) viele Helden des Nachrichtenmannes des Südlandes' (1088)

Diese aber steht für die feindlichen Helden, die der junge Held in der Südstadt nach seiner Rückkehr vom Felsen niedermachen will.

Von der Heldin [bewohnte] Erdecke

nȧj-əŋ mŏw χut suŋ
Heldin-ADJ Land sechs Ecke
'sechs Ecken der Heldinnengegend' (312)

Diese Formel beschreibt die Umgebung des jungen Helden, in der dem Wunsch des Großvaters gemäß der Name des Helden bekannt werden sollte. Damit soll sichergestellt werden, daß der junge Held eine passende Braut für sich findet. Die ‘sechs ~ sieben Ecken der Welt’ sind ein Ausdruck für die (weite) Welt; das Attribut *nȧjəŋ* ‘zu Frauen gehörend’ deutet auf das „Zielpublikum“ hin.

Diese Formel ist im Ostjakischen und Wogulischen verbreitet, vgl. ostj. KoP *tŏm itəm ~ tŏm turəm sŏŋətnə* ‘in jenem Erdwinkel (maankulma; besser: Weltwinkel)’ (zit. aus DEWOS 78, wo auch weitere Belege angeführt werden); Keu. *tŏme jetəm sŭŋna* ‘weit-weit weg…’; Páp.[1]: 16 V. 109 f. *nājəŋ-ki lābət śuŋ ~ ortəŋ-ki χot śuŋ* ‘frauige sieben Gegenden ~ herrige sechs Gegenden’; Páp.[1]: 29 V. 637 ff. *nājəŋ-ki lābət śuŋ ~ ortəŋ-ki χot śuŋ* ‘sieben die Heldin ~ den Helden [beherrschende] Gegenden’; wog. VNGy. II: 351 V. 51 f. (Syg.) *māt ūnlėnė sāt sām ~ vit ūnlėnė sāt sām* ‘sieben Gegenden der Erde ~ des Wassers’.

Vom Helden [bewohnte] Erdecke

mŏw-ət- *sam-əŋ* *sat-əŋ* *ort*
Land-ADJ Ecke-ADJ teuer-ADJ Held
‘teurer Held einer Erdecke’ (174)

Diese Formel erscheint in der Frage des Großvaters, was der junge Held denn für ein Held sei, da er ihn bis dahin noch nicht zu Gesicht bekommen hat.

Das Attribut <*sāməŋ*> ist unsicher: es könnte sich um a) *sȧməŋ* ‘mutig, beherzt’ (süd- und ostostjakisch); ‘willig, interessiert’ (O; DEWOS 1341) oder b) *śam* ‘Kraft, Können’ + *-əŋ* (Adj.; vgl. Ni. Kaz. *śɔməŋ* ‘kräftig, stark; fähig’; DEWOS 1515) handeln; semantisch einleuchtend ist auch die Verbindung von *mŏwət* mit **moγ*: J *mȧw* ‘Wuchs, Größe’; als Adj. belegt in VT *mokəŋ*, Kaz. *mǫχəŋ* (vgl. DEWOS 901). Pápay verbindet <*sāməŋ*> in einer Glosse mit wog. *sam* ‘Gegend’ und deutet es zusammen mit *mŏwət* als „honnan való“ [aus welcher Gegend kommend; wo zuhause].

Zum Begriff „Erdecke“ s. Widmer 1996: 23 mit Lit.

1.1.1.2 Name

mӑti *mŏw* *nem-əŋ* *ort*
welch- Land Name-ADJ Held
‘Held mit dem Namen welchen Landes’ (546, 638, 663, 1102, 1151)

Die poetische Formel mit dem Attribut *neməŋ* ‘mit Namen versehen’ in G3 erscheint in Fragen nach dem Namen und auch nach der geographischen Herkunft des Helden, nachdem diese in der Namensformel aus naheliegenden Gründen oft mit angegeben wird. Die Bedeutung könnte man schlicht mit der Frage „Wer bist du?“ wiedergeben, vgl. auch Páp.[1]: 14 V. 55; 57 ‘[mit dem] Name[n] des wie-namigen Helden (werde ich genannt)’. Die Frage wird in allen Fällen dem jungen Helden gestellt: In V. 546 von der Frau, die sicher gehen wollte, daß das Pferd ihr den richtigen Mann gebracht hat; in V. 638 und 663 von den jüngeren Schwagern, die ins Haus der Frau kommen und erwarten, daß sich der junge Held vorstellt (zur Frage des dritten jüngeren Schwagers ↗*Held, starker*); in V. 1102 von der Bevölkerung der Südstadt, die seinem Wüten Einhalt gebieten will; in V. 1151 vom Großvater, der auf der Suche nach ihm ist.

was- ŏχ-i nem-əŋ ort
Stadt Haupt-ADJ Name-ADJ Held
‘der Stadt Oberhaupt Held mit Name’ (1211)

Diese Formel erscheint, als der Vater sich nach dem Namen des ältesten Schwagers erkundigt und fragt, ob dieser das Oberhaupt der Südstadt sei.

jim ort-i jim nem
gut Held-ADJ gut Name
‘guter Name eines guten Helden’ (232)

sij-ȧn- ki tin-əŋ tŏχ
Ruf-PX2SG wenn Preis-ADJ Abschnitt
‘teurer Abschnitt deines Rufes’ (308)

nem-ȧn- ki tin-əŋ tŏχ
Name-PX2SG wenn Preis-ADJ Abschnitt
‘teurer Abschnitt deines Namens’ (307, 677)

sij-əŋ ort nem-ȧn- pȧ
Ruf-ADJ Held Name-PX2SG PART
‘(dein) Name des berühmten Helden’ (678)

jij sat-i jim nem
Vater teuer gut Name
‘teurer guter Name des Vaters’ (225, 234b)

ȧś(i) nemt-əm jim nem
Vater nenn-PPT gut Name
‘vom Vater genannter guter Name’ (227)

jir-em nemt-əm năl-əŋ- làjəm- ńal-pi- lŏŋk nem-əl
Großvater nenn-PPT Nase-ADJ Axt Griff-AADJ Geist Name-PX3SG
'vom Großvater genannter Name „Geist mit dem Griff der Axt mit Nase (i. e. Zacke)"' (415)

Diese im vorliegenden Heldenlied in unterschiedlichen Ausformungen erscheinende poetische Formel steht allgemein für den Heldennamen. Je nach Kontext werden unterschiedliche Aspekte des Namens betont: Der Name ist ein Heldenname (232, 234[3], 678), also kein gewöhnlicher Name, sondern ein langer, einer mit 'Abschnitten' (307 f., 677); der Name wird vom Vater (225, 227) bzw. vom Großvater (415: *jirem nemtəm* 'vom Großvater genannter' im Partizipialvers) vergeben. Die inhaltliche Zugehörigkeit der Formel in den Versen 308 und 677 („mit Abschnitten") zur Formelgruppe „Held mit Name" ist durch den Parallelgebrauch in den Versen 677 ~ 678 mit identischem Verbalvers gesichert: *nemàn-ki tinəŋ tŏχ χătśà oślem* ~ *sijəŋ ort nemàn-pà χătśà oślem* 'woher erfahre ich den teuren Abschnitt deines Namens, woher erfahre ich den Namen des berühmten Helden'.

Das Attribut 'des Vaters' muß vor dem Hintergrund der unter Ostjaken herrschenden Sitten zur Namensgebung aufgefaßt werden, wonach ein Held seinen Namen vorzugsweise von seinem Vater erhält (vgl. ↗*Held mit Pfeil*). So stellen *jij sati jim nem* 'teurer guter Name des Vaters' (225) und *àś*(*i*) *nemtəm jim nem* 'vom Vater genannter guter Name' (227) eine Ausformung der Namensformel dar, die keine spezielle Konnotation hat, denn ein Heldenname wurde vom Vater vergeben und die Attribute 'teuer' und 'gut' sind ohne spezifische Bedeutung, sie haben hier vermutlich nur metrische Funktion inne. Das Ganze wird nochmals explizit erläutert in den Versen 231–234, wo gesagt wird, daß das Fehlen eines 'guten Namens eines guten Helden' (232) durch die Abwesenheit des Vaters bedingt sei, denn es sei nicht möglich, daß die Mutter einen 'guten teuren guten Namen des einen Pfeil ergriffen habenden Helden mit Schießbogen' (234) vergibt (zum allgemeinen Status des 'Helden mit Pfeil' s. hier 1.1.2.2).[4]

Aus den Textzusammenhängen ergeben sich weitere Einsichten in die Funktion des Heldennamens: Das Tragen des Namens scheint eine Voraussetzung zu sein, um auf die Jagd gehen zu dürfen (224 f.). Dies hängt sicher damit zusammen, daß

3 Hier geht die Zugehörigkeit des Namens aus V. 234a hervor: 'des einen Pfeil ergriffen habenden Helden mit Schießbogen', vgl. S. 157.

4 Zur Namengebung vgl. KARJALAINEN 1921: 60: „als Namensgeber tritt gewöhnlich der Vater auf", allerdings bei der Vergabe des ersten Namens nach der Geburt, zitiert nach HAUEL 1994: 7.

die Ostjaken erst ab einem bestimmten Alter auf die Jagd gehen dürfen, von eben dem Zeitpunkt an, der bei anderen Völkern mit Initiationsriten verbunden ist; in diese Zeit fällt denn auch die Namensgebung. Neben den historischen Zeugnissen für eine Neubenennung im 15. Lebensjahr (Beljavskij 1833: 118, zit. aus Hauel 1994: 8) zeugen auch die Texte aus der ostjakisch-wogulischen Folklore davon, daß der Name im Laufe eines (Helden-)Lebens wechseln kann, vgl. Widmer 1996: 29 mit Lit. sowie Patkanov 1897: 152 ff. über die „früheren Ostjaken“: „Diese Namengebung (…) war (…) nicht (…) auf (…) die Kindheit beschränkt, sondern konnte während der ganzen Lebensdauer erfolgen“.

Zu dieser Formelgruppe vgl. z. B. im Südostj. PV II: 88/89 Z. 1709 ff. *nèməŋ χù·i̯ nèmà·t məi̯ā̆· ~ səi̯əŋ χù·i̯ səi̯à·t məi̯ā̆·* ‘eines namhaften Mannes Namen gib mir ~ eines ruhmhaften Mannes Ruhm gib mir’. Die Wörter *nem* ‘Name’ und *sij* ‘Ruf’ sind gut belegte Parallelbegriffe. Die in DEWOS 1299 angeführten Formeln Páp.[1]: 30 *nē låiltı̊ sujmaŋ* (Reg. *suimang*) *vᵘol* ‘Stelle, wo die Frau gestanden hat’ und Reg.[1]: 315 (Páp.) *òrt å̄məsti̯ sui̯màŋ* (Reg. *siimäng*) *u̯ol ~ χò å̄. s. u̯ol* ‘Platz, wo der Held sitzen soll’ usw. enthalten m. E. eine Ableitung des von *sij* ‘Geräusch; Ruhm’ (DEWOS 1295) abgeleiteten Verbs **sij-*, vgl. PB *sijəlt-* ‘verkünden’; O *sijməlt-* ‘benachrichtigen; widerhallen lassen; verkünden’ usw. (DEWOS 1296): Die Stelle, auf der die Heldin steht, bzw. der Held zu stehen hat, gilt als ‘verkündet, berühmt’. Ebenso kann *sij-* in den Formeln Reg.[1]: 261 (Páp.) *må̀i̯-oγi kàntəŋ χå̀p ~ tå̀nt-oγi si̯u̯må̀ŋ* (Reg. *siumang*) *χ.* ‘Schiff mit Brautwerbern ~ Hochzeitsleuten’ und Reg.[2]: 135 (Páp.) *mèń-nèŋi sui̯màŋ* (Reg. *suimäng*) *ōγə̄l ~ tå̀nt-n. àl'àŋ ō.* ‘… Brautschlitten’ (DEWOS 1299; zweifelnd zusammengestellt mit wog.So *siγmaŋ* ‘schön(?)’) als ‘berühmt’, aber auch schlichtweg als ‘geräuschvoll, klinge(l)nd’ aufgefaßt werden. Zum Vokalismus vgl. *sij ~ suj* ‘Laut’ usw. (DEWOS 1295).

1.1.1.3 Zugehörigkeit

Mutter

χos	*nàj*	*àr*	*àŋk-ən*
zwanzig	Heldin	viel	Mutter-PX2SG

‘(deine) vielen Mütter der zwanzig Heldinnen’ (901)

Diese poetische Formel ist nur einmal bezeugt. Der junge Held sagt seinen Schwagern, daß er im Haus der Braut einen Schießbogen habe, der aus „von den vielen Müttern der zwanzig Heldinnen“ abgeriebenen Spänen gefertigt wurde. Zu der Attribuierung ‘von zwanzig Heldinnen’ s. hier 1.2.3.3, S. 188 f. Das Attribut *ȧr* ‘viel’ ist semantisch schwach: Es wurde offensichtlich aus metrischen Gründen eingefügt und richtet sich inhaltlich nach *χos* ‘zwanzig’.

1.1.1.4 Ausgeübte Funktion

Oberhaupt der Stadt

was- ŏχ-i nem-əŋ ort
Stadt Haupt-ADJ Name-ADJ Held
‘der Stadt Oberhaupt Held mit Name’ (1211)

Zu dieser Formel vgl. hier 1.1.1.2.

Bote

mart́i- mŏw-i ȧj-əŋ χuj ȧr ort-ȧn
Süd- Land-ADJ Nachricht-ADJ Mann viel Held-PX2SG
‘(deine) viele Helden des Nachrichtenmannes des Südlandes’ (1088)

ȧj-əŋ χuj ȧr ort
Nachricht-ADJ Mann viel Held
‘viele Helden des Nachrichtenmannes’ (1090)

Zu dieser Formel vgl. hier 1.1.1.1.

1.1.2 Das Erscheinungsbild betreffende Attribute

1.1.2.1 Körperteile

Gesicht des Helden

jim ort-i jim weś-əl
gut Held-ADJ gut Gesicht-PX3SG
‘gutes Gesicht des guten Helden’ (929)

Das Gesicht des Helden – in diesem Fall des ältesten Schwagers – spielt eine Rolle, als der junge Held plötzlich stärker als angenommen auftritt: Dem Schwager steht der Schreck ins Gesicht geschrieben.

Hals des Helden

jim ort- pă̆χ jim sȧpl-em
gut Held Sohn gut Hals-PX1SG
‘(mein) guter Hals des Heldensohnes’ (1192)

Der Hals des jungen Helden wird hier erwähnt, um seine körperliche Größe und Kraft hervorzuheben: Der Großvater wirft sich ihm (V. 1990) an den Hals; der junge Held bemerkt, daß sein Hals sich unter der Last nicht beugt und die Füße des Großvaters über dem Erdboden zu hängen kommen.

Auge der Sonnenfürstin

sarńi sem-pi sem-əŋ nåj
Gold Auge-AADJ Auge-ADJ Heldin
'äugige [Sonnen-]Fürstin mit goldenem Auge' (39, 1323)[5]

păryå sem-əŋ sem-əŋ nåj
Schneetreiben Auge-ADJ Auge-ADJ Heldin
'äugige [Sonnen-]Fürstin mit Schneegestöber-Auge' (440)

sarńi sem ålt-nåŋ nåj
Gold Auge heb-PPT Heldin
'das goldene Auge erhebende[6] [Sonnen-]Fürstin' (585, 793, 1279, 1311, 1321)

sarńi sem χŏń-måŋ nåj
Gold Auge schließ-PPT Heldin
'das goldene Auge schließende [Sonnen-]Fürstin' (214, 320, 351, 1263)

5 In V. 1323 wird diese poetische Formel als Umschreibung für 'heute' verwendet, wenn dem Großvater die Worte *tåm werəm sarńi semi seməŋ nåj ŏχtəlnå* | *torəm-weńśəŋ jim juχ siti werlew* (wörtl.) 'am Oberen dieser gemachten goldäugigen äugigen Sonnenfürstin | machen wir so den guten Baum mit Himmelsgesicht(?)', d. h. 'am heutigen Tage vollbringen wir das Opfer am Baum' in den Mund gelegt werden. Dies legt neben den bisher belegten Bedeutungen von *nåj* als 'Sonne; Edelfrau; Dame (im Kartenspiel); Feuer' (DEWOS s. v. und GULYA 1996) auch eine Bedeutung 'Tag' nahe.

6 Das in DEWOS 87 f. s. v. *alt-* 'hinzufügen' usw. angeführte Formelpaar (Páp.) *naj ~ sårńi ål̄tnəŋ är χatl* wird a. a. O. mit 'viele Sonne-vermehrende Tage' übersetzt. V. a. die Übersetzung der Formelvariante *sårńi ål̄tnəŋ är χatl*, die konsequenterweise 'viele Gold-vermehrende Tage' lauten muß, ist unschön: Man müßte davon ausgehen, daß eine durch Parallelismus entstandene, verderbte Form der Formel vorliegt. Hier wie in der Formel *sarńi sem åltnåŋ nåj* in unserem Text handelt es sich um eine Kausativableitung zu O **ål-*, s. s. v. VVj. *äləm-* 'heben' (DEWOS 76), wozu unter vielen anderen Ableitungen auch O *ålt-* 'tragen' bezeugt ist. Sowohl *naj* 'Heldin; Sonnenfürstin' als auch *sårńi* 'Gold', ein stehendes Attribut und häufig zu 'Himmelsgott' sogar synonym gebrauchtes Nomen, sind in den in DEWOS 88 zitierten Formeln nicht Handlungsobjekt, sondern Subjekt: Die Sonne (*naj* und *sårńi*) erhebt bzw. trägt die vielen Tage, Gott erhebt bzw. trägt die Sonne am Himmel und – in unserem Text – erhebt die Sonne ihr goldenes Auge – ein Bild, das an Schönheit kaum zu überbieten ist.

In dieser Formelgruppe steht *nàj* ausschließlich und eindeutig für die Sonne. Die Polysemie von *nàj* (zugleich auch Ausdruck für 'Feuer', vgl. DEWOS s. v. und GULYA 1996: 110) läßt ein besonders reiches Variationsspektrum zu, in dem die Sonne als Heldin und somit auch das Attribut der Heldinnen 'bezopft' trägt, was wiederum die Assoziation mit den Sonnenstrahlen hervorruft[7]; vgl. auch die poetische Formel, in der das alltäglichere Wort für 'Tag', wog.N *χɔ̄t*, ergänzend hinzutritt: WV IV: 255 V. 27 (So.) *sɔ̄rńisạ̊γpạ̊ nạ̊₍rŋ χɔ̄tal* 'goldzöpfiger heiliger(?) Tag'; ähnlich V. 30 *sɔ̄rńisạ̊γpạ̊ sạ̊₍γŋ χɔ̄tal* 'goldzöpfiger bezopfter Tag'.

Dieser Attribuierung liegt das in vielen Varianten im gesamten ostjakischen und wogulischen Sprachgebiet bezeugte Bild zugrunde, daß die Sonne einem goldenen Auge am Firmament gleicht, vgl. z. B. Páp.[1]: 15 V. 90 f. *sạrńi sēm χońmaŋ naj* 'aranyos szemét húnyó nap; sein Goldauge schließender Tag' (ähnlich S. 13 V. 20; Páp.[1]: 32 V. 788 f.; Páp.[1]: 26 u. a.). Damit wird ausgedrückt, daß der betreffende Tag schön, heiter ist.

Bezopfte Himmelstochter

sarńi	*ewi*	*sew-əŋ*	*nàj*
Gold	Tochter	Zopf-ADJ	Heldin

'bezopfte Heldin, goldene Tochter' (249 b, 348)

torəm	*ewi*	*sew-əŋ*	*nàj*
Himmel	Tochter	Zopf-ADJ	Heldin

'bezopfte Heldin, Himmelstochter' (201, 542)

Beide Ausprägungen der Formel beziehen sich auf den Namen der Mutter des jungen Helden. In drei der vier Fälle wird der Name der Mutter von anderen Personen als dem jungen Helden genannt: In V. 201 erzählt der Großvater, er habe sie für einen hohen Brautpreis von ihrem Vater, dem Oberen Himmelsgott, gekauft; sie habe als Mitgift das ↗*Panzerkleid des Sumpf[tier]es* mitgebracht (V. 249 b); in V. 542 sagt die Frau zum geflügelten Pferd, sie habe es losgeschickt, damit es den jungen Helden, den Sohn der bezopften Himmelsfrau, hole. Der junge Held selbst spricht von seiner Mutter in den meisten Fällen als „Mutter mit brustwarziger Brust", in V. 348 aber spricht er sie mit vollem Namen an.

Syntaktisch auffällig ist diese Formel insofern, als nicht alle Glieder von G4 syntaktisch abhängig zu sein scheinen, sondern vielmehr eine Parallelkonstruktion *torəm ewi ~ sewəŋ nàj* bzw. *sarńi ewi ~ sewəŋ nàj* vorzuliegen scheint. Diese Vers-

---

7 Vgl. VNGy. II: 194 zu 20: 1 mit Lit.

struktur ist in der südostjakischen Dichtung weit verbreitet. Möglicherweise ist das Auftreten dieser Konstruktion dem Auslaut *-i* von *ewi*, der häufig an dieser Position im Vers als Zeichen eines denominalen Nomen possessoris (SAUER 1967: 121 f.) vorkommt, zu verdanken, oder es handelt sich um eine tatsächliche Parallele zur südostjakischen Formel.

Der parallele Gebrauch von *torəm* ~ *sarńi* als Epitheton des Himmelsgottes bzw. seiner Frau oder Tochter ist auch sonst belegt, vgl. OA II: 196.

Bezopfte(r) Held(in) irgendeines Landes

mǎ̌tti mŏw sew-əŋ nàj
irgendein Land Zopf-ADJ Heldin
'bezopfte Heldin irgendeines Landes' (101 a, 530)

mǎ̌tti mŏw-i sew-əŋ ort
irgendein Land-ADJ Zopf-ADJ Held
'bezopfter Held irgendeines Landes' (1129)

Zur Verwendung vgl. hier 1.1.1.1. *mǎ̌tti mŏw(i)* 'irgendeines Landes' zeigt, daß die Identität des Helden bzw. der Heldin unbekannt ist.

Bezopfte(r) Held(in) des Südlandes

marťi- mŏw sew-əŋ nàj
Süd- Land Zopf-ADJ Heldin
'bezopfte Heldin des Südlandes' (550, 557, 580, 592, 598, 695, 758, 764, 768, 777, 1249, 1312, 1345)

marťi- mŏw sew-àl ort
Süd- Land Zopf-ADJ Held
'bezopfter Held des Südlandes' (893, 1005)

Die Formel mit *nàj* 'Heldin' in der Position G4 bezeichnet die junge Heldin, die der junge Held heiraten wird. Dabei wird der Name ausschließlich vom in der ersten Person sprechenden Helden gebraucht, in einem Fall (V. 1249) in direkter Rede, als der junge Held zu seinem Großvater sagt, er solle die Frau im Kahn nach Hause bringen.

Die Variante mit *ort* 'Held' bezieht sich in beiden Fällen auf den Schwager des jungen Helden. In V. 893 spricht der junge Held ihn mit dieser Formel an, um ihm mitzuteilen, daß ihm der Bogen des Schwagers zu schwer ist; in V. 1005 bietet der junge Held beim Gebet am Felsen den Schwager als Opfer an.

Es ist dies die einfachste Art, um Helden/Heldinnen zu benennen: *sewəŋ* bzw. *sewàl* 'bezopft' ist das gewöhnliche Attribut sowohl der Heldin als auch des Helden, in G1–2 befindet sich eine ebenfalls als Topos fixierte geographische Angabe zur Herkunft der betreffenden Personen.

Bezopfte(r) Mann/Heldin

sew-əŋ	*χuj*	*wànt-li*	*nàj*
Zopf-ADJ	Mann	seh-ABESS	Heldin

'Heldin[nen], die keine bezopften Männ[er] gesehen hat [haben]' (146)

sew-əŋ	*nàj*	*wànt-li*	*ort*
Zopf-ADJ	Heldin	seh-ABESS	Held

'Held, der keine bezopfte[en] Heldin[nen] gesehen hat' (149, 548)

Zu diesen Formeln vgl. hier 1.1.3.4. Die Unerfahrenheit des Helden bzw. der Heldin zeigt sich darin, daß er bzw. sie niemanden außerhalb der Familie kennt. Als Zeichen für die gehobene gesellschaftliche Rolle der Männer und Edelfrauen – der Umgang mit nicht standesgemäßen Mitbewohnern würde ohnehin nicht thematisiert – steht das typische Attribut des Helden und der Heldin, der Zopf.

Anstelle des Parallelbegriffes *ort* 'Held' zu *nàj* 'Heldin' erscheint in V. 146 *χuj* 'Mann'. Aus dem Textzusammenhang läßt sich kein Grund für diese Abweichung ausmachen.

Bezopfter Held mit Fell

puti	*săχ-pi*	*sew-əŋ*	*ort*
schwarz	Fell-AADJ	Zopf-ADJ	Held

'bezopfter Held mit schwarzem Fell' (32)

Die inhaltliche Zuordnung dieser Formel ist nicht ganz klar. Wahrscheinlich bezieht sie sich auf den Feind des Vaters, so wie es auch von PÁPAY gedeutet und übersetzt wurde. Oder es handelt sich dabei um eine Formel für den „kampffähigen Helden" schlechthin (ugf. 'wie machst du dich [als] bezopfter Held mit schwarzem Fell'). Die entfernten Parallelen (s. u.) geben hierüber keinen Aufschluß, zeigen aber die Möglichkeit auf, daß das schwarze Fell als Kennzeichen für den feindlichen Helden stehen kann. Zur wogulischen Formel VNGy. II: 11 V. 159 f. (So) *kēlp oχsėr tōrpä χum* ~ *sēmėl oχsėr tōrpä χum* 'Mann mit rotem ~ schwarzem Pelz (MUNKÁCSI: Pelz[mütze])', die der unserigen auf den ersten Blick inhaltlich sehr nahe kommt, ist einschränkend zu bemerken, daß das schwarze Fell durch den Parallelismus mit 'rot' einen stärkeren Topos-Charakter erhält, und daher nicht als individuelle

Beschreibung eines Helden gelten kann: Die von Ostjaken und Wogulen gesammelten und verarbeiteten Tierfelle sind typischerweise „schwarze Felle und rote Felle“ (z. B. Zobel- und Eichhörnchenfelle), wie das in der gesamten Volksdichtung (inklusive Märchen) zum Ausdruck kommt.

Bezopfter Held, der Teufel

kul' *oni* *sew-əŋ* *ort*
Teufel groß Zopf-ADJ Held
‘großer bezopfter Held, der Teufel’ (28)

Diese poetische Formel wird verwendet als Beschreibung des Feindes, der den Vater umgebracht haben soll. Das Adjektiv *sewəŋ* ‘bezopft’ ist ein typisches Attribut eines Helden und sagt somit nichts Individuelles über den Feind des Vaters aus. Aussagekräftig hingegen ist der erste Halbvers, G1–2, den PÁPAY mit ‘großer, Teufel’ übersetzt.

1.1.2.2 Waffen und Rüstung

Held mit Panzer

lăχr-əŋ *mewl-ip* *ort-əl*
Panzer-ADJ Brust-AADJ Held-PX3SG
‘Held mit gepanzerter Brust’ (666)

pá- *mŏw-* *χuj* *lăχr-əŋ* *mewl-əp* *ort-əl*
ander Land Mann Panzer-ADJ Brust-AADJ Held-PX3SG
‘des fremdländischen Mannes Held mit gepanzerter Brust’ (635b–636)

kes-əŋ *mewl-əp* *χut* *ort*
Messer-ADJ Brust-AADJ sechs Held
‘sechs messerbrüstige Helden’ (724)

kes-əŋ *mewl-əp* *ńil* *ort*
Messer-ADJ Brust-AADJ vier Held
‘vier messerbrüstige Helden’ (712)

Die beiden Belege mit *lăχrəŋ* ‘bepanzert’ an der Position G1 bezeichnen zunächst einmal einen aus Sicht der jüngeren Schwager, die ins Haus der Frau kommen, beliebigen Helden, der bewaffnet ist.[8] Konkret wird an beiden Stellen vom betreffen-

8 In diesen beiden Formeln fehlt aller Wahrscheinlichkeit nach G3.

den jüngeren Schwager dem jungen Helden vorgeworfen, er sei als „Held mit gepanzerter Brust“ des Nachts gekommen und habe sich vor seinen Schwagern versteckt. Ebenso gilt die Formel in V. 724 zunächst einmal sechs nicht spezifizierten Helden, von denen ein jüngerer Schwager berichtet, sie seien als Vorgänger des jungen Helden aus „sechs Erdecken“ hierhergebracht worden.

In V. 712 steht die Formel als Größenangabe für den dritten jüngeren Schwager: Er erscheint dem jungen Helden so groß, daß es vier Helden brauchte, um ihn bzw. den ↗*Saum des Panzers* zu verdecken.

Parallelen finden sich auch in anderen Texten, vgl. Páp.[1]: 158 V. 304; 165 *lā̊χrəŋ* (Reg. *lahring*) *mēwᵊlɒp tārəm orten* ‘dein starker Held mit gepanzerter Brust’; Páp.[1]: 168 *kēžəŋ mewᵊləp ī ort* ~ *lāχrəŋ mewᵊləp ī ort* ‘ein Held mit bemesserter ~ gepanzerter Brust’; (PATKANOV 1900: 84) *tāχraŋ-ētpe vēt χoi* ‘Panzerhäutige fünf Männer’.

Held mit Pfeil

ńal-əŋ *ort*

Pfeil-ADJ Held

‘Held mit Pfeil’ (26, 47, 53, 84, 99, 110, 156, 337, 349, 382, 390, 1246, 1295)

Im vorliegenden Heldenlied wird damit der junge Held angesprochen. Die Formel tritt in dieser formal unvollständigen Form dreizehnmal auf; in jedem Fall folgt der Verwandtschaftsterminus *mŏχije* (*-i*) ‘Jüngelchen’. Konsequent wird sie von der Mutter des Helden verwendet, d. h. der junge Held wird von ihr – selbst als „etablierter Held“ am Ende des Heldenliedes – ausschließlich so genannt. Der Großvater verwendet sie nur einmal (V. 99); nachher gibt er dem jungen Helden einen Heldennamen und verwendet von da an nur diesen. Aufgrund des Kontextes in den Versen 230–234 läßt sich ausschließen, daß ‘Held mit Pfeil’ einen Eigennamen darstellt: Der junge Held sagt zu seinem Großvater, daß er keinen Heldennamen erhalten habe, weil er ohne Vater aufgewachsen sei, indem er die rhetorische Frage stellt, wie seine Mutter, die nach ostjakischer Sitte kein Recht auf Namensgebung hat (vgl. hier 1.1.1.2, V. 225), ihm einen „Namen des Pfeil haltenden Helden mit Bogen“, d. h. einen Heldennamen, hätte geben sollen. Darüber hinaus spricht die Häufigkeit dieser Formel dagegen, daß es sich dabei um einen Eigennamen handelt, s. sogleich im Text.

Das Epitheton ‘Pfeil habend’ ist in der ostj.-wog. Dichtersprache für junge Helden ebenso unmarkiert wie das Epitheton ‘bezopft’ und auch ähnlich weit verbreitet wie dieses. Mit dieser Formel wird ein wichtiger Tätigkeitsbereich der fürstlichen Hand betont, was zahlreiche Parallelen hat: Der Umgang mit Waffen, v. a. mit Pfeil und Bogen. Dies ist insofern überraschend, als die Jagd mit Pfeil und Bogen seit jeher in der gesamten Bevölkerung verbreitet gewesen ist[9], d. h. kein Privileg der herrschenden Schicht dargestellt hat. Nach Aussage der Volksdichtung aber müssen Pfeil und Bogen außer der allgemeinen Bedeutung für den Jäger und Sammler in Westsibirien auch die Bedeutung eines Statussymbols für die Mitglieder der divinisierten Heldenwelt haben. Nicht zuletzt sind Pfeil und Bogen die Waffen, mit denen der Held seine zum Teil wunderbaren Heldentaten vollbringt. Pfeil und Bogen bieten die Grundlage für zahlreiche Formeln, vgl. z. B. Páp.[1]: 274 V. 46 *ńḁ̄ləl kḁ̄tləm ī ort-poγem* 'meinem einen Heldensohn, der seinen Bogen hält'; Reg.[3b]: 281 'den Schaft des doppelspitzigen Pfeils schnitzende sieben Helden ~ den Schaft des Pfeils… sechs Helden'; Š *ńɔtijet kattəm ar urtem* 'meine vielen pfeilhaltenden Helden' (DEWOS 177), PATKANOV 1900: 82 *jōχtet kattem, jōχtəŋ-kētpe ūrt paχ* 'Bogen haltender, Bogen-händiger Heldensohn'; PV II: 18/19 Z. 335 ff. *i̯əntpə·t kȁ'ttə·m, ńōtə̑·t kȁ'ttə·m wèḱpì nȁi̯* 'ihre Nadel-ergriffen-habend, ihren Pfeil ergriffen-habend-gestaltige Heldin'[10]; ebd. S. 22 ff. Z. 430 ff.: *ńōtə̑·t kȁ'ttə·m pḁχȁ̭·t ~ i̯òχtə·t kȁ'ttə·m pḁχȁ̭·t* 'sein Pfeil ~ Bogen ergriffen habender Sohn'; Sur. *jăwʌaʌ(a) katʌəm(a) ńəʌə păγ ~ jăwʌaʌ(a) katʌəm(a) ḵoʌəm păγ* 'vier ~ drei pfeilhaltende Jungen' (CSEPREGI 1998: 116/117 V. 13 und 21); wog. VNGy. I: 132 (So.) *jḁutä pūγèm sāt χumin* 'deine Bogen haltenden sieben Männer'; VNGy. II: 4 V. 54 f. (Ob) *sāt ńālpä tērèn ḁ̄śnė χum ~ χḁt ńālpä tērèn ḁ̄śnė χum* 'sieben ~ sechs pfeilige Waffen tragende Männer'.

Die in altindogermanischen Sprachen bezeugten (poetischen) Epitheta der Bedeutung 'Pfeil(e) in der Hand haltend, pfeilhändig': gr. ἰοχέαιρα (Epitheton der Göttin Artemis, ab HOMER bezeugt), ved. *íṣuhasta-* (Epitheton des Gottes Indra RV 10, 103, 2; seines kriegerischen Gefolges RV 10, 103, 3; s. EWAia I: 200 mit Lit.) stehen dem obugrischen Begriff konzeptuell wohl nicht nur zufällig nahe, so wie überhaupt weite Teile der obugrischen Mythologie Einflüsse indogermanischer (und insonderheit arischer) Vorstellungen vermuten lassen.

ńal-əŋ	*jas-pi*	*sat-əŋ*	*ort*
Pfeil-ADJ	Hand-AADJ	teuer-ADJ	Held

'teurer Held mit Pfeil [in der] Hand' (226)

---

9 S. KUSTERER 1987: 204–262.

10 Ebd. S. 18–21 V. 349 ff. die bessere Formel mit 'Nadel und Fingerhut' (*i̯ònt-tǜ·i̯*).

ńal-əŋ jas-pi àj ort-əl
Pfeil-ADJ Hand-AADJ klein Held-PX3SG
'kleiner Held mit Pfeil [in der] Hand' (543)

In der Form einer poetischen Formel im engeren Sinne 'pfeilhändiger teurer Held' (oder 'mit Pfeil in der Hand') wird der junge Held von seinem Großvater ein letztes Mal in V. 226 angesprochen, bevor dieser ihm einen Heldennamen gibt. Daraus erhellt, daß es sich auch bei der formal vollständigen Formel um eine unmarkierte Bezeichnung handeln kann (s. o.); die Bedeutung läßt sich hier einfach mit 'Held' wiedergeben. Ebenso ist die der Braut in den Mund gelegte Formel 'kleiner Held mit Pfeil [in der] Hand' in V. 543 als Variante zu V. 226 ('teuer' ~ 'klein') zu betrachten und muß gleichfalls als formal vollständige Form von 'Held mit Pfeil' betrachtet werden.

Der Ausdruck *ńaləŋ jaspi*, der traditionell mit 'pfeilhändig, [mit] Pfeil [in der] Hand' übersetzt wird, erklärt sich aus den parallelen Formeln mit VVj. *kö̭̂t* usw. 'Hand' (DEWOS 698): O *jas* usw. 'Arm, Hand' (DEWOS 313) ist Parallelbegriff zu PB <*kēt*> (O */kàt/*), s. SCHULZE 1988: 91 und DEWOS 698. Das Substantiv VVj. *kö̭̂t* usw. ist auch Grundlage des Verbalstammes VVj. *kätḷ̥-*, O *kàtḷ̥-*, OSt. *katḷ̥-* 'ergreifen, fangen, festhalten' (DEWOS 699), wobei der Vokalismus je nach Dialekt nicht immer durchsichtig ist (s. STEINITZ 1950b: 103 f.). Nach dem Muster *kat-pi* ~ *jas-pi* (mit Px. *kat-ḷ̥-pi* ~ *jas-ḷ̥-pi*) in klar denominalen Formelteilen wie z. B. 'mit zarter Hand' ~ 'mit zartem Arm' wurde zu *katḷ̥-pi* (bzw. *kat-pi*[11]) im deverbalen Formelteil 'Pfeil (~ Bogen) haltend' ein *jasḷ̥-pi* (bzw. ohne „Px." ein *jas-pi*) gebildet. Dies konnte nur als denominale Bildung gedeutet werden, da es keinen entsprechenden Verbalstamm **jɔs-* gibt. Dieser Prozeß wurde gestützt durch die Tatsache, daß *-pi* als deverbales Suffix im Ostjakischen nicht mehr produktiv war, was sich auch in PATKANOV 1900: 82 *jōχtet kattem, jōχtəŋ-kētpe ūrt paχ* 'Bogen haltender, bogenhändiger Heldensohn' zeigt.

Held mit Schießbogen

ńal-əl kàtl-əm joχl-əŋ ort
Pfeil-PX3SG ergreif-PPT Bogen-ADJ Held
'Pfeil ergriffen habender Held mit Schießbogen' (234a)

---

11 In O ist auch eine Infinitivform *katta* neben *kàtḷ̥tà* belegt, was als Grundlage für deverbalen Bildungen ohne *-l-* aufgefaßt werden kann. Daneben gibt es die Möglichkeit, daß die Formen mit dem PX3SG. *-l* als Scharnier fungierten: **katḷ̥-pi* 'greifend' konnte als *kat-ḷ̥-pi* 'Hand' + PX3SG. + AADJ. interpretiert werden.

ńal-àm- pil joχl-əp ort
Pfeil-PX1SG PART Bogen-AADJ Held
'Held mit Pfeil [und] Schießbogen' (194)

Schwer zu deuten ist *pil* in der letztgenannten Formel. PÁPAY deutet es als 'Kamerad' (DEWOS 1144), doch ist diese Lösung aus syntaktischen Gründen nicht überzeugend. Wahrscheinlicher ist die Annahme eines Pendants *-pi* zu *-pà* mit unorganischem *-l*. Diese Formel ist mit ↗*Held mit Pfeil* verwandt und wird vom Großvater verwendet beim Anblick des jungen Helden.

1.1.3 Charakteristische Eigenschaften bezeichnende Attribute
1.1.3.1 Zart vs. kräftig
Held/Heldin mit schwacher Hand (schwachem Arm)

ńirəχ jas-pi ort-əl
schwach Arm-AADJ Held-PX3SG
'Held mit zarten Händen' (604)

ńirəχ jas-pi àj ort-əl
schwach Arm-AADJ jung Held-PX3SG
'junger Held mit zarten Händen' (674)

ńirəχ jas-əp àr näj-àn
schwach Arm-AADJ viel Heldin-PX2SG
'(deine) vielen Heldinnen mit zarten Händen' (145)

Hier wird der Held bzw. die Heldin durch die Hand (*jas*) charakterisiert, die als wachsender Teil des Jugendlichen ein Symbol für seine Jugend und Schwäche ist. Die Formel steht als Ausformung des Motivs der Jugendlichkeit, vgl. ↗*Fuß des wachsenden Mannes* bzw. ↗*Held mit gewachsener Hand.*

Dazu gibt es zahlreiche formelhafte wie auch formal freiere Entsprechungen in anderen ostjakischen und wogulischen Texten, z. T. mit Übertragung der Zartheit auf andere Körperglieder als Hand und Fuß, nämlich Kopf bzw. Brust.

Held mit gewachsener Hand

jas-əl seŋkl-əm seŋkl-əm ort
Arm-PX3SG wachs-PPT wachs-PPT Held
'gewachsener Held mit gewachsener Hand' (91)

Diese Formel thematisiert wie auch ↗*Held mit schwacher Hand* die Jugend und Schwäche des jungen Helden. Der Kontext, in dem sie auftritt, ist folgender: Die Mutter erzählt dem jungen Helden, daß der Großvater ihn zu sehen wünscht; dabei formuliert dieser die Frage, wie groß der junge Held geworden sei. In den Vordergrund tritt das Wachstum durch die doppelte Setzung von *seŋkləm* 'gewachsen', einerseits als Attribut der Hand, andererseits als Attribut des Helden.

Held mit Kraft

jor-əl *seŋkl-əm* *χut* *ort*
Kraft-PX3SG wachs-PPT sechs Held
'sechs Helden mit gewachsener Kraft' (609)

Die Formel bezieht sich auf die sechs Vorgänger des jungen Helden, welche die Frau von ihrem Pferd hatte herbringen lassen. Die Attribute *jorəl seŋkləm* 'mit gewachsener Kraft (wörtl. ihre Kraft gewachsen seiende)' deuten die Gefährlichkeit des Unterfangens an, das der junge Held mit seinem Besuch bei den Schwagern plante: Vor ihm sind bereits sechs kräftige Helden an den Prüfungen gescheitert.

Held, starker

mȧ̆ti *mŏw* *ŏχ-əl* *pel-i* *tȧk* *ort*
welch Land Haupt-PX3SG Hälfte-ADJ stark Held
'starker Held von der Kopfseite welchen Landes' (719)

Damit fragt der dritte jüngere Schwager nach dem Namen und der Herkunft des jungen Helden (↗*Held/Heldin, bezopfte(r)*, ↗*Held mit Namen*). *peli* könnte an dieser Stelle auch mit '…stammend' übersetzt werden.

Größe des Helden

lŏw-əl-nȧ *kȧ̆rəs* *ort*
groß-PX3SG-LOK hoch Held
'Größe eines hohen Helden' (643)

Von PÁPAY wurde *lŏwəl* als 'Knochen' gedeutet, doch ist die Schreibung unsicher: *t* wurde auch an anderen Stellen fälschlich als *l* interpretiert.

Letztlich zeigen die folgenden Formeln, daß es sich wohl in allen Fällen im Grunde um dasselbe Bild handelt.

kȧt *ort-lȧn* *aməs-ti* *lŏw-ȧt*
zwei Held PX2SG/PL sitz-PPS groß-ÄQU
'Größe deiner zwei sitzenden Helden' (190)

Die wörtliche Übersetzung lautet ‘die Größe des Sitzenden deiner zwei Helden’. Verwendet wird diese Formel in folgendem Kontext: Der Großvater setzt den jungen Helden auf seinen Schoß; dieser merkt mit Erstaunen, wie groß sein Großvater ist: Neben ihm bleibt auf den breiten Knien des Großvaters noch Platz für zwei weitere Helden.

Held mit Breite

χoləm ort- wut-àt ort
drei Held groß-ÄQU Held
‘Held mit der Breite von drei Helden’ (714)

Hier wird die körperliche Größe des dritten jüngeren Schwagers betont, von dessen Anwesenheit der junge Held sehr eingeschüchtert wirkt.

1.1.3.2 Mit goldenen Haaren

sarń-əŋ opət χăwi ort
Gold-ADJ Haar grau(?) Held
‘grauer(?) Held mit goldenen Haaren’ (168)

Diese auf den Großvater referierende Formel ist schwer zu deuten, da *χăwi* aus semantischen Gründen nicht eindeutig mit PÁPAY als ‘grau’ zu deuten ist. In DEWOS 581 ist die lautlich exakt entsprechende Kaz.-Form *χɔwi* (folk.) verzeichnet, das als Parallelwort zu *śǫl̥i* ‘grau’ auftritt. Als Attribut von betagten Männern ist ‘grauköpfig’ sowohl im Ostjakischen als auch im Wogulischen belegt: ostj. PV I: 8/9 Z. 116 f. *sùrnəŋ ùχə̂p ī·kз ~ χa̭wə̂s ùχə̂p ī·kз* ‘grauköpfiger ~ fahlköpfiger Greis’; wog. VNGy. III: 520 f. (Mu.; P) *śūliñ pəñkėp kit ańšuχ* ‘zwei grauköpfige Greise’; WV II: 426 f. (KM; auch KU a. a. O. belegt) *i̭ä̭lγəlǫ̇ȧlp šūləŋpä̭ŋ₍kp, k̯ɔβsəŋpäŋ₍kp sǫ̇ȧt n°ȧi̭ sǫ̇ȧt ā̆ₒps i̭ɔmli·tȧlst* ‘die herumgehenden grauköpfigen, weißköpfigen sieben Frauen, sieben Grauhaarigen gingen herum’.

Dennoch käme auch die Deutung ‘kurzer (= kleiner) Held mit goldenen Haaren’ (zu DEWOS 582 *χăwəs*?) in Betracht, da letztlich unklar bleibt, inwiefern *χăwi* der Bedeutung ‘grau’ mit *sarńəŋ opət* ‘Goldhaar(-)’ vereinbar ist.

1.1.3.3 Sich schämend

Die Attribuierung *jemәlt-nàj* ‘Frau, die ihr Gesicht bedeckt’ bzw. ‘sich schämende Frau’ in den folgenden Formeln referiert auf die Sitte der Ostjaken, nach der die Frauen vor Respektspersonen einen Teil ihres Gesichtes mit dem Tuch verhüllen, s. KARJALAINEN II: 83 f.

Gewand, gefüttertes

jeməl-t-	*nȧj*	*pus-əŋ*	*χŏr*
schäm-PPS	Heldin	Futter-ADJ	Gewand

'gefüttertes Gewand der Frau, die ihr Gesicht bedeckt' (808)

Damit verhöhnt der älteste Schwager den jungen Helden, der sich wie eine Frau zu verbergen sucht.

Winkel der Frauenkleidung

jeməl-t-	*nȧj*	*kiml-əŋ*	*sȧj*
schäm-PPS	Heldin	Saum-ADJ	Winkel

'Kleidersaumwinkel der Frau, die ihr Gesicht bedeckt' (640)

jeməl-t-	*nȧj*	*lit-əŋ*	*sȧj*
schäm-PPS	Heldin	Saum-ADJ	Winkel

'Ärmelwinkel der Frau, die ihr Gesicht bedeckt' (641)

Diese Varianten werden vom ersten jüngeren Schwager gebraucht, der den jungen Helden ins Haus des ältesten Schwagers einladen will und sich über das unhöfliche und ängstliche Verhalten des jungen Helden ärgert: Statt zu antworten, verkriecht er sich hinter der Bekleidung der Frau.

Held mit Saum

lit-əŋ	*sӑχ*	*sȧj-l-əŋ*	*ort*
Saum-ADJ	Pelz	Winkel-ADJ	Held

'Held mit dem Ärmelsaum' (676)

jeməlt-	*nȧj*	*kiml-əŋ*	*sӑχ*	*sȧj-l-əŋ*	*ort*
schäm-PPS	Heldin	Saum-ADJ	Pelz	Winkel-ADJ	Held

'Held mit dem Kleidersaumwinkel der Frau, die ihr Gesicht bedeckt' (675)

Die Formel wird vom zweiten jüngeren Schwager in einer parallelistischen Konstruktion verwendet, deren Parallelismus aber in V. 675 durch die Erweiterung *jeməlt-nȧj* 'der sich schämenden Frau' durchbrochen wird (vgl. Kapitel III 3.2).

Die Morphologie von *sȧjləŋ* 'mit Winkel versehen' in den Versen 675–76 ist auffällig: Es erscheint ein anorganisches *-l-* nach dem Grundlexem *sȧj* 'Winkel'. Dies ist so zu erklären, daß das dazugehörige *sȧj* 'Winkel' in diesen Versen als Attribut von *ort* 'Held' verwendet wird und dadurch parallel zum Attribut *kimləŋ* 'mit Kleidersaumwinkel' erscheint. So wurde durch eine Art Reimbildung das zugrundezulegende **sȧjəŋ* 'mit Winkel' nach dem morphologisch korrekten *kimləŋ* 'mit Kleidersaumwinkel' (in letzterem gehört *-l-* zum Stamm) kontaminiert und durch *sȧjləŋ* ersetzt. PÁPAY erklärt es in einer Fußnote zu V. 675 aus dem Verbum: „*sȧjəltijəm*".

1.1.3.4 Keine(n) Frau/Mann/(keinen) Krieg gesehen habend

Held/Heldin, nicht gesehen habende(r)

sew-əŋ	*χuj*	*wȧnt-li*	*nȧj*
Zopf-ADJ	Mann	seh-ABESS	Heldin

'Heldin[nen], die keinen bezopften Mann gesehen hat (haben)' (146)

sew-əŋ	*nȧj*	*wȧnt-li*	*ort*
Zopf-ADJ	Heldin	seh-ABESS	Held

'Held, der keine bezopfte[n] Heldin[nen] gesehen hat' (149, 548)

tȧrən-	*weś*	*wȧnt-li*	*ort*
Krieg	Gesicht	seh-ABESS	Held

'Held, der kein Kriegsgesicht gesehen hat' (1082)

Mit Hilfe dieser Formel wird die Unerfahrenheit der Heldinnen bzw. des Helden ausgedrückt.

Bezieht sich die Unerfahrenheit des Helden auf seine kriegerischen Leistungen, so steht als G1–2 *tȧrən-weś* 'Kriegsgesicht'.

Strukturell ähnlich ist ein südostj. Heldenname: PV IV: 130/131 *tī·l'əš ù·tạ̀ χùị̯* 'ein den Mond nicht gesehen habender Mann'; ebd. S. 132/133 '*tī·l'əš ù·tạ̀ ~ χạ̑t ù·tạ̀, ị̯ē·məŋ-ù·rtȧ̀ ù·tạ̑*' *ə·ị̯ nē·mèn*, '*ùtạ̄·ŋə alpạ̄·nə wo·lχạ̀ soχ ù·tạ̑*' *kì·mət nē·mèn* 'Den-Mond-nicht-gesehen, Die-Sonne-nicht-gesehen, Als-heiliger-Held-nicht-gesehen' [ist] dein einer Name, *utaŋə alpanə wolχa*-Stör-nicht-gesehen dein anderer Name'.

Held, gesehen habender

mŏw-ət-	*wa-pi*	*lȧpət*	*ort*
Land-PART	seh-AADJ	sieben	Held

'sieben Helden, die Länder gesehen haben' (321, 352, 391)

Analog zu ↗*Held/Heldin, nicht gesehen habende* wird mit dieser Formel mutatis mutandis die Erfahrenheit der sieben Helden zum Ausdruck gebracht. Es handelt sich um Helden, die der Großvater dem jungen Helden als Begleitung mit auf die Jagd zu schicken verspricht (V. 321), was der junge Held seiner Mutter erzählt (V. 32), die aber, wie die Mutter berichtet (V. 391), frühmorgens losgegangen sind, ohne auf den noch tief schlafenden jungen Helden zu warten.

wapi 'gesehen' ist ein wogulisches Lehnwort: „Reg.[1] 253 (Páp.) *mou̯ət-u̯ằʙi làʙət òrᴅèu̯, ā̆u̯ət-u̯ằʙi χòt òrᴅèu̯* 'unsere Länder bereisende sieben Heldenhelden, unsere das Vorgebirge [!] bereisende sechs Heldenhelden' ← wog. So. folk. (*māt*) *wɔ̄pi* '(Land) beschauend' (St.)" (DEWOS 1612).

1.1.3.5 Geschickt

korti	*wer-là*	*tos*	*ort*
Eisen	mach-PTZ	geschickt	Held

'Eisen machender geschickter Held' (297 b)

Hiermit wird der Schmied bezeichnet, der als geschickter Handwerker auch als Hersteller des besonders gut gelungenen Pfeiles gilt.

1.1.3.6 Für immer geboren

Held der Vorzeit

i-	*jit*	*tiw-əm*	*ort-əl*
ein	Zeit	entsteh-PPT	Held-PX3SG

'zu éiner Zeit (in Vorzeiten?) entstandener Held' (752)

Diese Formel erscheint nur einmal. PÁPAY deutet sie als „örökre született (é. örökké élő)" [für ewig geborener (d. h. für immer lebender)], was gut in den Kontext paßt: Der junge Held erwägt, dem übermächtig scheinenden Schwager doch noch einen Besuch abzustatten. Als ihm durch den Kopf geht, daß der Schwager vielleicht doch nicht unbezwingbar, weil sterblich, ist, rafft er sich auf und geht los.

1.1.4 Die Lebensgewohnheiten betreffende Attribute

1.1.4.1 Irgendwo sitzend/stehend/gehend

Stelle des Helden

ort	*aməs-là*	*sat-əŋ*	*wăl*
Held	sitz-PTZ	teuer-ADJ	Stelle

'teure Stelle, an der der Held zu sitzen pflegt' (77, 169, 380, 667, 727, 756)

In den meisten Fällen erscheint diese Formel, nachdem jemand erwacht ist: In V. 77 setzt sich der junge Held auf, als seine Mutter das Haus betritt; in V. 169 setzt sich der Großvater nach dem Schlafen auf, um seinen Enkel zu sehen; in V. 380 setzt sich der Held nach dem Schlafen auf, um aufzubrechen. In V. 667 sowie 727 sagt der (zweite und dritte) jüngere Schwager zum jungen Helden, der auf der Schlafstätte der Heldin liegt, er solle sich an der „teuren Stelle, an der der Held zu sitzen pflegt," aufsetzen. In V. 756 wird die Formel dem Helden in den Mund gelegt, nachdem er feststellt, daß er lange genug im Haus der Frau herumgelegen hat.

Es ist anzunehmen, daß mit der „teuren Stelle, an der der Held zu sitzen pflegt," eine bestimmte Stelle in der Nähe des Schlafgemaches gemeint ist, die ebenso wie der „Frauenbereich" und der „Männerbereich" früher (und teilweise noch heute) in der ostjakischen Hütte räumlich abgetrennt war.

Die Verwendung in diesem Heldenlied legt nahe, daß die Formel ein nominaler Ausdruck dafür ist, daß sich jemand auf der Schlafstelle aufsetzt (s. auch Kapitel III 1.4.2.5). Gegen die Interpretation als Ausdruck für das Schlafgemach selbst spricht das Attribut *aməslà* 'sitzend' und die obligatorische Verbindung mit dem Verb *aməs-* 'sitzen' im Verbalvers.

Auch in anderen nordostjakischen Texten und im Wogulischen liegen Entsprechungen vor: Reg.[3b]: 292 (Páp.) *òrt ā̊məstḭ suḭmàŋ u̯ol* 'Stelle, wo der Held sitzen soll'; (zit. aus DEWOS 1299, wo noch weitere Belege angeführt sind); wog. VNGy. II: 74 V. 328 (So.) *ḁtėr χujnė jḁmės mā* 'gute Erde, auf der der Heldenheld liegt/zu liegen hat'; VNGy. II: 78/80 V. 36 f. (Reg.; südwog.) *äku ḁter unlne jḁllkuine jall* und VNGy. II: 79 V. 36 (Mu.; LO) *akwʿ ḁ̄tėr ūnlėnė jol, χujnė jol* 'gute Stelle, auf der der Heldenheld sitzt/zu sitzen hat'.

Stelle des Helden

ort	*laj-ti*	*sŏχ-məŋ*	*wăl*
Held	steh-PPS	schreit-PPT	Stelle

'springende (zu beschreitende) Stelle, wo der Held steht (zu stehen hat) (wörtl. des Schreitens des Helden)' (22)

ort	*laj-là*	*sŏχ-məŋ*	*wăl*
Held	steh-PTZ	schreit-PPT	Stelle

'springende (zu beschreitende) Stelle, wo der Held steht (zu stehen hat) (wörtl. des Schreitens des Helden)' (115, 267, 268, 404, 775, 1168, 1175)

Formal gibt es zwischen der ersten Stelle (V. 22) und allen übrigen Belegen einen Unterschied: V. 22 erscheint G2 *laj-* mit dem Suffix *-ti* versehen, sonst steht *lajlà*. Die Form mit *lajti* könnte durch das Verb beeinflußt worden sein: In V. 22 steht im Verbalvers *lajtem ärtnà* 'zur Zeit meines Beschreitens; wenn ich beschreite'; V. 1175 hingegen *noməan lajləm* 'ich schreite (hinauf)'. Diese Hypothese wird von den übrigen Stellen (zumeist *lajsəm* 'ich schritt') nicht gestützt, allerdings auch nicht widerlegt.

Abgesehen von der Stelle in V. 22 wird die poetische Formel markant häufig in Kontexten gebraucht, in denen der junge Held sich anzieht oder von jemandem angezogen wird, so in den Versen 115, 267, 268, 404 und 775. An der verbleibenden Stelle (V. 1175) kann man nicht ausschließen, daß beim Gebrauch der Formel die Tatsache, daß der Held seinem Großvater vorhält, ihn trotz seiner Kleidung nicht erkannt zu haben, eine Rolle spielt.

Weg des Helden

kàt	*ort-làn*	*mǎn-ti*	*jos*
zwei	Held-PX2SG/PL	geh-PPS	Weg

'Weg, auf dem zwei Helden gehen können' (1063)

χoləm	*ort-làn*	*sos-màŋ*	*jos*
drei	Held-PX2SG/PL	schreit-PPT	Weg

'Weg, auf dem drei Helden schreiten können' (1064)

Diese beiden Formelvarianten beschreiben die Größe des Loches, das der Pfeil in den Felsen geschlagen hat.

1.1.4.2 Jagend

Held, Wild erlegender

wel-əm	*or-waj*	*wel-màŋ*	*ort*
töt-PPT	Wald-Tier	töt-PPT	Held

'zu erlegendes Wild erlegender Held' (206)

Damit bezeichnet der Großvater den jungen Helden. Das Attribut des Wildes, *weləm* 'zu erlegendes', ist sonst als Attribut des Weges in der poetischen Formel „fröhlicher Weg des Wildes" (38, 48, 210, 224) belegt. Die hier erscheinende Variante ist dennoch keine korrupte Form; dies zeigt ein Beleg aus einem anderen nordostjakischen Text: Páp.[2]: 137 *u̯ēləm or-u̯ai̯ u̯èldi̯ òrt* 'getötetes Waldtier tötender Held'.

1.1.5 Die Situation betreffende Attribute

Gesucht

kǎs-ti-	*ki*	*jim*	*ort-àn*
such-PPS	wenn	gut	Held-PX2SG

'gesuchter guter Held' (1181)

Diese Formel erscheint, als der junge Held sich seinem Großvater zu erkennen gibt: Er fragt verwundert, warum er den Helden, den er sucht, nicht erkennt.

Sterbend

jiməs *χăl-ti* *àr* *ort-àn*
gut sterb-PPS viel Held-PX2SG
'(deine) gut sterbende(n) viele Helden' (1097)

àtmàś *χăl-ti* *χuj-àn*
schlecht sterb-PPS Mann-PX2SG
'(deine) schlecht sterbende(n) Männer' (1099)

Mit dieser Formel wird die Bevölkerung der Südstadt bezeichnet, die der junge Held in einem Anfall von Furor heroicus niedermacht. Sowohl *jiməs* 'gut' als auch das parallel gebrauchte *àtmàś* 'schlecht' dürften hier ausschließlich metrische Funktion haben.

Schweigend

uŋl-əl *wuj-əm* *lŏŋk-ort-păχ*
Mund-PX3SG nehm-PPT *lŏŋk*-Geist-Sohn
'*lŏŋχ*-Geist-Sohn mit genommenem Mund (= stumm)' (595, 689)

Die Formel erscheint einmal im Zusammenhang mit dem Boten, der beim Anblick des jungen Helden im Haus der Frau fassungslos ist (V. 595), einmal im Zusammenhang mit dem jungen Helden, der sich nicht traut, dem zweiten jüngeren Schwager zu antworten (V. 689).

Der Ausdruck für 'stumm' wird auch in einer wogulischen Formel mit dem Bild der Abwesenheit des Mundes verbunden: VNGy. II: 248 V. 109 (nordwog.) *sōp-ńelmtal jḁmės uj* 'mundloses, zungenloses gutes Tier'.

Einsam

ătśà *ort* *lŏw-àt*
einsam Held groß-ÄQU
'Größe eines einsamen Helden' (163, 322)

In anderen Texten findet diese Formel im allgemeinen Verwendung, wenn von einer märchenhaften Verwandlung die Rede ist. Im vorliegenden Text hingegen steht keine Verwandlung an. *ătśà ort lŏwàt* 'Größe eines einsamen Helden' ist ungefähr durch 'einsam' wiederzugeben; im ersten Fall wird der junge Held von seiner Mutter im Haus des Großvaters alleingelassen, im zweiten verspricht der Großvater seinem Enkel, ihm Begleitung zu schicken, damit er nicht allein auf seine erste Jagd gehen muß.

Ohne Brautpreis

tin-li nȧj jim pelk-əl

Preis-ABESS Heldin gut Hälfte-PX3SG

'gute Hälfte der Frau ohne Brautpreis' (994b)

Diese Formel erscheint, als der älteste Schwager dem jungen Helden auf den Felsen zu schießen befiehlt. Er verspricht dem jungen Helden die Heldin als „Frau ohne Brautpreis"; dies ist ein stehender Begriff in der ostjakischen Volksdichtung und hat offensichtliche gesellschaftliche Hintergründe.

Mit den Waffen klirrend

jim ort-i sij-əl

gut Held-ADJ Geräusch-PX3SG

'Geräusch[12] von guten Helden' (910)

Hier wird das Klirren versinnbildlicht, das in Panzer gekleidete Helden beim Gehen verursachen. Das Klirren des Panzers ist ein häufiges Motiv in der nordostjakischen Heldendichtung und wird in diesem Lied neben der vorliegenden auch anhand weiterer poetischer Formeln ausgedrückt: s. hier 1.3.2.4.

In der Mitte von etwas befindlich

lȧpət ort kutət

sieben Held Mitte

'Mitte der sieben Helden' (984)

Diese unvollständige Formel bedeutet 'inmitten der sieben Helden'. Der junge Held wird von seinen Schwagern zum Himmelsfelsen geführt, und diese nehmen ihn in ihre Mitte, damit er nicht weglaufen kann.

Untergehend (Sonnenfürstin)

χolm-ət nȧj lăŋ-ti nȧj

drei-ORD Tag untergeh-PPS Sonne

'des dritten Tages untergehende Sonne' (1061)

Dies ist der Ausdruck für den Zeitraum von drei Tagen, also 'am Ende des dritten Tages'. So lange dauert das Bersten des vom Pfeil des jungen Helden gespaltenen Felsens an.

---

12 Zu *sij* in der Bedeutung 'Ruhm' mit 'Held' s. hier 1.1.1.2.

Heiter (Sonnenfürstin)

śel etər wos-màŋ nàj

rein heiter sei-PPT Heldin

‘reine, heiter (seiende) Sonne (od. Tag)’ (447)

Verwendet wird die Formel nach dem Gewitter, wenn die Sonne erneut sichtbar wird. Die in der Position G1–2 verwendeten Attribute *śel etər* ‘rein, heiter’ sind sonst Epitheta des „Siebten Himmels“: *śel etər läpət pŏŋk* ‘sieben reine heitere Flächen’ (V. 522, 989). Das Attribut *etər* ist im Südostjakischen aber auch im Zusammenhang mit dem Tag belegt: PV III: 142/143 Z. 10 ff. *ètər ùntšmà·ŋ i̭ò̭χə̑t χa̭·t* ‘klarer, regenloser Tag’; ähnlich auch PV IV: 6/7; KoP (Paas. 2856), wo *i̭ōχə̑t* unübersetzt blieb; Patk. sub *jōgot* ‘Bogen’ *jōgot χăt* „Bogenhaus(?)“ [= KoP *j. χăt!*] *etər ünčmàŋ joχət χăt werot* „es wurde ein klarer trockener Tag“ (zit. aus DEWOS 337). Anders übersetzt erscheint diese Formel in PV IV: 62/63 Z. 691–2 *ē:tər üšmà·ŋ i̭ō:χə̑t χa̭·t* ‘ein den Regenbogen ausspannender klarer Tag’.

Anzahl

marťi- mŏw χut ort-àn

Süd- Land sechs Held-PX2SG

‘(deine) sechs Helden des Südlandes’ (610, 1212)

Hiermit wird auf die jüngeren Schwager des Helden Bezug genommen. In V. 610 werden sie von der Heldin erwähnt, als sie dem jungen Helden davon abrät, das Haus der Schwager zu besuchen. In V. 1212 antwortet der Held auf die Frage seines Vaters, wer das Oberhaupt der Südstadt sei und bezeichnet dabei den „Schießbogen mit Stimme“ als Oberhaupt (*ŏχəl*) der Familie.

1.2 Waffen

1.2.1 Klumppfeil (*moŋχ*)

korti pătə-p kàt jim moŋχ

Eisen Grund-AADJ zwei gut Klumppfeil

‘zwei gute Klumppfeile mit eisernem Grund’ (296, 905)

korti *pắtə-p* *kàt* *moŋχ-àm*
Eisen Grund-AADJ zwei Klumppfeil-PX1SG
'zwei Klumppfeile mit eisernem Grund' (414)

kortə-ŋ *pắtə-p* *kàt* *moŋχ-àm*
Eisen-ADJ Grund-AADJ zwei Klumppfeil-PX1SG
'zwei Klumppfeile mit eisernem Grund' (921)

korti *pắtə-p* *jim* *moŋχ* (*-àm*)
Eisen Grund-AADJ gut Klumppfeil (-PX1SG)
'(mein) guter Klumppfeil mit eisernem Grund' (936, 945, 954, 996, 1013)

korti *pắtə-ŋ* *jim* *moŋχ-əl*
Eisen Grund-ADJ gut Klumppfeil-PX3SG
'(sein) guter Klumppfeil mit eisernem Grund' (957)

korti *pắtə-p* *tel-əŋ* *moŋχ-àm*
Eisen Grund-AADJ Vollheit-ADJ Klumppfeil-PX1SG
'(mein) Klumppfeil mit vollem eisernen Grund' (999)

korti-là *jim* *moŋχ*
Eisen-ADJ gut Klumppfeil
'guter Klumppfeil aus Eisen' (1051)

kort-əŋ *moŋχ* *kort-əl*
Eisen-ADJ Klumppfeil Eisen-PX3SG
'Eisen des Klumppfeiles aus Eisen' (1052)

Es sind dies die zwei Pfeile, nach denen der junge Held benannt worden ist (V. 414). Sie spielen auch in der Handlung eine wichtige Rolle: Mit ihrer Hilfe besteht der junge Held die Aufgaben, die der Schwager ihm stellt. Die Pfeile werden ihm vom Großvater geschenkt, der der Meinung ist, der junge Held brauche keine scharfen Waffen, da er doch nur auf Eichhörnchenjagd gehen wolle, gleichzeitig aber die gute Fertigung der Klumppfeile preist (V. 296). Beim Aufbruch des jungen Helden wird berichtet, daß er die Klumppfeile auch mitnimmt. In V. 905, als der junge Held sich seinen ↗*schlechten Schießbogen* aus dem Haus der Frau bringen läßt, weist er die Schwager an, auch seine beiden Klumppfeile mitzubringen. Diese bringen sie zu viert unter größter Anstrengung ins Haus des Schwagers und sagen, sie hätten noch nie so schwere Klumppfeile gesehen, der junge Held aber hebt die Pfeile als Beweis seiner stetig wachsenden Kräfte mit Leichtigkeit auf seine Knie (V. 921). Die beiden nächsten Passagen weisen einen parallelen Aufbau auf: In V. 936 bzw. 996 legt der Held den Pfeil an die Sehne und betet, er solle mit einem Teil an das Türeck des Hauses kommen (V. 945) bzw. ein Feuer am Felsen entfachen (V. 999). In V. 954 bzw. 1013 gehen die Wünsche des Helden in Erfüllung, in V. 957 wird ergänzt, daß der erste Pfeil weiterfliegt bis zur Mitte des Sees, wo er sich in ein Wasserungeheuer (*wes*) verwandelt. V. 1051 erscheint der zweite Klumppfeil noch größer als davor: Als der Held ihn an die Sehne legt, paßt er kaum auf den Bogen; der riesenhaft gewordene junge Held zieht ihn V. 1052 an dessen eisernem Ende noch näher an seine Schulter.

1.2.2 Pfeil (*ńal*)

1.2.2.1 Inhaber

Pfeil des Helden

ńal-əŋ ort
Pfeil-ADJ Held
'Held mit Pfeil' (26, 47, 53, 84, 99, 110, 156, 337, 349, 382, 390, 1246, 1295)

ńal-əŋ jas-pi sat-əŋ ort
Pfeil-ADJ Hand-AADJ teuer-ADJ Held
'pfeilhändiger teurer Held' (226)

ńal-əŋ jas-pi ȧj ort-əl
Pfeil-ADJ Hand-AADJ klein Held-PX3SG
'kleiner Held mit Pfeil [in der] Hand' (543)

Zu diesen Formeln s. 1.1.2.2.

1.2.2.2 Teile

Spitze des Pfeiles

tằj-əŋ ńal sop-əl
Spitze-ADJ Pfeil Stück-PX3SG
'(Stück des) Pfeiles mit Spitze' (295)

tằj-əŋ ńal jim wus
Spitze-ADJ Pfeil gut Loch
'gutes Loch des Pfeiles mit Spitze' (855)

tǎj-əŋ *ńal* *jim* *tǎj-àm* *mǎn-ti* *tǎχa*
Spitze-ADJ Pfeil gut Spitze-PX1SG geh-PPS Stelle
'begangene Stelle der guten Spitze des Pfeiles mit Spitze' (1040)

tǎj-əŋ *ńal* *χaj-ti* *tǎχa* *kàt* *pelək*
Spitze-ADJ Pfeil treff-PPS Stelle zwei Seite
'beide Seiten der Stelle, die vom Pfeil mit Spitze getroffen worden war' (1043)

tǎj-əŋ *ńal* *jim* *sop-em* *χaj-əm* *tǎχa* *kàt* *pelək*
Spitze-ADJ Pfeil gut Loch-PX1SG treff-PPT Stelle zwei Seite
'zwei Seiten der vom guten Stück des spitzigen Pfeiles getroffenen Stelle' (1066)

χǎnti *neŋ-χo* *tǎj-əŋ* *ńal* *jim* *tǎj-əl*
ostjakisch Frau-Mann Spitze-ADJ Pfeil gut Spitze-PX3SG
'gute Spitze des Pfeiles mit Spitze des ostjakischen Menschen' (1131)

Die Spitze ist als der Teil, der das Ziel zuerst erreicht, eines der häufigsten Attribute des Pfeiles. So steht die Formel auch zum einen schlicht für den spitzen Pfeil im Gegensatz zum Klumppfeil, so in V. 295, wenn der Großvater dem jungen Helden sagt, er brauche für die Eichhörnchenjagd keinen Pfeil mit Spitze, und ihm Klumppfeile mitgibt. Zum anderen rückt die dadurch bedingte Gefährlichkeit des Pfeiles in den Vordergrund, so in V. 855, wenn der älteste Schwager dem jungen Helden mit Schinden droht, falls dieser den aufgehängten Panzer nicht mit dem Pfeil durchschlägt; in den Versen 1040 und 1043, als der junge Held im Gebet darum bittet, den Felsen mit der Pfeilspitze spalten zu können; in V. 1066, als der Held sieht, daß auf beiden Seiten des Pfeilweges seine sechs Schwager zu Stein erstarrt sind; sowie in V. 1131, als der Held voller Bewunderung versichert, daß sein Vater, der mächtig in vergoldetem Panzerkleid im Kahn sitzt, auch von einer Pfeilspitze nicht verwundet werden kann.

Die Formel steht in den Versen 1040, 1043 (verkürzt) und 1066 als syntaktische Ergänzung in der Funktion des Agentivs zu *tǎχa* 'Stelle' (*↗Loch des Pfeiles*); in V. 1131 ist ein weiterer Halbvers 'des ostjakischen Menschen' in der Bedeutung 'des gewöhnlichen Menschen' als weiteres Attribut vorangefügt.

Stiel des Pfeiles

nǎl-əŋ *ńal* *nǎl-lən*
Stiel-ADJ Pfeil Stiel-PX2SG/DU
'stieliger Pfeil mit Stiel' (297a)

Diese Formel erscheint bei einer ausführlichen Beschreibung der beiden Klumppfeile, die der junge Held von seinem Großvater als Geschenk bekommt. An dieser Stelle ist der Schaft des Pfeiles insofern wichtig, als die folgenden Verse sich darauf beziehen, wenn gesagt wird, daß dieser Stiel vom Schmied in der „Dicke einer dünnen Sehne“, also ganz schlank, geschnitzt wurde und keine „Falte“ aufweise.

Schaft des Pfeiles

wȧj-əŋ	*ńal*	*jim*	*sop-əl*
Schaft-ADJ	Pfeil	gut	Stück-PX3SG

‘gutes Stück des Pfeiles mit Schaft’ (889)

Diese Bezeichnung erscheint, als der Held anhebt, mit dem ↗*Schießbogen mit Stimme* des Schwagers zu schießen: Er packt dabei den Pfeil am Schaft, um ihn an die Sehne zu setzen.

Das in der Position G4 erscheinende *sop* ‘Stück’ rückt den Schaft als Teil des Ganzen, des Pfeiles, in den Vordergrund und erfüllt wie *jim* ‘gut’ auch metrische Funktion.

Grat des Pfeiles

χoləm	*wur-pi*	*wur-əŋ*	*ńal*
drei	Grat-AADJ	Grat-ADJ	Pfeil

‘gratiger Pfeil mit drei Graten’ (886)

lăχər-sem	*ewət-lȧ*	*χoləm*	*wur-pi*	*wur-əŋ*	*ńal*
Panzer-Schuppe	schneid-PTZ	drei	Grat-AADJ	Grat-ADJ	Pfeil

‘gratiger Pfeil mit drei Graten, der Panzerschuppen zerschneidet’ (867)

Diese Formel beschreibt in beiden Fällen, wie der junge Held ansetzt, um mit dem vom Schwager geliehenen Bogen zu schießen (V. 867 mit dem leichten ↗*Lederschießbogen*, V. 886 mit dem schweren ↗*Schießbogen mit Stimme*). Wie auch der Zusatz in V. 867 ‘Panzerschuppen zerschneidender’ zeigt, handelt es sich um einen Pfeil mit scharfer Spitze, vgl. auch Páp.[1]: 37 V. 988 *lā̦γɒr-sēm ē̦tpi ńā̦l* ‘pánczél-pikkelyen átható nyíl’ [Panzerschuppe durchbohrender Pfeil].

Falten des Pfeiles

marm-əŋ	*ńal*	*jim*	*marəm*
Falte-ADJ	Pfeil	gut	Falte

‘gute Falte des Pfeiles mit Falte’ (299)

Diese Formel erscheint bei der Beschreibung der Klumppfeile; sie sind nach Auskunft des Großvaters so gut gearbeitet, daß nicht einmal eine Falte an ihnen sichtbar ist. Das Attribut der Falte, *jim* 'gut', betont, daß das Fehlen der Falte der Qualität des Pfeiles zuträglich ist.

Federn des Pfeiles

ort	*wel-ti*	*nȧwi*	*tŏχl-əp*	*sat*	*ńal*
Held	töt-PPS	weiß	Feder-AADJ	teuer	Pfeil

'Helden tötender teurer Pfeil mit weißen Federn' (293)

ort	*wel-ti*	*nȧwi*	*tŏχl-əp*	*sat*	*jim*	*ńal*
Held	töt-PPS	weiß	Feder-AADJ	hundert	gut	Pfeil

'Helden tötender teurer guter Pfeil mit weißen Federn' (744)

Das Attribut *tŏχləp* 'mit … Feder' zeigt den Pfeil mit den für die Einhaltung der Flugrichtung wesentlichen Federn, vgl. wog. VNGy. III: 522 Z. 20 (Reg.; P) *turrí tḁaläp näsing poanš*, 'turujsasszárnnyal tollazott nyílát' (ähnlich ebd. S. 524 f.) sowie WV IV: 71 V. 319 (P) *turitɔβʌeèp nas₍ŋ ńē₍ʌʌ* 'mit einem mit Adlerfedern besetzten …(?)[13] Pfeil'. Die Federn werden zum Zweck der leichteren Auffindbarkeit gefärbt.

Wie die Ergänzung *ort welti* 'Helden tötend' zeigt, bezieht sich die Formel auf scharfe Pfeile, mit denen man Panzer durchlöchern kann. In V. 293 erklärt der Großvater, daß er dem jungen Helden solche geben würde, wenn er statt auf die Jagd in den Kampf gehen wollte. In V. 744 überlegt der junge Held, daß er sich trauen würde, ins Haus der Schwager zu gehen, wenn er solche Pfeile besäße.

Kerbe des Pfeiles

păs-əŋ	*ńal*	*i*	*sop-ȧn*
Kerbe-ADJ	Pfeil	ein	Teil-PX2SG

'(dein) éin Teil des Pfeiles mit Kerbe' (946)

păs-əŋ	*ńal*	*păs-əl*
Kerbe-ADJ	Pfeil	Kerbe-PX3SG

'Kerbe des Pfeiles mit Kerbe' (1003, 1007, 1020)

Das richtige Einlegen der Kerbe (*păs*) am Ende des Pfeiles ist für zielsicheres Schießen von großer Bedeutung.

---

13 Zu *nas₍ŋ* s. WV I: 384, WV IV: 442 und VNGy. I: 236.

In V. 946 erscheint die Formel beim Gebet des Helden, bevor er den Felsen spaltet: Er bittet darum, ein Stück des Pfeiles möge an der Tür des Hauses hängenbleiben.

Mit der Wiederholung von *pǎs* 'Kerbe' erscheint sie, als beim Gebet vor der zweiten Aufgabe vom Weg des Pfeiles die Rede ist. So sagt der Held, der Pfeil möge auf demselben Weg, an dessen Ende er am Felsen Feuer entfacht hat, rückwärts fliegend zu ihm zurückkehren (V. 1003) und den ältesten Schwager im Fluge wie die „gefräßige Elster" (i. e. der Tod) belangen (V. 1007). So wird der Schwager schließlich von der Kerbe des Pfeiles getroffen (V. 1020).

Stück des Pfeiles

pǎs-əŋ	*ńal*	*i*	*sop-àn*
Kerbe-ADJ	Pfeil	ein	Stück-PX2SG

'(dein) éin Stück des Pfeiles mit Kerbe' (946)

Das in der Position G3–4 stehende *i sop* 'ein Stück' drückt aus, daß nur ein Teil des Pfeiles an der Tür des Hauses hängenbleiben sollte. Zum Attribut *pǎsəŋ* 'mit Kerbe' s. ↗*Kerbe des Pfeiles.*

sop-əŋ	*ńal*	*i*	*sop-əl*
Stück-ADJ	Pfeil	ein	Stück-PX3SG

'Stück des Pfeiles mit Stück' (955)

Die Variante in V. 955 mit *sopəŋ* 'aus Stücken [bestehend]' in der Position G1 erscheint bei der Erfüllung der in den Versen 945 ff. geäußerten Bitte. Das Attribut *sopəŋ* 'aus Stücken [bestehend]' wird in der Position G1 gesetzt, da ein Stück des Pfeiles am Türnagel hängenbleibt, das andere als Wasserungeheuer im See versinkt: Es zeigt die semantische Wichtigkeit von 'Stück', die aus *sop* 'Stück' in der Position G4 allein nicht erhellt, da in dieser Position häufig Füllwörter zu stehen kommen, zu denen *sop* auch gerechnet werden kann.

wäj-əŋ	*ńal*	*jim*	*sop-əl*
Schaft-ADJ	Pfeil	gut	Stück-PX3SG

'gutes Stück des Pfeiles mit Schaft' (889)

Das Element *sop* 'Stück' in der Position G4 zeigt, daß der Pfeil am Schaft (↗*Schaft des Pfeiles*) als dessen Teil begriffen wird, als der Held anhebt, mit dem ↗*Schießbogen mit Stimme* des Schwagers zu schießen.

ńal *χŏr-əŋ* *jim* *sop*
Pfeil Gestalt-ADJ gut Stück
‘pfeilgestaltiges gutes Stück’ (1041)

Diese Formel erscheint in Klammern als Variante zu ‘pfeilgestaltiges gutes Loch’ (↗*Loch des Pfeiles*) in V. 1041. Ursprünglich dürfte es sich dabei um Parallelverse gehandelt haben.

1.2.2.3 Im Köcher (*tiwət*)

sat *ńal* *pŏn-màŋ* *sam-əŋ* *tiwət* (*-àm*, *-em*)
hundert Pfeil leg-PPT Schuppe-ADJ Köcher (-PX1SG)
‘(mein) mit hundert Pfeilen versehener Köcher mit Schuppen’ (289, 342, 411, 413)

Dies ist eine übliche Beschreibung des Köchers, die im Ostjakischen wie im Wogulischen verbreitet ist, vgl. z. B. ostj. Páp.[1]: 33 V. 822 ff. *sā̯t ńā̯l ponmaŋ saməŋ ti̊wi̊t* ‘mit 100 Pfeilen versehener Köcher mit Ringen’ (zit. aus DEWOS: „Pápays Übersetzung!“; dieselbe Formel wird auch in DEWOS 1342 aus einem Kaz.Pol. Lied zitiert); wog. VNGy. II: 22 Z. 27 f. (So.) *sāt ńāl punim samiñ tawėt* ‘mit sieben Pfeilen belegter Köcher mit Ringen’ (Heldenlied in Prosaform; ebenso VNGy. II: 113 V. 111; So.); WV IV: 92 V. 105 (So.) *sā·t ńāl pi·nᵘm tàγ₍lŋ tą̇βtᵉε̄₍nl* ‘aus seinem vollen Köcher, in den sieben Pfeile gelegt waren’.

In V. 289 entnimmt der Großvater seinem Köcher die beiden Klumppfeile – *ńal* bezieht sich auf die spitzen Pfeile (↗*Pfeile mit weißen Federn*), die er dem jungen Helden nicht aushändigt –; in V. 342 legt der junge Held den Köcher mitsamt den anderen Waffen auf das Kästchen; in V. 411 nimmt er den Köcher in die Hand, als er losgeht, um Eichhörnchen zu jagen, doch fällt ihm ein, daß er die spitzen Pfeile nicht gut brauchen kann (V. 413), so daß er lieber nur seine beiden Klumppfeile lose in der Hand mitnimmt.

1.2.2.4 Gewicht

Last des Pfeiles

àj *χuj* *àlm-əm* *ńal-i* *àl*
jung Mann heb-PPT Pfeil-ADJ Last
‘von einem jungen Mann gehobene Pfeil-Last’ (183)

Als der junge Held aus dem Haus seines Großvaters zu fliehen versucht, durchquert der Großvater die Stube mit der Leichtigkeit einer ‘von einem jungen Mann gehobenen Pfeil-Last', womit 'schnell wie ein Pfeil' gemeint ist, und erwischt ihn. Interessant ist, daß dieselbe Formel in Reg.[1]: 189 V. 199 f. (Páp.) *ài̯ χu̯i̯ ālǝmlà ńå̄lǝŋ ~ i̯oγlǝŋ àlmǝs àlmǝstàl* 'mit jugendlichem Heben hebt er eine Bogenlast ~ Pfeillast' (ähnlich Reg.[2]: 149, s. auch DEWOS 76 ff.) jeweils konkret verwendet wird, hier jedoch der Vergleich des Großvaters mit dem geringen Gewicht und zugleich der Schnelligkeit eines Pfeiles wesentlich wahrscheinlicher ist als die Vorstellung, der Großvater sei mit Pfeilen in der Hand zur Tür gesprungen.

1.2.2.5 Durchschlagstelle

tăj-ǝŋ	*ńal*	*jim*	*wus*
Spitze-ADJ	Pfeil	gut	Loch

'gutes Loch des Pfeiles mit Spitze' (855)

tăj-ǝŋ	*ńal*	*jim*	*tăj-àm*	*măn-ti*	*tăχa*
Spitze-ADJ	Pfeil	gut	Spitze-PX1SG	geh-PPS	Stelle

'begangene Stelle der guten Spitze des Pfeiles mit Spitze' (1040)

ńal	*χŏr-ǝŋ*	*jim*	*wus*	*(sop)*
Pfeil	Gestalt-ADJ	gut	Loch	(Stück)

'pfeilgestaltiges gutes Loch (~ Stück)' (1041)

tăj-ǝŋ	*ńal*	*χaj-ti*	*tăχa*	*kàt*	*pelǝk*
Spitze-ADJ	Pfeil	treff-PPS	Stelle	zwei	Seite

'beide Seiten der Stelle, die vom Pfeil mit Spitze getroffen worden war' (1043)

sij-li	*ńal*	*tin-ǝŋ*	*wăl*
Geräusch-ABESS	Pfeil	Preis-ADJ	Stelle

'teure Stelle des geräuschlosen Pfeiles' (1062)

tăj-ǝŋ	*ńal*	*jim*	*sop-em*	*χaj-ǝm*	*tăχa*	*kàt*	*pelǝk*
Spitze-ADJ	Pfeil	gut	Stück-PX1SG	erreich-PPT	Stelle	zwei	Seite

'zwei Seiten der vom guten Stück des spitzigen Pfeiles erreichten Stelle' (1066)

In V. 855 befiehlt der älteste Schwager dem jungen Helden, den aufgehängten Panzer mit dem Pfeil durchzuschlagen, wörtl. ein „gutes Loch" in den Panzer zu schießen.

In den Versen 1040, 1041 und 1043 spielt das Loch eine wichtige Rolle im Gebet des jungen Helden. Er bittet darum, daß an der Stelle, wo die Pfeilspitze ein Loch durch den Felsen geschlagen hat (V. 1040), eine Öffnung entsteht (V. 1041), durch die der Pfeil hindurchpaßt. Rechts und links von dieser Öffnung sollen dann die sechs Schwager haften bleiben (V. 1043).

In den Versen 1062 und 1066 wird die Erfüllung des Gebetes beschrieben: In V. 1062 entsteht plötzlich die Öffnung („Stelle") des Pfeiles, so geräumig, daß zwei–drei Helden hindurchpassen. Dabei wird der Pfeil zusätzlich durch *sijli* 'geräuschlos' attribuiert; dies steht in krassem Gegensatz zu den gewaltigen Ereignissen, die der Pfeil bewirkt hat. In V. 1066 erkennt der Held, daß auf beiden Seiten des Pfeilweges seine sechs Schwager zu Stein erstarrt sind.

1.2.2.6 Nach erfolgtem Schuß

läj	*wur-i*	*tel-əŋ*	*ńal*
dunkel	Blut-ADJ	Vollheit-ADJ	Pfeil

'Pfeil voll dunklen Blutes' (1009, 1024)

Diese Formel bezeichnet den Zustand des zweiten Pfeiles des jungen Helden nach dem Durchbohren der sechs Schwager, bzw. in 1009 proleptisch vor dem Abschuß. Im ersten Fall tritt die poetische Formel im Gebet des Helden auf, im zweiten bei der Erfüllung des Gebetes. Zu *läj* 'dunkel' s. DEWOS 718 f. (Reg. und Kaz.).

1.2.3 Schießbogen

1.2.3.1 Inhaber

marťi-	*mŏw-*	*χuj*	*χut*	*up-äm*	*χut*	*joχəl*
Süd-	Land-	Mann	sechs	Schwager-PX1SG	sechs	Bogen

'sechs Bogen der sechs Schwager des Südlandmannes' (875)

Dies scheint eine kombinierte poetische Formel zu sein; der erste Bestandteil ist 'sechs Schwager des Südlandmannes'; die 'sechs Bogen' haben keine eigenen Attribute.

1.2.3.2 Teile

Boden des Schießbogens

răs-əŋ	*pătə-p*	*läpət*	*joχəl*
Franse-ADJ	Grund-AADJ	sieben	Bogen

'sieben Schießbogen mit fransigem Boden' (203)

Diese sonst nicht belegte poetische Formel erscheint bei der Aufzählung der Waffen, die der Großvater für die Mutter als Brautpreis zahlen mußte.

Rücken des Schießbogens

sắns-əŋ *joχəl* *sắs-əl* (*sắns-ȧm*)

Rücken-ADJ Bogen Rücken-PX3SG (-PX1SG)

‘(mein) Rücken des Bogens mit Rücken’ (885, 937, 995, 1027, 1050)

Die Formel wird immer dann verwendet, wenn der junge Held zum Schießen ansetzt und den Pfeilschaft auf den gewölbten Holzteil des Bogens legt. Dieses Bild ist weit verbreitet, vgl. z. B. Páp.[1]: 40 V. 1089 f. *šanžəŋ jōγol šanžem* ~ *jentəŋ jōγol jintem* ‘in die Mitte meines Bogens mit Mitte (eig. Knie) ~ des sehnigen Bogens mit Sehne’ sowie wog. VNGy. II: 171 V. 187 (Syg.) *sānsiŋ jḁut sānsän* ‘auf die Beugung meines Bogens mit Beugung’. Die beiden Deutungsmöglichkeiten ‘Rücken’ vs. ‘Knie’ ergeben sich aus der Mehrdeutigkeit der Schreibung: Páp. <*sas*> kann sowohl für /*sắs*/ (Stamm *sắns-*) ‘Rücken’ (vgl. VVj. *čŏṇč*, DEWOS 282) als auch für /*sȧs*/ (Stamm *sȧns-*) ‘Knie’ (vgl. VVj. *čäṇč*, DEWOS 281) stehen, und dieselbe Formel erscheint einmal als ‘Knie des Bogens mit Knie’, einmal als ‘Rücken des Bogens mit Rücken’ übersetzt. Beide Formen werden bestätigt durch die Schreibung Vj. *jọγəl-čŏṇč* ‘Rücken des Bogens’ (DEWOS 283) einerseits, Reg. *sanzing j. sanzemä* ‘Knie des Bogens mit Knie’ (DEWOS 282) andererseits. Es kann sich also um eine echte Kontamination innerhalb des Ostjakischen oder auch um eine nur in der Notation vollzogene handeln.

Sehne des Schießbogens

jint-əŋ *joχəl* *jint-əl*

Sehne-ADJ Bogen Sehne-PX3SG

‘Schießbogensehne des Schießbogens mit Schießbogensehne’ (883, 891, 938)

Die Formel wird typischerweise beim Spannen bzw. Loslassen der Bogensehne (ohne Abschnellen des Pfeiles) verwendet: In V. 883 steht implizit das Spannen der Sehne im Vordergrund, wenn gesagt wird, die Bogensehne habe die Stimme eines Bären (↗*schreiende Stimme des Sumpf[tier]es*); in den Versen 891 und 938 läßt der junge Held die Sehne wieder los; in V. 938 wird explizit vom Spannen des Bogens gesprochen.

śaγər *joχəl* *jim* *jinti* (*-em*)

Horn Bogen gut Sehne (-PX1SG)

‘(meine) gute Schießbogensehne des Hornbogens’ (950, 1011, 1056)

Das Zurückschnellen der Sehne mit gleichzeitigem Abschießen des Pfeiles steht hier im Vordergrund. Im Verbalvers erscheint stets *pit-* 'fallen, abprallen'. Zur Thematik vgl. auch Reg.[1]: 29: (Páp.) *tărəm i̯ōγə̑l nei̯lál ~ lāu̯ərt nàri̯ u̯oslál* 'Sehne(n) [?] des elastischen Bogens ~ Schneide(n) des schweren Schwertes' (zit. aus DEWOS 982; ähnlich auch Reg.[1]: 307, Reg.[3b]: 89, 357 f.).

Ende des Schießbogens

alŋ-əŋ joχəl alŋ-əl
Ende-ADJ Bogen Ende-PX3SG
'Ende des Schießbogens mit Ende' (912)

Diese Formel erscheint, als vier der Schwager den ↗*Lederschießbogen* des Helden ins Haus des ältesten Schwagers hereinziehen: Sie halten ihn am Ende fest und ziehen ihn über den Boden.

1.2.3.3 Material

Schießbogen aus kernlosem Holz

lăl-li juχ jim joχəl
Kernholz-ABESS Holz gut Bogen
'guter Bogen aus kernlosem Holz' (872)

Damit wird der erste, sehr leichte[14] Bogen ohne den aus hartem Tannenholz bestehenden Bogenbauch bezeichnet, den der junge Held vom Schwager zum Durchschießen des Panzers erhält. Das typischerweise in der Position G3 stehende *jim* 'gut' hat offensichtlich nur metrische Funktion; der Schießbogen ist so leicht, daß man mit ihm nicht einmal auf Wasservögel schießen kann, vgl. V. 876.

Schießbogen aus Leder (mit Leder umgeben)

săs-əl lepət wurt lăpt-əp sŏχ- joχəl
Rücken-PX3SG ungespannt rot Birkenrindenschicht-AADJ Leder Bogen
'Lederschießbogen mit roter Birkenrindenschicht [und] ungespanntem Rücken' (243)

wurt- lăpt-əp sŏχ- joχəl (-àm, -àn, -əl)
rot Birkenrindenschicht-ADJ Leder Bogen PX1SG, PX2SG
'(mein, dein, sein) Lederschießbogen mit roter Birkenrindenschicht' (283, 287a, 339, 343, 417, 567, 781, 861, 862, 864, 866, 874, 917, 932, 1078, 1144)

14 Zu *lăl* s. DEWOS 748 f., KUSTERER 1987: 249.

lăχr-əŋ χuj sukàt-ti wurt- lăpt-əp sŏχ- joχəl
Panzer-ADJ Mann durchlöcher-PPS rot Birkenrindenschicht-ADJ Leder Bogen
'Mann mit Panzer durchlöcherndem Lederschießbogen mit roter Birkenrindenschicht' (859)

jas-àm- mărt wurt- lăpt-əp sŏχ- joχəl
Hand-PX1SG Maß rot Birkenrindenschicht-ADJ Leder Bogen
'zu deiner Hand passender Lederschießbogen mit roter Birkenrindenschicht' (878)

Gemeint ist hier der zur Eichhörnchenjagd geeignete Schießbogen des jungen Helden.

Das Attribut 'mit Birkenrindenschicht' referiert auf die Ummantelung des Bogenstockes[15], die auch in anderen Texten belegt ist, vgl. Páp.[1]: 33 V. 819 *urtʿ lōptɒŋ šopəŋ jōγol* 'stückiger Schießbogen mit roter Birkenrindenschicht'; Páp.[1]: 42 V. 1185 *urtʿ lōptɒŋ šopəŋ jōγol* 'stückiger Schießbogen mit harter(!) Birkenrindenschicht'.

Die umfangreichste Form erscheint, als der Großvater den Schießbogen beschreibt (V. 243). Mit dem Attribut 'mit ungespanntem [Bogen-]Rücken' wird betont, daß der Bogen in dem Moment gerade nicht gebrauchsfähig ist, sondern die Sehne zum Lagern am einen Ende abgeknüpft worden ist.

Die „unmarkierte" Beschreibung des Bogens läßt dieses Attribut weg; es heißt an den weiteren 18 Stellen 'Lederschießbogen mit roter Birkenrindenschicht', an zwei Stellen erweitert durch 'zu deiner Hand passender' (V. 878) bzw. 'Mann mit Panzer durchlöchernder' (V. 859).

Bogenstock aus Wurzel[-holz]

ler-əŋ joχəl suw-ət
Wurzel-ADJ Bogen Stock-PART
'Bogenstock aus Wurzel[-holz]' (431, 452, 708, 967, 1071, 1140)

Diese Formel steht für den Bogen der Helden, der in einer anderen Funktion als zum Schießen verwendet wird; immer ist der Holzteil des Schießbogens als Instrument, zumeist als Stütze, beteiligt. Wichtig für die Funktion als Stütze ist der solide Bau des Bogenstocks, der durch das Wurzelholz gewährleistet ist. In den meisten Fällen (V. 431, 452, 967 und 1071) ist es der junge Held, der auf den

15 S. KUSTERER 1987: 250 f.

Bogenstock gestützt irgendwo hingeht, in V. 708 stößt der dritte jüngere Schwager damit die Tür auf; in V. 1140 stützt sich der Großvater auf den Bogenstock, um aus dem Kahn zu springen.

ler-əŋ *joχəl* *χŏw-àt*
Wurzel-ADJ Bogen lang-ABSTR
'Entfernung eines Wurzelbogens' (1075)

Als der junge Held vom Felsen zur Südstadt schreitet, scheint ihm die Entfernung nicht größer als die zwischen den beiden Enden eines aus Wurzelholz verfertigten Bogens. Das Attribut *lerəŋ* 'aus Wurzel' hat dabei keine besondere Funktion, es dürfte auf einen gewöhnlichen Bogen referieren, vgl. im Wogulischen WV IV: 92 V. 104 (So.) *tā₍яŋ₍ɔβlu̯в i̯òmas i̯ɔβᴅɛ* 'seinen schönen Bogen mit Wurzelenden'. Die Bäume werden für diesen Zweck nahe der Wurzel gefällt, s. KUSTERER 1987: 249 f.

Schießbogen aus Spänen

otl-əp *χojəŋ* *àtəm* *joχəl*
schab-ADJ Stummel schlecht Bogen
'schlechter Bogen aus dem Stummel eines Spanholzes' (902)

Die Beschreibung des Lederschießbogens des Helden als 'schlecht' und 'aus dem Stummel eines Spanholzes [verfertigt]' wirkt deutlich tiefstapelnd; dadurch überrascht der durchschlagende Erfolg des Schusses mit dem so beschriebenen Bogen die Schwager umso mehr.

Die Formel ist erweitert durch *χos nàj àr àŋkən osilijsà* 'von den vielen Müttern der zwanzig Frauen abgehobelt'. MUNKÁCSI erklärt die materiellen Hintergründe so:

> „*ossi̊'*: nom. verbale-képzés az *osγ-* »késsel gyalúlni, finom forgácsot hasítani« igéből (*ossi̊' kasäjil osγawė* »стружки съ ножомъ стружать«). A vogul háztartásban rongy, illetőleg vászonféle hijában az egyetlen törülgető és törülköző eszköz az *ossi̊'*-nak nevezett, puha fáról gyalult finom szalagforgács. Bizonyos mennyiségű gyalulás után az eredetileg jókora vastagságú fadarab elvékonyodik s alkalmatlanná válik a további gyalulásra. Az ily módon megmaradt körülesztergályozott botot nevezik *ossi̊'=jiw-sim*-nek (*sim* »középrész, fabél«; tkp. »szív«), melyet gyermekek játékszerekre, a fiuk különösen nyíl és íjj készítésére használnak föl"
>
> [„*ossi̊'*: eine Verbalnomen-Bildung vom Verb *osγ-* »mit dem Messer hobeln, feine Späne abspalten« (*ossi̊' kasäjil osγawė* »Hobel mit dem Messer hobeln«). Im wogulischen Haushalt sind mangels Lumpen bzw. Leinwandzeug das einzige Mittel zum Wischen und Abtrocknen die als *ossi̊'* bezeichneten, von weichem Holz gehobelten feinen Bandspäne. Nach einer

gewissen Menge Hobelns verjüngt sich das ursprünglich stattliche Dicke habende Holzstück und wird zum weiteren Hobeln untauglich. Den in dieser Weise rundherum abgedrechselten Stock nennt man *ossi'=jiw-sim* (*sim* »Mittelstück, Holzmark«; eig. »Herz«), den die Kinder für Spielsachen, die Jungen vor allem zum Verfertigen von Pfeil und Bogen verwenden] (VNGy. II: 181).

Diese aufschlußreichen Ausführungen erklären auch die Erweiterung der poetischen Formel: Da die Hobelspäne zum Haushalt, also zur Domäne der Frauen gehören, werden jene als 'von den vielen Müttern der zwanzig Frauen abgehobelt' bezeichnet. Daß dieses Bild aus der materiellen Kultur der Ostjaken und Wogulen allgemein verbreitet ist, zeigt Reg.[1]: 67 (Páp.) *u̯òtlep χō̭i̯əŋ àr śul'i* 'viele Knüttel (Páp.: „Klumppfeile") aus dem Stummel eines Spanholzes' (zit. aus DEWOS 1511).

1.2.3.4 Eigenschaften

Gespannter Schießbogen

jim	*ort*	*tǎj-ti*	*ńel-*	*nàŋk-ən*	*śaγər-*	*joχəl*
gut	Held	hab-PPS	Splint	Lärche-ADJ[16]	gespannt(?)	Bogen

'vom guten Helden gehabter gespannter(?) Schießbogen aus Lärche mit Baumsplint(?)' (239)

Es ist dies der schwere Bogen, dessen Gebrauch der Großvater dem jungen Helden noch nicht zutraut.

Die Interpretation von <*śāγər*> ist nicht ganz sicher: Das lautlich entsprechende /*śǎχər*/ 'festgetreten, eben, glatt' (DEWOS 1504) paßt semantisch nicht gut, da es sonst nur im Zusammenhang mit Boden, Weg, Schnee u. ä. verwendet wird. Kontextuell bietet sich eine Entsprechung von Ni. Kaz. *šǒχar* 'spröde, zerbrechlich' (DEWOS 265) an (zu einem synonymen Attribut in einem Heldennamen vgl. OA III: 344), was ins Obdorsk-Ostjakische transponiert ˣ*sǒχar* ergibt. Möglicherweise sind in PÁPAYS Schreibung *ś* und *a* nach der angenommenen Bedeutung 'fest' (s. o.) konstruiert.

Sowohl kontextuell als auch lautlich paßt eine Entsprechung zu Trj. Ag. *t́ǎγreγ* 'straff, gespannt', was nach Aussage von DEWOS 1506 im Zusammenhang mit dem Schießbogen verwendet wird. Doch ist diese Annahme aus geographischen Gründen nicht sicher.

---

16 Entweder verschrieben für *-əŋ* oder das PX2SG in metrischer Funktion, wie auch im vorhergehenden Vers.

Ebenfalls nicht ganz unproblematisch ist die Deutung von *ńel-nàŋk-* wörtl. 'Splintlärche': Zu erwarten wäre eine Adjektivbildung *ńel-əŋ nàŋk-əp* oder *ńel-əŋ nàŋk-pi* 'mit splintiger Lärche [versehen]'. Allerdings ist in *ńel-tonti jim lătəŋ* 'gutes Knacken von geschundener Birkenrinde' (1054) *ńel* in identischer syntaktischer Funktion ebenfalls ohne Adjektivsuffix belegt.

śaγər *joχəl* *jim* *jinti* (*-em*)
gespannt(?) Bogen gut Sehne (-PX1SG)
'(meine) gute Schießbogensehne des gespannten(?) Schießbogens' (950, 1011, 1056)

Durch die Nennung von *śaγər* 'gespannt'(?; s. o.) wird der Zustand des Bogens gegenüber der Formel ↗*Sehne des Bogens mit Sehne* betont: Während beim Zurückschnellen der Sehne ohne das Schießen eines Pfeiles die Beteiligung der Sehne am Geschehen betont wird (s. hier 1.2.3.2), steht beim Zurückschnellen der Sehne mit erfolreichem Schießen eines Pfeiles die Reflexkraft des Bogens im Vordergrund.

Laut

păllàn- *ńăllàn-* *sŏχəptij-là-* *ńorm-i-* *tur-əŋ-* *tàrəm-* *joχəl*
Donner Keil losreiß-PTZ Sumpf-ADJ Stimme-ADJ stark Bogen
'Donnerkeil losreißender starker Schießbogen mit der Stimme eines Sumpf[tier]es' (611, 682, 733, 806, 829, 832, 851, 860, 879, 928, 990, 1213, 1232)

mà *tăj-mem* *ńorm-i-* *tur-əŋ* *tàrəm* *joχl-àm*
ich hab-PPTPX1SG Sumpf-ADJ Stimme-ADJ stark Bogen-PX1SG
'mein von mir gehabter starker Schießbogen mit der Stimme eines Sumpf[tier]es' (880)

ńorm-i *tur-əŋ* *tàrəm* *joχl-àn*
Sumpf-ADJ Stimme-ADJ stark Bogen-PX2SG
'(dein) starker Schießbogen mit der Stimme des Sumpf[tier]es' (894)

Die Formel steht für den ältesten Schwager sowie für dessen Waffe. PÁPAY ließ den ersten Teil des Namens *păllàn-ńăllàn-sŏχəptijlà* in den Versen 611 und 682 unübersetzt, erklärt in der Fn.** zu V. 611: *jōγə̄l-jinťi pittinà neŋ-χojət śăχ-mănlət jōγə̄l-jinti pitti răwnà śăχ-sŏγə̄nlət* „az íjideg elpattanására az emberek elájulnak, az íjideg pattanásának szelétől összeesnek(?)" [vom Schnellen der Bogensehne werden die Leute ohnmächtig, vom Wind seines Schnellens brechen sie zusammen]. V. 806 übersetzt er diese Stelle mit „fület-orrot-szaggató" [Nase und Ohren zerreißender].

Alternativ würde der Vergleich mit einem rollenden Donner durchaus passen. Die Stimme des Bären und auch anderer Tiere wird in der Folklore häufig formelhaft thematisiert, z. T. in Verbindung mit 'Schießbogen' in Heldennamen, vgl. Reg.[1]: 127 (Reg.) *ălmem luk ... aneing ogol* 'wie ein balzender Auerhahn murrender Kopf' [Name] (zit. aus DEWOS 114). Möglicherweise ist [*j*]*ogol* hier zu interpretieren wie in (Reg.) *ălŋmem luk aneng jo ogol*, (Páp.) ... *áńəŋ*(?) *i̯ōγə̑l* 'wie ein balzender Auerhahn sausender Bogen' (DEWOS 114); (Reg.) *nyorom iki anein* (*aneng*) *turr*, (Páp.) *ńōrə̑m-iGi aneiŋ* od. *ănəi̯əŋ*(?) od. *āńəŋ*(?) *tur* 'brummende Stimme des Wiesenalten' (Reg.[1]: 89, 243, 351, Reg.[2]: 109); (Reg.) *posskal ermältem nyormigi* (~ *untiki*) *aneng turr*, (Páp.: Reg.[1]) *pòšχə̑l i̯èrməlᴅəm...*, (Páp.: Reg.[2]) *p. èrməltəm* ... 'mit der brummenden Stimme eines Sumpf-Alten (~ Wald-Alten, d. h. Bären), dessen Junges bedrängt wird (Reg.[1]), der um sein Junges besorgt ist (Reg.[2])' (Reg.[1,2,3b], zit. aus DEWOS 408).[17] In Páp.[3] ist ein Kompositum *pāləŋ ńăl* 'Donnerkeil' belegt, das lautlich *pǎllàn-ńǎllàn* nahesteht. Das Verb *sŏγə̑ptə-* könnte O *sŏχəptə-* 'loslösen, losreißen' (DEWOS 1306 f.) entsprechen.[18] Dies würde auch zu PÁPAYS oben genannter Fußnote zu V. 611 passen.

1.2.4 Bogenschleife

Schleife aus Eisen

korti-là	*χoləm*	*lok*
Eisen- ADJ	drei	Schleife

'drei Schleifen aus Eisen' (285, 1080, 1146)

Diese Formel wird in allen drei Fällen in folgendem Kontext gebraucht: Der ↗*Lederschießbogen* wird an den drei Schleifen zwischen den „lieblichen Schulterblättern" festgesteckt (in V. 285 der Großvater dem jungen Helden, in V. 1080 der junge Held sich selbst, in V. 1146 der Großvater sich selbst). In zwei Fällen folgt danach ↗*Säbel mit goldener Schneide(?).*

In Fn.** schreibt PÁPAY zu V. 285: „íj viselő (v. hordó) karikák: három karika a lapocka közén" [Ringe, die den Schießbogen halten: drei Ringe im Zwischenraum der Schulterblätter]. Zu *lok* 'Schleife' s. DEWOS 733.

17 Im Kommentar Reg.[3b]: 330 unwahrscheinliche Verbindung zu Páp.-s Transkription -*è*.

18 Das semantisch passende Trj. *så̀'ən-* 'rollen (Donner)' ist in den westlichen Mundarten sonst nicht vertreten, in erster Silbe wäre der Vokal *a* zu erwarten.

1.2.5 Säbel

1.2.5.1 Funktion

Säbel als Stütze

nàri-là	*suw-əŋ*	*jas*
Säbel-ADJ	Stock-ADJ	Hand

'Säbel [als] Stab [in der] Hand' (326, 633, 717, 1121, 1148, 1227, 1255)

Die Formel wird im Zusammenhang mit verschiedenen Leuten verwendet, stets mit der Option zu aggressiven Handlungen: In V. 326 läuft der Held mit dem Säbel als Stab in der Hand los und erschlägt damit alte Männer. In den Versen 633 und 717 bleibt der (erste und dritte) jüngere Schwager mit dem Säbel als Stab in der Hand vor dem jungen Helden stehen und wartet auf dessen Botschaft. In V. 1121 geht der Held mit dem Säbel als Stab in der Hand ans Ufer, seinem (noch nicht als solchen erkannten) Großvater entgegen, ebenso nähert sich dieser mit dem Säbel in der Hand seinem (noch nicht als solchen erkannten) Enkel. In V. 1227 gehen der Großvater, Vater und der Held jeweils mit dem Säbel in der Hand zum Felsen. In V. 1255 nähert sich der Held mit dem Säbel in der Hand seinem Pferd, das daraufhin zu weinenbeginnt.

Obwohl sich die o. g. Option zu aggressiven Handlungen in allen Kontexten ausmachen läßt, wird diese mögliche Funktion dadurch relativiert, daß zum einen der Säbel als solcher ein typisches Utensil der Helden darstellt, zum anderen Heldentaten fast ausnahmslos aggressiver Natur sind, und somit weder Säbel noch Aggressionen (einzeln wie gekoppelt) aus dem Heldenlied wegzudenken sind.

Darüber hinaus besteht eine semantische Nähe zu der Formel ↗*Bogenstock aus Wurzel*, in der der Stock des Bogens in seiner Funktion als Stütze gezeigt wird, vgl. auch verwandte Formeln des Nordostjakischen und Wogulischen, die ebenfalls die Komponente 'Hand' aufweisen: Páp.[1]: 78 *pāŋəŋ lūp sẃetna* (Reg. *síutnä*) 'auf das mit Griff versehene Ruder gestützt' (zit. aus DEWOS 1306); wog. VNGy. II: 11 V. 169 (Syg.) *sirej-sisiñ jąmės kātėl* 'mit schwertklingiger guter Hand'; VNGy. II: 33 V. 128 (So.) *nāri-sū jąmės kātkwėl* 'Schwert als Stab in unseren guten Händchen haltend'; VNGy. II: 264 V. 128 (Syg.) *ńāl-suwiñ jąmės kātėl* 'mit guter lanziger (Pfeil-stöckiger) Hand'.

1.2.5.2 Teile

Rücken des Säbels

sằns-əŋ	*nȧri*	*sằns-ət*
Rücken-ADJ	Säbel	Rücken-PART

'Rücken des Säbels mit Rücken' (1235, 1261)

Das doppelt gesetzte *sằns* 'Rücken' bezeichnet wie im Deutschen den stumpfen, ungeschärften Teil der Klinge.

Die Bezeichnung erscheint in Kontexten, in denen auf etwas oder jemand eingeschlagen wird: In V. 1235 versucht der Großvater den Skalp des versteinerten ältesten Schwagers aus dem Felsen herauszuschlagen; in V. 1261 tätschelt der junge Held die Schnauze des Pferdes mit dem Säbelrücken, um es anzuspornen, rechtzeitig nach Hause zu kommen.

Spitze des Säbels

nȧri-lȧ	*jim*	*tằj-ȧm*
Säbel-ADJ	gut	Spitze-PX1SG

'(meine) gute Spitze des Säbels' (330)

Die Formel erscheint, als der junge Held von seinem Großvater kommt und euphorisch auf alles einschlägt, was ihm über den Weg läuft; so auch die „Alten mit Stock", die er mit der Säbelspitze zerschneidet. Das Schneiden mit dem vorderen Teil des Säbels, mit der Spitze, erfordert deutlich mehr Kraft als das Schneiden mit dem unteren Teil, ist somit als Zeichen für die wachsende Kraft des jungen Helden zu werten.

Ende des Säbels

nȧre-m-	*jir-*	*aləŋ*
Säbel-PX1SG	Seite	Ende

'Ende der Säbel-Seite' (1107)

Mit dieser poetischen Formel endet das Niedermachen der Bevölkerung der Südstadt. Der junge Held „stellt das Ende der Säbel-Seite ab". Es handelt sich also um eine Übertragung einer zugrundezulegenden Form „bereitet der Schlacht mit dem Säbel ein Ende", wobei das Beiseitelegen der Waffe bildlich ausgedrückt wird.

Schneide(?) des Säbels

jim	*ort*	*tăj-là*	*sarńi*	*χom-ən*		*jim*	*nàri*
gut	Held	hab-PTZ	Gold	?	ADJ[19]	gut	Säbel

'vom guten Helden gehabter/gehaltener guter Säbel mit goldener Schneide(?)' (238)

luw	*tăj-màl*	*sarńi*	*χom-əŋ*		*jim*	*nàri*
er	hab-PPTPX3SG	Gold	?	ADJ	gut	Säbel

'von ihm gehabter guter Säbel mit goldener Schneide(?)' (280)

sarńi	*χom-əŋ*		*jim*	*nàri*	(*-em*, *-əl*)
Gold	?	ADJ	gut	Säbel	(-PX1SG, PX3SG)

'(mein, sein) guter Säbel mit goldener Schneide(?)' (341, 418, 569, 625, 662, 779, 1081, 1147, 1166, 1335)

Dies beschreibt den üblichen Säbel der Helden. Die Formel wird in unterschiedlichen Kontexten gesetzt: In V. 238 sagt der Großvater dem jungen Helden, er könne einen solchen Säbel kaum schon tragen (parallel mit ↗*Hornbogen* und ↗*schwerer Panzer des Vaters* konstruiert); in V. 280 gibt er ihn dem jungen Helden doch, betont aber, daß seine Kraft zum Tragen von schweren Säbeln noch nicht ausreiche. In den Versen 341 bzw. 418 legt der Held die Waffen auf dem Kästchen ab bzw. legt sie an, um auf die Jagd zu gehen; in V. 569 zieht die Frau den jungen Helden aus und legt dabei seinen Säbel und die übrigen Waffen auf das Kästchen. In den Versen 625 und 662 stellt der (erste und zweite) jüngere Schwager seinen Säbel in den Eingang des Hauses der Frau (s. auch ↗*Säbel mit füßigen Tieren*). In V. 779 nimmt der Held seinen Säbel an sich, um zum Schwager zu gehen. In V. 1081 wird erzählt, daß der Held auf seinem Weg zurück in die Stadt der Südland-Leute seinen Säbel bereithält. Auch der Säbel des Großvaters wird mit dieser Formel beschrieben, als dieser ihn in V. 1147 in die Scheide steckt, nachdem er an Land gestiegen ist, sowie in V. 1166, als er ihn über den Kopf hebt, um auf den jungen Helden zu zielen. In V. 1335 schließlich sticht der junge Held mit dem Säbel in das Herz des geflügelten Pferdes, das dem Oberen Himmelsgott als Opfer dargebracht wird.

Die genaue Funktion des in der Position G2 stehenden Attributes *χŏmən* / *χŏməŋ* kann nicht angegeben werden, da auch die Bedeutung unklar ist. Von PÁPAY wurde es mit „vágásos" [Schneide habend] übersetzt; DEWOS 500 führt ein

19 Entweder verschrieben für *-əŋ* oder das PX2SG in metrischer Funktion, wie auch im folgenden Vers.

χumвaŋ in demselben Kontext an, ohne Bedeutungsangabe, mit Belegen aus dem Nordostjakischen und einer möglichen Parallele aus Trj.

Stück des Säbels

kort-əŋ	*nȧri*	*jim*	*sop-əl*
Eisen-ADJ	Säbel	gut	Stück-PX3SG

'gutes Stück des eisernen Säbels' (1132)

Die Formel erscheint, als von der Unverwundbarkeit des Vaters die Rede ist: der junge Held meint beim Anblick seines Vaters, diesem könne kein Säbel etwas anhaben. Sie erscheint parallel zu ↗*gute Spitze des Pfeiles mit Spitze*.

păsti	*nȧri*	*jim*	*sop*
scharf	Säbel	gut	Stück

'gutes Stück des scharfen Säbels' (1083)

Der Held kehrt nach der Zersprengung des Felsens siegestrunken in die Stadt zurück und wütet dort mit dem Säbel.

1.2.5.3 Material

Säbel aus Eisen

kort-əŋ	*nȧri*	*jim*	*sop-əl*
Eisen-ADJ	Säbel	gut	Stück-PX3SG

'gutes Stück des eisernen Säbels' (1132)

Zu dieser Formel vgl. hier 1.2.5.2. Das Eisen ist in der Waffenmetallurgie äußerst wichtig und erscheint häufig als Attribut von hochwertigen Waffen.

kort-əŋ	*nȧri*	*păl-ȧt*
Eisen-ADJ	Säbel	hoch-ABSTR

'Höhe des eisernen Säbels' (1196)

kort-əŋ	*nȧri*	*jim*	*păl-ȧt*
Eisen-ADJ	Säbel	gut	hoch-ABSTR

'gute Höhe des eisernen Säbels' (1265b)

Die Formel dient in den Versen 1196 und 1265b der Höhenangabe, s. ↗ *Höhe des Säbels*. Dabei steht *kortəŋ* 'aus Eisen' als unmarkiertes Epitheton des Säbels.

1.2.5.4 Eigenschaften

Scharfer Säbel

pǎsti *nȧri* *jim* *sop*
scharf Säbel gut Stück
'gutes Stück des scharfen Säbels' (1083)

Zu dieser Formel s. hier 1.2.5.2. Als Attribut des Säbels ist *pǎsti* 'scharf' (mit scharfer Schneide) naheliegend: es ist mit das Wichtigste an einem Säbel.

Schneller Säbel

wat-mǎrȧ *jim* *nȧri*
Wind-Ausdauer gut Säbel
'guter Säbel in Windeseile' (1173)

Hier wird die Geschwindigkeit des Säbels beschrieben, mit der der Großvater ihn in Richtung des jungen Helden bewegt. O **mǎrȧ* 'Ausdauer' usw. (DEWOS 955) ist sonst in der Position G2 nicht belegt; es scheint sich um eine individuelle poetische Formel zu handeln.

Schwerer Säbel

śokət *nȧri* *tǎj-ti* *jor*
schwer Säbel trag-PPS Kraft
'schweren Säbel tragende Kraft' (281)

Diese Bezeichnung erscheint, als der Großvater dem Helden den ↗*Säbel mit goldener Schneide(?)* gibt und erklärt, daß dem jungen Helden die Kraft fehle, einen schweren Säbel zu tragen.

Verzierter Säbel

tǒχl-əŋ *waj* *χǎns-ȧŋ* *nȧri*
Flügel-ADJ Tier Zierat-ADJ Säbel
'mit flügeligen Tieren verzierter Säbel' (659)

Diese Formel wird verwendet, als der zweite jüngere Schwager ins Haus der Frau kommt und den Säbel zunächst in die Tür steckt. Die Verzierungen mit „flügeligen Tieren", d. h. mit Vögeln (im Gegensatz zu den in der ostjakisch-wogulischen Folklore auch häufig erscheinenden „füßigen Tieren"), sind typisch ostjakisch-wogulisch und entsprechen konkreten Mustern in der materiellen Kultur.

1.2.5.5 Maße

Höhe des Säbels

kort-əŋ	*nȧri*	*pǎl-ȧt*
Eisen-ADJ	Säbel	hoch-ABSTR

'Höhe des eisernen Säbels' (1196)

kort-əŋ	*nȧri*	*jim*	*pǎl-ȧt*
Eisen-ADJ	Säbel	gut	hoch-ABSTR

'gute Höhe des eisernen Säbels' (1265b)

Diese Varianten dienen der Höhenangabe: In V. 1196 für die Fußspitzen des Großvaters, als er am Hals des jungen Helden baumelt; in V. 1265b bezeichnet der Held damit die Tageszeit, um die das Pferd ihn nach Hause gebracht haben muß: Die Sonne soll über dem Ural in dieser Höhe stehen. Zur Verwendung dieser Formel in anderen Texten vgl. RADOMSKI 1980: 183.

1.2.6 Messer

1.2.6.1 Funktion

Sinnbild für Waffen

sat	*peŋk-pi*	*kes-əŋ*	*χuj*
hundert	Zahn-AADJ	Messer-ADJ	Mann

'Mann mit Messer mit hundert Zähnen (Zinken)' (265)

Die Formel bezieht sich auf das Panzerkleid des jungen Helden: Als der Großvater es ihm auf den Fußboden wirft, nimmt es die Gestalt eines Menschen an (man sieht seine Form, die auf den Menschen zugeschnitten ist, einem Menschen ähnelt), es ist, als ob es sich in einen bewährten Mann verwandeln würde.

1.2.6.2 Teile

Spitze des Messers

tǎj-əŋ	*kesi*	*jim*	*tǎj*
Spitze-ADJ	Messer	gut	Spitze

'gute Spitze des Messers mit Spitze' (622)

Der zweite jüngere Schwager erscheint, um den Helden zum ältesten Schwager einzuladen. Dabei öffnet er die Tür mit der Messerspitze bis zum Anschlag. Da *tǎj* 'Spitze' in der Position G4 in der Funktion als Füllwort bzw. in grammatikalisierter

Funktion prädestiniert ist, wird es als Ausdruck der semantischen Vollwertigkeit auch als Attribut in der Position G1 gesetzt.

1.2.6.3 Eigenschaften

Schweres Messer

läjärt kesi jim śokət
schwer Messer gut Gewicht
'gutes Gewicht des schweren Messers' (656b)

Diese singuläre Formel erscheint, als davon die Rede ist, daß der dritte jüngere Schwager die Tür mit Hilfe des Messers öffnet. Die Betonung des Gewichtes des Messers erzeugt Dynamik im Textverlauf: An der Parallelstelle in V. 622 wird das Messer als Spitze habend beschrieben (↗*Messer mit Spitze*). Die Variation zuerst 'mit Spitze', dann 'mit Gewicht' vermittelt eine Steigerung: Der dritte Schwager ist bereits ungeduldig und ungehalten über das Verhalten des jungen Helden.

1.3 Rüstung, Panzer(-hemd)

Für die Ganzkörperbekleidung der Helden erscheinen drei Ausdrücke: *tel*, *lăχər* und *sepəl*. Nach DEWOS ist aus anderen Texten, die von PÁPAY aufgezeichnet und übersetzt worden sind, für *tel* neben der herkömmlichen Bedeutung 'Kleid' auch eine Bedeutung 'Panzerkleid' bezeugt. Die Verwendung im vorliegenden Heldenlied zeigt eine scharfe Trennung von *tel* und *lăχər:* Während *tel* gern mit Attributen wie 'aus Leder, aus Bärenfell, mit Saum (*paśəl*); warm, hautgestaltig'[20] versehen wird, erscheinen die Attribute 'schwer, mit Geräusch (Klirren), mit Goldrand (*sorńi sil*), mit Schoß (*panəŋ*)' nur im Zusammenhang mit *lăχər*. Daraus läßt sich schließen, daß es sich bei *tel* um einen Lederpanzer, bei *lăχər* um einen Metallpanzer handelt. Gemeinsam ist ihnen das Attribut 'mit Mütze' eigen. Der Status des schlecht belegten *sepəl* wird auch durch dieses Heldenlied nicht geklärt: Es erscheint nur in einer zweimal belegten poetischen Formel, in der es als 'Schuppen habend' bezeichnet wird.

20 S. hier unter 1.4.4.

1.3.1 Lederpanzer (*tel*)

1.3.1.1 Inhaber

Lederpanzer des Bräutigams

maj-χuj-i *sŏχ-lȧ* *tel*
Braut-Mann-ADJ Leder-ADJ Kleid
'Lederkleid des Bräutigams' (572, 771)

Zum ersten Mal erscheint diese Formel, als berichtet wird, wie die Frau den jungen Helden nach und nach auszieht; das zweite Mal, als der Held seine Sachen wieder anzieht, um sich seinem Schwager zu stellen.

Lederpanzer des Mannes

lăχr-əŋ *χuj* *läpət* *tel*
Panzerhemd-ADJ Mann sieben Kleid
'sieben Kleider des Mannes mit Panzerhemd' (205)

lăχr-əŋ *χuj-i* *jim* *tel-ȧm* (*-ən*)
Panzerhemd-ADJ Mann-ADJ gut Kleid-PX1SG PX2SG
'(mein) gutes Kleid des Mannes mit Panzerhemd' (571, 873)

lăχr-əŋ *χuj* *tel* (*-ȧn, -əl*)
Panzerhemd-ADJ Mann Kleid (-PX2SG, -PX3SG)
'(dein, sein, mein) Kleid des Mannes mit Panzerhemd' (277, 323, 745)

Dies ist eine allgemeinere poetische Formel für den Panzer des jungen Helden; in V. 323 verwendet sie der Großvater, in V. 745 der junge Held selbst.

Sie ist die gewöhnliche Bezeichnung eines Panzers. Dies erhellt aus folgendem Gebrauch: In V. 205 erzählt der Großvater, daß er die Mutter des Helden für „sieben ↗*Schießbogen*, sieben ↗*Panzer mit Mütze*, sieben Panzer des Mannes mit Panzerhemd" gekauft habe. In V. 277 lacht der Großvater den jungen Helden aus, wie er denn auf die Jagd gehen wolle, wenn er nicht einmal dem Gewicht eines Panzers gewachsen sei, nachdem er dem jungen Helden das ↗*Kleid des Sumpf-[tier]es* übergestülpt hat. In V. 571 wird der Panzer genannt, als die Frau dem jungen Helden die Waffen abnimmt und die Panzer und Kleider auszieht. In V. 873 schließlich wundert sich der junge Held, wie die Schwager von ihm erwarten können, daß er auf den Panzer mit einem schlechten Bogen schießen solle.

1.3.1.2 Teile

Mütze des Lederpanzers

mil-əŋ-pi	*läpət*	*tel*
Mütze-ADJ-PART	sieben	Kleid

'Mütze habende sieben Kleider' (204)

Diese Formel erscheint in der Aufzählung der Gegenstände, die der Großvater für die Mutter als Brautpreis hat entrichten müssen.

Saum des Lederpanzers

sarńi	*paśl-əŋ*	*tàrəm*	*tel*	*(-àm)*
Gold	Saum(?)-ADJ	stark	Kleid	(-PX1SG)

'(mein) starkes Kleid mit goldenem Saum(?)' (344, 407)

Spezifischer wird der Panzer des jungen Helden beschrieben. In V. 344 legt der Held ihn ab, als er nach dem Besuch beim Großvater wieder bei seiner Mutter ankommt; in V. 407 zieht er ihn an, als er sich auf die Jagd begibt. Der goldene Saum des Panzers ist als Statussymbol zu verstehen. Zu *paśəl* 'Saum' (?) vgl. DEWOS 1250 (für Ni. und Š).

1.3.1.3 Material

Lederpanzer aus Bärenfell

ńorm-i	*sat*	*jim*	*tel*	*(-àm, -àn, -il)*
Sumpf-ADJ	teuer	gut	Kleid	(PX1SG, PX2SG, PX3SG)

'teures gutes Kleid aus Sumpf[tierfell]' (248, 251, 255, 270, 840, 943, 952, 1182, 1189)

ńorm-i	*sat*	*wàn*	*tel*	*(-àm)*
Sumpf-ADJ	teuer	kurz	Kleid	(-PX1SG)

'(mein) teures kurzes Kleid des Sumpf[tier]es' (260, 263)

ńorm-i	*sat*	*wàn*	*jim*	*tel*
Sumpf-ADJ	teuer	kurz	gut	Kleid

'teures kurzes gutes Kleid des Sumpf[tier]es' (776)

Die für den Panzer aus Bärenfell verwendete poetische Formel ist in mehrfacher Hinsicht interessant. Die Bedeutung 'Tierfell' ist durch doppelte Übertragung entstanden: Wie in der Formel „Haus mit Felltür" steht *ńormi* 'Sumpf' für 'Sumpf-[tier]' und dieses wie *wuj* 'Tier; Bär' in der Formel „Platz mit Fell" für das Fell desselben.

Lederpanzer aus Bärenfell sind in Sibirien gebräuchlich, davon zeugt auch die wog. Formel VNGy. II: 193 V. 200 (So.) *ńurėm-uj kwonsiñ ta'ilėm* 'mein Panzerkleid mit den Klauen des „starken Tieres"[21]'.

Die Formel steht für zwei verschiedene Panzer: In V. 248 spricht der Großvater zum ersten Mal von ihm. Er erzählt, wie er ihn erhalten hat: Der Panzer wurde als Mitgift der Mutter des Helden (V. 251) vom Himmel auf die Erde herabgelassen.[22] Seither sei dieser im Kästchen verschlossen (V. 255). In V. 260 bietet er den Panzer seinem Enkel an; in V. 263 holt er ihn hervor. In V. 270 stülpt er den Panzer über den jungen Helden. In V. 776 zieht der junge Held ihn sich selbst an, als er bei der Frau ist und ins Haus des Schwagers möchte. In V. 1182 gibt sich der junge Held seinem Großvater zu erkennen, indem er auf den Panzer hinweist. In V. 1189 erkennt der Großvater die Rüstung als seinen alten Panzer.

Dieselbe Formel wird auch für einen Panzer verwendet, der dem Schwager gehört: Dieser Panzer wird in V. 840 vom Schwager hervorgeholt, damit der Held ihn mit dem Pfeil durchbohrt. In V. 943 wird der Panzer vom jungen Helden seinem Großvater als Opfer geweiht; in V. 952 wird er zerschossen.

Im Gebrauch der Attribute 'gut' und 'kurz' läßt sich keine kontextuelle Gebundenheit festmachen; an einer Stelle (V. 776) tauchen sogar beide gleichzeitig auf.

Lederpanzer aus Leder

maj-χuj-i *sŏχ-là* *tel*
Braut-Mann-ADJ Leder-ADJ Kleid
'Lederkleid des Bräutigams' (572, 771)

Zu dieser Formel s. *↗Lederpanzer des Bräutigams* (1.3.1.1).

1.3.2 Metallpanzer (*lăχər*)

1.3.2.1 Inhaber

Panzerhemd des Vaters

jij-en- *ki* *śokət* *lăχər*
Vater-PX2SG wenn schwer Panzerkleid
'schweres Panzerhemd deines Vaters' (237)

21 Zur Übersetzung „starkes Tier" vgl. OA II: 270 Fn. 17.
22 In derselben Art wird dies in Bärenliedern, die vom Herablassen des Bären aus dem Himmel an einer metallenen Kette berichten, erzählt.

Diese Formel erscheint, als der Großvater seinem Enkel zu bedenken gibt, daß er die schweren Waffen seines Vaters wohl nicht tragen könne, um ihm dann leichtere zu geben, ↗*Kleid des Sumpf[tier]es*.

Panzerhemd des Helden

lăχr-əŋ *mewl-ip* *ort-əl*
Panzer-ADJ Brust-AADJ Held-PX3SG
'Held mit gepanzerter Brust' (666)

pȧ- *mŏw-* *χuj* *lăχr-əŋ* *mewl-əp* *ort-əl*
ander- Land Mann Panzerhemd-ADJ Brust-AADJ Held-PX3SG
'Panzer-brüstiger Held des fremdländischen Mannes' (635b–636)

Die beiden Belege bezeichnen zunächst einmal einen aus Sicht der jüngeren Schwager, die ins Haus der Frau kommen, beliebigen bewaffneten Helden. Konkret wird an beiden Stellen vom betreffenden jüngeren Schwager dem jungen Helden vorgeworfen, daß der junge Held des Nachts und bewaffnet („mit gepanzerter Brust") in die ihm fremde Stadt gekommen sei und daher die Pflicht habe, sich seinem Gegenüber zu stellen. Formal ist die letztgenannte Formel auffällig: Zwischen *χuj* 'Mann' und *lăχrəŋ* 'gepanzert' ist eine Versgrenze zu erwarten, vor *ortəl* '(sein) Held' scheint – wie auch im Fall der erstgenannten – ein Glied zu fehlen. An dieser Stelle erscheint ein Zahlwort in der folgenden Variante:

kes-əŋ *mewl-əp* *ńil* *ort*
Messer-ADJ Brust-AADJ vier Held
'vier messerbrüstige Helden' (712)

Hier steht die Formel als Größenangabe für den dritten jüngeren Schwager: Er erscheint dem jungen Helden so groß, daß es vier Helden brauchte, um ihn bzw. seinen ↗*Saum des Panzers* zu verdecken.

Der Begriff 'mit messeriger Brust' ist im Parallelismus zu 'mit bepanzerter Brust' entstanden und wird in diesem Lied auch unabhängig von dieser verwendet.

Helden mit „gepanzerter ~ messeriger Brust" sind im Nordostjakischen ein stehender Begriff, vgl. Páp.[1]: 158; 165 *lå̄χrəŋ mēwəlɒp tārəm orten* (Reg. *lahring*) 'starker Held mit bepanzerter Brust'; Páp.[1]: 168 *kēžəŋ mewələp ī ort ~ lāχrəŋ mewələp ī ort* 'éin Held mit messeriger ~ bepanzerter Brust'.

kes-əŋ *mewl-əp* *χut* *ort*
Messer-ADJ Brust-AADJ sechs Held
'sechs messerbrüstige Helden' (724)

Ebenso wie in der Formel ↗*Held mit gepanzerter Brust* gilt die Formel in V. 724 zunächst einmal sechs nicht spezifizierten Helden, von denen einer der jüngeren Schwager erzählt, sie seien als Vorgänger des jungen Helden aus „sechs Erdecken" hierhergebracht worden.

Panzerhemd des Mannes

lăχr-əŋ	*χuj*	*làpət*	*tel*
Panzerhemd-ADJ	Mann	sieben	Kleid

'sieben Kleider des Mannes mit Panzerhemd' (205)

lăχr-əŋ	*χuj-i*	*jim*	*tel-àm*	*(-ən)*
Panzerhemd-ADJ	Mann-ADJ	gut	Kleid-PX1SG	(PX2SG)

'(mein, dein) gutes Kleid des Mannes mit Panzerhemd' (571, 873)

lăχr-əŋ	*χuj*	*tel*	*(-àn, -əl)*
Panzerhemd-ADJ	Mann	Kleid	(-PX2SG, -PX3SG)

'(dein, sein) Kleid des Mannes mit Panzerhemd' (277, 323, 745)

Zu dieser Formelgruppe vgl. hier 1.3.1.1.

Interessant ist, daß das Panzerhemd in allen sechs Fällen auf den Mann (*χuj*), also nicht den Helden (*ort*), bezogen wird: Panzerhemden waren eigentlich nur Privilegierten zugänglich.

1.3.2.2 Teile

Mütze des Panzerhemdes

mil-əŋ	*lăχər*	*mil-əl*
Mütze-ADJ	Panzerhemd	Mütze-PX1SG

'Mütze des Panzerhemdes mit Mütze' (849)

Diese Formel wird bei der Beschreibung des als Schießziel aufgehängten Panzerkleides verwendet. Dabei heißt es in einer Parallelkonstruktion, „der untere Rand des ↗*Panzers mit Rand*" hänge bis zur Mitte des Fußbodens, die Mütze hinunter zu den Stangen (?) des Fußbodens. Offenbar ist die Konstruktion nicht ganz gelungen; es wäre anzunehmen, daß die Mütze eines aufgehängten Panzers, dessen unterer Rand bis zum Fußboden reicht, die Decke berührt; gegen diese Interpretation spricht zum einen *χăr* 'Fußboden', zum anderen das Adverb im Verbalvers 'hinunter'.

Der Panzer tritt auch im Südostjakischen mit dem Attribut der Kopfbedeckung auf: PV I: 74/75 Z. 1429 ff. *ūχə̑·ŋ ta̭χə̑·r ~ kētə·ŋ ta̭χə̑·r* 'Panzer mit Helm[23] ~ Eisenhandschuh'.

lăχər	*sat*	*mil-àm*
Panzerkleid	teuer	Mütze-PX1SG

'teure(?) Mütze des Panzers' (545)

Diese Formel erscheint, als der junge Held von der Frau in Empfang genommen wird, wobei sie ihn an der Mütze packt und ihn nach seinem Namen fragt. Zu *sat* 'teuer' s. Kapitel III 1.3.2.1.

Ärmel des Panzerhemdes

lăχər-	*lit*	*sàj-ət*
Panzerhemd	Ärmel	Hinterseite-PART

'Hinterseite des Panzerhemdärmels' (1149b)

Hier versteckt sich der Held vor seinem Großvater, indem er sein Gesicht mit dem Ärmel verdeckt. Das Lexem *sàjət* 'Hinterseite' zeigt die Richtung der Handlung an. Zu *lit sàj* vgl. hier 1.1.3.3.

Handschuhe des Panzerhemdes

lăχər	*jas*	*pasət*
Panzerhemd	Hand	Fäustling

'Hand-Fäustlinge des Panzers' (1026)

Diese Formel wird einmalig verwendet, als der Held nach dem ersten Schuß, der am Felsen ein Feuer entfacht und den ältesten Schwager durchbohrt hat, den Pfeil im Flug packt.

Auch für die Verwendung von 'Handschuh' im Zusammenhang mit der Heldentracht sind Parallelen aus dem Südostjakischen belegt: PV I: 74/75 Z. 1429 ff. *ūχə̑·ŋ ta̭χə̑·r ~ kētə·ŋ ta̭χə̑·r* 'Panzer mit Helm ~ Eisenhandschuh'.

Saum des Panzerhemdes

pan-əŋ	*lăχər*	*pan-əl*
Saum-ADJ	Panzerhemd	Saum-PX3SG

'Saum des Panzerhemdes mit Saum' (713, 847)

---

23 Die Übersetzung 'mit Helm' ist sinngemäß: Südostj. *uχ* bedeutet 'Kopf', vgl. DEWOS 30 ff.

Diese Formel wird in verschiedenen Kontexten verwendet, wobei in beiden Fällen die Größe des Panzers bzw. dessen Besitzers im Vordergrund steht: In V. 713 ist von der Größe des dritten jüngeren Schwagers die Rede (der Saum des Panzers ist nicht sichtbar, wenn sich vier bepanzerte Helden zu ihm stellen) und in V. 847 wird von dem an die Decke gehängten Panzer gesagt, daß sein Saum bis zum Fußboden reicht.

Rand des Panzerhemdes

sarńi	*sil-əp*	*sil-əŋ*	*lăχər*
Gold	Rand-AADJ	Rand-ADJ	Panzerhemd

'randiges Panzerhemd mit Goldrand' (617)

Hier ist vom Geräusch die Rede, das der nahende erste jüngere Schwager mit den kleinen Metallstückchen am Panzer verursacht.

Hälfte des Panzerhemdes

pelk-əŋ	*lăχər*	*pelək-làl*
Hälfte-ADJ	Panzerhemd	Hälfte-PX3SG/PL

'Hälfte des Panzerhemdes mit Hälfte' (953, 1022)

In beiden Fällen erscheint diese Formel, als ein Panzer zerschmettert wird: in V. 953 trifft der junge Held das aufgehängte Panzerkleid (↗*Kleid des Sumpf[tier]es*), in V. 1022 das des Schwagers, so daß seine Stücke „zur Seite", d. h. auseinanderfliegen.

Schleife des Panzerhemdes

sat	*lăχər-*	*lok-àm*
hundert	Panzerhemd	Schleife-PX1SG

'(meine) hundert Schleifen des Panzerhemdes' (410a)

sat	*lăχər*	*jim*	*lok-əl*
hundert	Panzerhemd	gut	Schleife-PX3SG

'hundert gute Schleifen des Panzerhemdes' (1133)

Das erste Mal erscheint diese Formel, als der junge Held sich auf den Weg macht, um Eichhörnchen zu jagen. Dabei wird erwähnt, daß die Panzerschleifen (s. DEWOS 732 f.) von ihm aufgefädelt werden. Seine Tätigkeit erinnert den Helden an das Zupfen der *närəs juχ* (DEWOS 1012 f.), des traditionellen ostjakischen Saiteninstrumentes.

In V. 1133 erscheint die Formel bei der bewundernden Beschreibung des väterlichen Panzers: Die Panzerschleifen bestehen aus purem Gold.

Bemerkenswert ist die Syntax der vollständigen Formel (V. 1133): Das in V. 410a als Kompositum erscheinende *lăχər-lok* 'Panzerschleife' wird hier durch das oft bedeutungsschwache *jim* 'gut' getrennt. Offenbar hat das Streben nach metrischer Vollständigkeit und die Affinität von *jim* 'gut' zur Position G3 bewirkt, daß das Kompositionsvorderglied *lăχər* 'Panzer-' von seinem Hinterglied *-lok* '-Schleife' getrennt wurde.

1.3.2.3 Material

Panzerhemdrand aus Gold

sarńi	*sil-əp*	*sil-əŋ*	*lăχər*
Gold	Rand-AADJ	Rand-ADJ	Panzerhemd

'randiges Panzerhemd mit Goldrand' (617)

Zur Verwendung der Formel s. o. 1.3.2.2. Das edle Material des Panzers wird auch sonst in Formeln thematisiert, vgl. PATKANOV 1900: 18, 20 *sorńiŋ ālmaŋde tāχr* 'goldener, ...? Panzer', *sorńīda ālmaŋ jem dēt* 'goldenes, ... ? schönes Gewand' (zit. aus DEWOS 93).

1.3.2.4 Eigenschaften

Schweres Panzerhemd

jij-en-	*ki*	*śokət*	*lăχər*
Vater-PX2SG	wenn	schwer	Panzerkleid

'schweres Panzerhemd deines Vaters' (237)

Zur Verwendung dieser Formel s. o. 1.3.2.1.

Lautes Panzerhemd

lăχər	*sat*	*śol'-əŋ*	*sij*
Panzerkleid	teuer	klirren-ADJ	Geräusch

'teures klirrendes Geräusch des Panzers' (654, 1018)

Diese Formel steht in beiden Fällen für das Geräusch, das vom Panzerkleid der nahenden jüngeren Schwager verursacht wird (vgl. auch ↗*Geräusch von guten Helden* hier 1.1.5.6): Am Klirren erkennt man die nahende Gefahr.

ȧj	*korti*	*śaml-əŋ*	*sij*
klein	Eisen-	Klirren-ADJ	Geräusch

'klirrender Klang des kleinen Eisens' (615, 619, 704)

sij-əŋ	*lăχər*	*jim*	*sop-əl*
Geräusch-ADJ	Panzerkleid	gut	Stück-PX3SG

'gutes Stück des Panzerkleides mit Geräusch' (651)

Diese letzteren Formeln bezeichnen das Geräusch, das die von Helden getragenen Panzerkleider hervorrufen, im konkreten Fall beim Verlassen des Hauses der Frau. Das Wort für 'Geräusch' steht in V. 651 in der Position G1, als unmarkiertes Attribut des Panzers. Die Variante mit 'kleinem Eisen' spielt auf die Panzerschuppen an, die wie Münzen aussehen und offenbar auch so klingen. Dieses klingende Geräusch der Münzen ist ein beliebtes Motiv der ostjakisch-wogulischen Folklore, vgl. ostj.Kaz. Páp.[3]: 76 V. 215 f. *ai̯ʿ śoвər-u̯oχ taχtəʌ, u̯ònʿ śoвər-u̯oχ taχtəʌ* 'kleines ~ großes *ś*.-Silberstück'; Š *ajen wŏχə šamťəŋ sĭj* 'klirrender Klang von kleinen Geldstücken' (zit. aus DEWOS 278 f.); ebenso OA I: 419 V. 78 f. Š *ajjiťen kewə šamťəŋ ~ šuťəŋ sĭj* 'klirrender ~ klappernder Klang von kleinen Steinen' und Páp.[1]: 249 *śopəŋ voχ śŏləŋ sij* 'klapperndes Geräusch von *ś*.-Metall' (zit. aus DEWOS 269; auch DEWOS 266 f.); wog. WV IV: 94 V. 134 (So.) *i̯ȧ·ni̯γ̆ òl₍ln sῡl'ŋ su̯i̯ ~ māń òl₍ln sāml'iŋ su̯i̯* 'klingender Ton des großen Geldes ~ klirrender Ton des kleinen Geldes', und ebenfalls im Zusammenhang mit dem Panzerkleid des Helden in PV I: 116/117 Z. 2270 ff. *ta̯χə̑·r ù·s šȧ̯γkȁⁱttəmè·n a̯tə̑ χo̯i̯tè·n mətə ù·rt χòχə̑ttə sə·i̯ mətə χò·n χòχə̑ttə sə·i̯* 'den Panzer noch klirren lassend, jemandes, irgendeines Helden laufender Lärm, irgendeines Edlen laufender Lärm'.

1.3.3 Ringpanzer (*sepəl*)

Schuppen des Ringpanzers(?)

ńomər	*sem-pi*	*sem-əŋ*	*sepl-em*	(*-i*)
dicht	Schuppe-AADJ	Schuppe-ADJ	Panzer(?)-PX1SG	-(FE)

'(mein) schuppiger Panzer(?) mit dichten Schuppen' (854, 1221)

Zuerst erscheint diese Formel, als der Schwager dem jungen Helden befiehlt, auf seinen an die Decke gehängten Panzer zu schießen. In V. 1221 referiert der junge Held mit dieser poetischen Formel seinem Großvater gegenüber auf den Panzer, den er zerschossen hat (↗*Kleid des Sumpf[tier]es*). Die Dichte der Panzerschuppen wird betont, weil es in dem Kontext wichtig ist, daß der Panzer schwer zu durchschießen war. Ein Lexem *sepəl* ist sonst nicht belegt.

1.3.4 Eisenrüstung

Eisen[-rüstung] der Hundert[schaft]

kort-nȧ	*ol-ti*	*lȧpət*	*sat*	(*-ȧm, -ȧn, -ew*)
Eisen-LOK	sei-PPS	sieben	hundert	(-PX1SG, -PX2SG, -PX1PL)

'(meine, deine, unsere) aus Eisen seienden sieben Hundert[schaften]' (111, 130, 141, 1326)

Mit dieser Formel werden die Untertanen des jungen Helden bezeichnet, denen er vorgestellt werden soll (V. 111), die sich in Reih und Glied stellen (V. 130), um den Helden und seine Mutter vorbeigehen zu lassen (V. 141) und die mit dem Helden gemeinsam an der Opferhandlung teilnehmen (V. 1326).

'Eisen' bezeichnet die Panzerung, die nach Aussage des Heldenliedes auch in der Hierarchie weiter unten stehende Männer tragen; ähnlich auch im Wogulischen, vgl. VNGy. II: 131 V. 18 (So.) *kēr alpip sāt ajäñ χum-pī̊γėn* 'deine sieben Knappen mit eisernem Körper'.

1.4 Kleidung

1.4.1 Pelz[24]

Schwarzer Pelz

puti	*săχ-pi*	*sew-əŋ*	*ort*
schwarz	Pelz-AADJ	Zopf-ADJ	Held

'bezopfter Held mit schwarzem Pelz' (32)

Zu dieser Formel s. hier 1.1.2.3.

Pelz aus Rentierkalbfell

ńăl-	*pesi*	*oχəl*	*săχ*
?	Renkalb	dünn	Pelz

'dünner Pelz aus ...-Rentierkalbfell' (58)

ńăl-	*pesi*	*oχəl*	*parχȧ*
?	Renkalb	dünn	Sackpelz

'dünner Sackpelz aus ...-Rentierkalbfell' (108)

24 Zu *săχ* 'Pelz' s. Abbildungen in SJAZI 1995: 48–67; 76 f.

Diese Formel erscheint, als die Mutter sich für den Besuch beim Großvater ankleidet. *ńăl* ist sonst nicht belegt. *pesi* 'Rentierkalb' steht hier für das Fell desselben. Dies ist im Ostjakischen nicht ungewöhnlich, vgl. die Kommentare zu ↗*Panzerkleid*.

Pelz mit Schnüren

kijn-əŋ	*săχ*	*àr*	*kijən-əl*
Schnur-ADJ	Pelz	viel	Schnur-PX3SG

'viele Schnüre des Pelzes mit Schnur' (559)

Hier wird der Held von der Frau in Empfang genommen: Sie ist gerade von ihrer Schlafstätte aufgestanden und noch unvollständig gekleidet – die Schnüre des Pelzes sind nicht zugebunden, so daß ihr Busen sichtbar ist.

Pelz mit Winkel

jeməlt-ˁ-	*nàj*	*kiml-əŋ*	*sàj*
schäm-PPS	Heldin	Saum-ADJ	Winkel

'Kleidersaumwinkel der Frau, die ihr Gesicht bedeckt' (640)

jeməlt-ˁ-	*nàj*	*lit-əŋ*	*sàj*
schäm-PPS	Heldin	Ärmel-ADJ	Winkel

'Ärmelwinkel der Frau, die ihr Gesicht bedeckt' (641)

jeməlt-ˁ-	*nàj*	*kiml-əŋ*	*săχ*	*sàj-l-əŋ*	*ort*
schäm-PPS	Heldin	Saum-ADJ	Pelz	Winkel-ADJ	Held

'Held mit dem Kleidersaumwinkel der Frau, die ihr Gesicht bedeckt' (675)

lit-əŋ	*săχ*	*sàj-l-əŋ*	*ort*
Ärmel-ADJ	Pelz	Winkel -ADJ	Held

'Held mit dem Ärmelsaum' (676)

Zu dieser Formelgruppe s. auch hier 1.1.3.3.

Diese Formel wird vom ersten (V. 640 und 641) bzw. zweiten (V. 675 und 676) jüngeren Schwager gebraucht, als er den jungen Helden im Namen des ältesten Schwagers einlädt, und bezieht sich auf die Gewohnheit des jungen Helden, sich hinter dem Gewand bzw. dem Fellbündel der Frau zu verstecken, statt Rede und Antwort zu stehen.

Sowohl in den Versen 640–41 als auch in 675–676 erscheint die Formel in einer Parallelkonstruktion, in der *kiməl* 'Kleidersaumwinkel' und *lit* 'Ärmel' parallelistisch verwendet werden. Auch der oft thematisierte Saum des Pelzes, vgl.

Páp.[1]: 151 V. 51, 56 *litəŋ saχ liten ~ kimləŋ saχ kimlen* ‘Ärmel des Pelzes mit Ärmel ~ Kleidersaum des Pelzes mit Kleidersaum’, ist im vorliegenden Heldenlied positiv konnotiert: Er spendet dem jungen Helden Schutz. In anderen Texten kommt eine mythologische Komponente des Pelzsaumes zum Tragen, vgl. Páp.[1]: 268 *nēməlti-pēlɒk litəŋ χi̊ń litl-pēlɒk ~ nēməlti-pēlɒk kiməŋ χi̊ń kimləl-jir* ‘Kleiderärmel (~ -saum) der kleinen kleiderärmeligen (~ -säumigen) Seuchengefahr’; fürs Wogulische s. VNGy. II: 032; 0298–0300; 625. Zum Ursprung der Verbindung s. OA II: 282, Kommentar zu V. 141 f.

In den Formelvarianten in den Versen 640, 641 und 675 erscheint als Attribut *jeməlt*ʿ*-näj* ‘der sich schämenden Frau’ zu *jeməlt-* ‘sich schämen, das Gesicht bedecken’. Zum Brauch ostjakischer Frauen, vor Respektspersonen das Gesicht mit dem Tuch zu verdecken, vgl. Trj. *jiməʌtə ne* ‘Frau, die ihr Gesicht bedeckt’; ‘sich schämende Frau’ (DEWOS 373 f.); Reg.[1]: 76 *jemeltin naj*, Páp. *i̯ēməlti nài̯* ‘sich schämende Frau’; vgl. auch KARJALAINEN II: 83 f.

In den Versen 675 und 676 tritt auch das Lexem *săχ* ‘Pelz’ – das in den Versen 640–41 impliziert ist – als Attribut auf und *ort* ‘Held’ als Kernnomen. Durch die zusätzliche Attribuierung durch *jeməlt*ʿ*-näj* ‘sich schämende Frau’ erscheint die Formel in V. 675 um zwei Glieder verlängert.

kiml-əl	*tǎj*
Saum-PX3SG	Winkel

‘Spitze des Kleidersaumwinkels’ (811)

Dieser Rest einer poetischen Formel erscheint, als der junge Held bei seinem Schwager zu Besuch ist und dieser seinem jüngeren Brüdern befiehlt, den jungen Helden an dessen Rockzipfeln auf seine Knie zu heben. Im Anschluß an diesen Formelrest folgt ein Gerundium: *putərmàn* ‘zusammenfassend’. Die metrischen Verhältnisse sind in diesem Vers undurchsichtig.

1.4.2 Gewand (*χor*)

Gewand mit Futter

*jeməlt-*ʿ*-*	*näj*	*pus-əŋ*	*χŏr*
schäm-PPS	Heldin	Futter-ADJ	Gewand

‘gefüttertes Gewand der Frau, die ihr Gesicht bedeckt’ (808)

Thematisch ist diese Formel zur Gruppe ↗*Pelz mit Winkel* gehörig. Im Unterschied zu den Varianten in den Versen 640 f. und 675 f. wird hier weder *kiməl* ‘Kleidersaumwinkel' noch *lit* 'Ärmel' als Attribut des Kleidungsstückes genannt; es tritt ein mit diesen verwandter Begriff *pus* 'Futter' auf. Das in den Versen 675 und 676 genannte *săχ* 'Pelz' wird hier durch *χŏr* 'Gewand' ersetzt. In der Verwendung entspricht diese Variante ebenfalls der Gruppe ↗*Pelz mit Winkel:* Die an G2 genannte Frau spielt eigentlich keine Rolle, sondern steht nur für eine Person, die sich schamhaft versteckt. In diesem Fall wird die Formel dem ältesten Schwager in den Mund gelegt: Er bezeichnet den jungen Helden spöttisch danach, wie der sich unter dem Gewand der Frau versteckt hat.

Gewand mit Busen

lom-əŋ	*χŏr*	*lom-əl*
Busen-ADJ	Gewand	Busen-PX3SG

'Busen des Gewandes mit Busen' (574)

PÁPAY übersetzt „takarós valami takarója" [Decke des etwas mit Decke]. Die richtige Übersetzung muß 'Busen des Gewandes mit Busen' heißen, s. DEWOS 761 f.

Verwendet wird die Formel, als der Held von der Frau aufgenommen, ins Haus geführt, ausgezogen und mit ins Schlafgemach geführt wird.

Im Nordostj. ist sie recht häufig: Páp.[1]: 111, 155, 172 *lōməŋ χor lōmɒtna ~ poχləŋ χor poχlɒtna* 'in den Busen des busigen Gewandes'; Páp.[1]: 13, 25, 74, 76 *lōməŋ χori lōmatna ~ poχləŋ χori poχletna* 'in einem busigen Kleide (wird er erzogen)'. Gemeinsam ist all diesen Belegen der Aspekt, daß das Gewand mit Busen Schutz bietet; dieser Schutz wird dem jungen Helden von der Frau gewährt.

1.4.3 Guś-Pelz (*kus-tel*)[25]

palti	*on*	*jim*	*kus-*	*tel*
moder	groß	gut	Guś-	Pelz

'modriger großer guter Guś-Pelz' (272)

Unsicher ist die Deutung von *palti* in dieser Formel, die in einem Vergleich mit einem Panzer, den der Großvater dem jungen Helden überstülpt, verwendet wird. PÁPAY übersetzt es als „félős" [ängstlich] (i. e. *pǎlti;* besser „félelmetes" [furchteinflößend]). Alternativ kommt /*palti*/ zu *palt* 'morsches Holz; Holzmehl'; Adj. 'modernd' (DEWOS 1152 f.) in Frage, wofür Parallelen aus anderen Texten sprechen, vgl. Páp.[1]: 35, 111 *pälteŋ lǟγɒr pältl parkattal* 'er schüttelt den (lange

25 Zu *kus* 'Gus-Pelz' s. SJAZI 1995: 74 f.

aufbewahrten) modrigen Panzer aus' (PB „des langen Panzers Länge"; s. DEWOS 292). Kontextuell paßt dies insofern, als der Panzer lange Zeit ungebraucht aufbewahrt worden ist, vgl. ↗*Kleid des Sumpf[tier]es*.

1.4.4 Kleid (*tel*)

el- χŏr-i melək tel
Haut Gestalt-ADJ warm Kleid
'hautgestaltiges, warmes Kleid' (59)

el- χŏr-i χas-əm tel
Haut Gestalt-ADJ wärm-PPT Kleid
'hautgestaltiges, wärmendes Kleid' (60)

Bei der Beschreibung der Kleidung wird mit dieser Formel zum einen ihre wärmende Eigenschaft (*melək*; *χasəm* s. DEWOS 427: Partizip schon lexikalisiert), zum anderen ihre Dünne (*el-χŏri*) hervorgehoben (so auch in ↗*Pelz aus Rentierkalbfell*). Es handelt sich dabei um die Kleidung der Mutter, die sie anzieht, um den Großvater zu besuchen.

1.4.5 Malitza (*mal'śàŋ*)[26]

jewər- sŏχ-i jim mal'śàŋ
Wolf Fell-ADJ gut Malitza
'gute Malitza aus Wolfsfell' (105, 405, 770)

Damit wird der Malitza-Pelz des jungen Helden bezeichnet. In V. 105 zieht ihn die Mutter des Helden hervor, um ihn ihrem Sohn zu geben; in V. 405 zieht ihn der Held an, um auf die Jagd zu gehen; in V. 770 zieht der Held ihn an, um den Schwager zu besuchen.

1.4.6 Mütze (*mil*)

Mütze der Malitza

mil-əŋ mal'śàŋ mil-əl
Mütze-ADJ Malitza Mütze-PX3SG
'Mütze der Malitza mit Mütze' (772)

---

26 Zu *mal'śàŋ* 'Malitza' s. SJAZI 1995: 71 ff.

Die Formel erscheint, als der Held sich fertigmacht, um ins Haus des Schwagers zu gehen. Die Frau warnt ihn, weint, versucht ihn zurückzuhalten, ergreift schließlich die Mütze seines Pelzes, um ihn am Gehen zu hindern.

Mütze aus Biberfell

măχlà- *sŏχ-i* *jim* *mil*
Biber Fell-ADJ gut Mütze
'gute Biberfell-Mütze' (106)

Diese Formel wird zusammen mit der ↗*Malitza aus Wolfsfell* verwendet: An dem Fellsack, den der junge Held von seiner Mutter bekommt, ist die Mütze aus Biberfell befestigt. PÁPAY verbindet in Fn.**** dieser Seite *măχlà* mit „tarka rénborjú" [buntes Renkalb], verweist aber auch auf „Patk. *maχ* 'hód, patkány'" [Biber, Ratte], vgl. DEWOS 897 *maŋχ* 'Biber, Ratte'.

Mütze mit Zierat

χos *morəχ* *χăns-àŋ* *mil*
zwanzig Sumpfbrombeere Zierat-ADJ Mütze
'Mütze mit dem Zierat von zwanzig Sumpfbrombeeren' (273, 408)

Diese die Mütze des Helden bezeichnende Formel erscheint in V. 273, als der Großvater sie ihm zusammen mit dem ↗*Kleid des Sumpf[tier]es* aufsetzt, woraufhin dieser vom Gewicht des Panzers in die Knie geht. In V. 408 setzt der junge Held sie sich selbst auf, als er sich auf den Weg macht.

1.4.7 Gürtel (*antəp*)

Gürtel mit Knöpfen

sat *paγl-əŋ* *paγl-əŋ* *antəp*
hundert Knopf-ADJ Knopf-ADJ Gürtel
'knopfiger Gürtel mit hundert Knöpfen' (116, 406)

Der mit dieser poetischen Formel beschriebene Gürtel vollendet die Ausgehkleidung des Helden in V. 116, als er von seiner Mutter angekleidet wird, um mit ihr zusammen den Großvater zu besuchen, und in V. 406, als der junge Held sich allein auf den Weg macht, um auf die Jagd zu gehen. Der Gürtel ist ein wichtiger Bestandteil der Kleidung. Das Attribut 'mit Knöpfen' weist auf die Besetzung mit metallenem und/oder knöchernem Zierat, vgl. SJAZI 1995: 98–100.

Gürtel mit Ende

alŋ-əŋ	*antəp*	*jim*	*alŋ-əl*
Ende-ADJ	Gürtel	gut	Ende-PX3SG

'gutes Ende des Gürtels mit Ende' (117)

Die Formel stellt das Ende des Gürtels, der dem jungen Helden von seiner Mutter gegeben wird, in den Vordergrund: Dieser ist mit wertvollem Material beschlagen, s. o. ↗*Gürtel mit Knöpfen*.

1.4.8 Kopftuch (*ŏχsàm*; *noj*)

Tuch mit Fransen

răs-əl	*χŏw*	*răs-əŋ*	*ŏχsàm*
Franse-PX3SG	lang	Franse-ADJ	Kopftuch

'fransiges Tuch mit langen Fransen' (63)

Dies ist die Parallelformel zu ↗*Tuch des Russen* in der Szene, als sich die Mutter anzieht, um den Großvater zu besuchen. Die liebevolle Beschreibung des Kopftuches mit Fransen zeichnet auch andere Folkloretexte des Ostjakischen und Wogulischen aus, vgl. ostj. Páp.[1]: 28 V. 624 f. *χū rosvp rosəŋ oχšam(el)* ~ *mū silpi siləŋ oχšam* 'fransiges Tuch mit langen Fransen'; wog. VNGy. IV: 120 (Reg.) *kèš ruspä jommas jḁilḁχ*, (Mu. V. 50; LO) *parkän rusip jḁmės puñk-tḁ̄r* 'schönes Kopftuch mit Fransen aus Wolle'.

Tuch des Russen

χuj-iŋ	*ruś-*	*χuj*	*tin-əŋ*	*kàmkà*	*χol-əŋ*	*ŏχsàm*
Mann-ADJ	Russe	Mann	Preis-ADJ	Seide	Reichtum-ADJ	Tuch

'reiches Tuch aus teurer Seide des mannhaften Russen-Mannes (eig. des Russen-Mannes mit Haartracht)'; 'an teurer Seide reiches Tuch des mannigen Russen-Mannes' (62)

χuj-iŋ	*ruś-*	*χuj*	*sirt-əŋ*	*noj*
Mann-ADJ	Russe	Mann	Wollgarn-ADJ	Tuch

'Wollgarn-Tuch des mannhaften Russen-Mannes' (103)

Zur „Sonntagskleidung" der Mutter gehört das wertvolle Tuch, das aus feiner (dünner) Seide besteht. Die Variante mit *sirtəŋ noj* 'Wollgarn-Tuch' beschreibt das Material der Schaftschuhe des jungen Helden.

Das Attribut *ruś-χuj* 'Russen-Mann, Russe' erklärt sich daraus, daß Tücher oft von den Russen verkauft wurden (vgl. PÁPAYS Notiz zu V. 62: „emberes orosz ember [árulta]"; [vom mannhaften Russen-Mann verkauft]).

Auffällig ist das Attribut *χujiŋ* 'mannhaft' zu *ruś-χuj* 'Russen-Mann, Russe'. Entsprechungen in der ostjakischen Volksdichtung finden sich zuhauf; als Parallelwort wird *joχəŋ* 'völkerreich' gebraucht, vgl. Páp.[1]: 162, Reg.[2]: 252 *χojəŋ ruś χo* ~ *jåχəŋ ruś-χo* 'mannhafter Russe' (zit. aus DEWOS 318 f.); Reg.[1]: 260 (Reg.) *jähung rusch ko* 'völkerreicher Russe (~ zu 'mannhafter'); langhaariger ~ mit Pelz bekleideter russischer Mensch'; Páp. *i̯åɢəŋ ruś-χò* 'in Pelz gekleideter Russe' (zit. aus DEWOS 334; falsch statt /*jɔχəŋ*/, s. DEWOS 319); wog. VNGy. II: 105 V. 10 (So.) *χα̊jiñ ruś χum-pi*ᵖ 'bezopfter russischer Mann'. Schon MUNKÁCSI bemerkte die Parallelen im Wogulischen und lieferte in VNGy. II: 0590 die Erklärung, daß wog. *χα̊jiŋ* sich auf die Haartracht der Russen bezieht (*χα̊jiŋ ruś* 'der Russe mit Schopf'), die von der der Wogulen und Ostjaken abwich. Die Ostjaken hätten die Formel aus dem Wogulischen übernommen und volksetymologisch neu interpretiert sowie mit einem dazu passenden Parallelwort versehen, das nun auch selbständig als Attribut des Wortes 'Russe' gebraucht werden konnte.

STEINITZ sieht in *χujiŋ ruś-χuj* eine etymologische Figur, woraus sich *χujəŋ* 'männlich' als semantisch unwichtig erklärt (OA II: 197). Er weist auch auf MUNKÁCSIS Beobachtungen hin, und legt sich nicht fest, ob eine Volksetymologie auf ostjakischer oder auf wogulischer Seite vorliegt.

Nachdem das Stilmittel der etymologischen Figur (nach STEINITZ OA II: 41 ff.) auch im Wogulischen geläufig ist, liegt die volksetymologische Umdeutung wohl auf ostjakischer Seite vor.

1.4.9 Schaftschuh (*ńir*)

Schaftschuh aus Renstierhuffell

χar-	*tăγəs*	*wunt-àŋ*	*kàt*	*ńir*
Renstier	Huffell	Größe-ADJ	zwei	Schuh

'zwei große Schaftschuhe aus Renstierhuffell' (383, 573, 757, 760)

Die Formel steht für die gewöhnliche Fußbekleidung der Ostjaken und Wogulen. In diesem Lied sind in jedem Fall die Schuhe des jungen Helden gemeint: In V. 383 sagt die Mutter dem jungen Helden, seine Schuhe befänden sich auf dem Kästchen, er solle sie anziehen; in V. 573 zieht die Frau sie dem jungen Helden aus; in V. 757, nachdem sich der Held entschlossen hat, zum Schwager zu gehen, zieht er die

Schuhe näher zu sich heran; darauf fragt ihn die Frau, warum er die Schuhe anziehe, und versucht, ihn vom Besuch abzuhalten.

Schaftschuhe mit Kniebinde

jŏwl-əŋ	*ńir*	*jŏwəl-lən*
Kniebinde-ADJ	Schaftschuh	Kniebinde-PX2SG/DU

'Kniebinden (Du.) der Schaftschuhe mit Kniebinden (Du.)' (387, 389a)

Die Variante mit *ńir* 'Schaftschuh' wird beide Male gebraucht, als der junge Held sich ankleidet, um den Großvater zu besuchen.

1.4.10 Stiefel (*wȧj*)[27]

Stiefel mit Kniebinde

jŏwl-əŋ	*wȧj*	*jŏwəl-lən*
Kniebinde-ADJ	Stiefel	Kniebinde-PX2SG/DU

'Kniebinden (Du.) der Stiefel mit Kniebinden' (767)

Die Variante zu *↗Schaftschuh mit Kniebinde* mit *wȧj* 'Stiefel' erscheint, als der Held sich gegen den Willen der Frau anzuziehen versucht. Obwohl die Frau den Stiefel an der Sohle packt (*↗Sohle des Stiefels*) und daran zieht, gelingt es dem Helden, die Kniebinden zu schnüren.

Stiefel mit Fersenkante

śuɣəś-	*wur-i*	*χăs-mȧŋ*	*kȧt*	*wȧj*
Ferse	Kante-ADJ	stick-PPT	zwei	Stiefel

'zwei Stiefel mit bestickter Fersenkante' (97)

Diese Formel erscheint, als die Mutter dem Helden seine Kleider gibt, damit er den Großvater besuchen kann. Die Schönheit der Stiefel wird über drei Verse hinweg gepriesen (nach PÁPAYS Zählung; dies entspricht wahrscheinlich acht metrisch korrekten Versen, von denen fünf Nominalverse sind, zwei klar auch in PÁPAYS Fassung als poetische Formeln erkenntlich: *↗bezopfte Heldin irgendeines Landes* und „mannhafter Russenmann").

Auf die Beschreibung der kunstvoll gearbeiteten Stiefel wird in der ostjakischen und wogulischen Folklore viel Aufmerksamkeit gerichtet, vgl. Páp.[1]: 35 f. V. 911 ff. *sus χā̰r kēpəl ewi̊lt vērəm kat vaj ~ tovi̊ χā̰r kēpəl ewi̊lt vērəm urəl-ki*

27 Zu *wȧj* 'Stiefel' s. SJAZI 1995: 90–94. Sowohl die Kniebinden als auch die bestickte Fersenkante (S. 90 f.) sind augenfällig.

χanžăŋ vaj ‘aus dem Beinfell des Herbst-Renstieres verfertigte zwei Stiefel ~ Frühlings-Renstieres verfertigte zwei Stiefel mit verzierter Seite’; *χanšàŋ u̯ai̯ ~ al'àŋ u̯ai̯* ‘bunter ~ glänzender (?) Schuh’ (DEWOS 95 f.); wog. WV IV: 341 f. V. 40 ff. (P) *i̯ō̆₍rn₍kan₍šŋ βɔåi̯ė̯ɛ̀m ~ ka₍nšŋ pɔ̄šməkeɛ̀m* ‘nach samojedischer Art gestickte Bein-lingsstiefel ~ gestickte Schuhe’; WV IV: 262 V. 145 (So.) *χ̯ārtɔ̄s pattą̀ŋ kit ńāяa·ᴅɛ* ‘seine zwei Beinlingsstiefel mit Sohlen aus dem Sohlenfell eines Rentierochsen’; WV IV: 345 V. 99 f. (P) *amχ i̯ü't₍tm₍tɔå̀ʌᵊm kar₍sŋ₍tō̆šp kiti̯γkeɛ̀m* ‘die von mir selbst genähten zwei Haarbeinlingsstiefelchen’ (Kommentar S. 533: ‘meine Haarbeinlingsstiefel-Zwei’).

Stiefel mit Öffnung

uŋ-əŋ	*wäj*	*uŋ-lən*
Öffnung-ADJ	Stiefel	Öffnung-PX.2SG/DU

‘Öffnung habender Stiefel mit Öffnung’ (763)

Der junge Held will sich anziehen, um den Schwager zu besuchen, die Frau versucht ihn abzuhalten und es entsteht ein Gerangel. Dabei zieht der Held den Stiefel an der Öffnung nach oben, die Frau an der Sohle (↗*Sohle des Stiefels*) nach unten.

Stiefel mit Sohle

pătə-ŋ	*wäj*	*păti-ləw (-lən, -em)*
Sohle-ADJ	Stiefel	Sohle-PX1PL -(PX2SG/DU, PX1SG)

‘(unsere, deine, meine) Sohlen der Stiefel mit Sohle’ (721, 764b, 1072)

Die Kontexte sind folgende: In V. 721 erzählt der dritte jüngere Schwager, er sei mit seinen Brüdern zusammen so weit gewandert, bis ihre Stiefelsohlen abgewetzt waren. In V. 764 stehen die Sohlen der Stiefel im Vordergrund, da die Frau an ihnen zieht, um den jungen Helden daran zu hindern, zum Schwager zu gehen. In V. 1072 schreitet der junge Held nach vollbrachten Heldentaten so schwungvoll aus, daß seine Sohlen kaum den Erdboden berühren.

pătə-ŋ	*wäj-*	*păt*	*śeχr-əŋ*	*sij*
Sohle-ADJ	Stiefel	Sohle	knirsch -ADJ	Geräusch

‘knirschendes Geräusch der Sohle des Stiefels mit Sohle’ (76)

Das erste Lexem ist in der ursprünglichen Schreibung *pātəm* (‘gefroren’), was die Vorstellung von knirschendem Geräusch von Stiefelsohlen auf gefrorenem Schnee evoziert. Dies ist aber nur auf den ersten Blick passend: Sonst spricht weder der Kontext dafür, daß dieser Teil der Handlung im Winter stattfindet, noch wäre es die gefrorene Stiefelsohle, die knirscht, sondern vielmehr der gefrorene Schnee unter den Sohlen. Die poetischen Formeln in den Versen 721, 764b und 1072 sprechen jedenfalls dafür, daß hier *pătəŋ* 'mit Sohle' zu lesen und die Schreibung *patəm* einer Assimilation von *ŋ* zu *m* vor dem bilabialen *w* in *wảj* 'Stiefel' zu verdanken ist. Es handelt sich also um eine Kombination von zwei poetischen Formeln: *pătəŋ wảj păt* und X X | *śeχrəŋ sij*.

2 Zeitraffer

Zeitraffer dienen der Überbrückung von handlungsarmen Zeitabschnitten in der Erzählung. Als Vergleich für das Warten auf etwas dienen Handlungen des Alltags, die jedem Ostjaken vertraut sind: Der relativ lange Zeitabschnitt, der vom Aussetzen der Reuse bis zum Einholen verstreicht und der relativ kurze, der beim Kochen einer Speise vergeht (teilweise auch bis zum Essen derselben). Allen diesen Handlungen gemein ist das Warten auf das Eintreffen einer ersehnten Veränderung.

2.1 Zeit der Reuse

mắr-əŋ	*pon*	*χŏw*	*mắri*
Zeitabschnitt-ADJ	Reuse	lang	Zeitabschnitt

'langer Zeitabschnitt der Fischreuse mit Zeitabschnitt' (73, 908)

sis-əŋ	*pon*	*χŏw*	*mắri*
Zeitspanne-ADJ	Reuse	lang	Zeitabschnitt

'langer Zeitabschnitt der Fischreuse mit Zeitspanne' (74, 907)

sis-əŋ	*pon*	*χŏw*	*jim*	*mắri*
Zeitspanne-ADJ	Reuse	lang	gut	Zeitabschnitt

'langer guter Zeitabschnitt der Fischreuse mit Zeitspanne' (613)

sis-əŋ	*pon*	*χŏw*	*jim*	*sis*
Zeitspanne-ADJ	Reuse	lang	gut	Zeitspanne

'lange gute Zeitspanne der Fischreuse mit Zeitspanne' (613 Fn.)

Die Zeitspanne, die hier ausgedrückt wird, ist verhältnismäßig lang. Die Formel wird in Situationen gebraucht, in denen etwas von außerhalb des Raumes erwartet wird (so auch in V. 613 ~ 'Napf' V. 652, als der Held das Kommen des Boten vernimmt, sowie V. 907 f., als die Schwager weggehen, um den Schießbogen des jungen Helden zu holen).

Im Nordwogulischen ist diese Formel mit den aus dem Ostjakischen entlehnten Begriffen wog. So *mar* ~ *sis* bekannt, vgl. WV IV: 426.

2.2 Zeit des Kessels

mŏl-əm	*put*	*χŏw*	*jim*	*sis*
koch-PPT	Kessel	lang	gut	Zeitspanne

'lange gute Zeitspanne des aufgesetzten Kessels' (45, 646, 687)

mŏl-əm	*put*	*χŏw*	*jim*	*uŋ*
koch-PPT	Kessel	lang	gut	Öffnung(?)

'lange gute Öffnung(?) des aufgesetzten Kessels' (725)

li-ti	*àn*	*sis-əl-*	*kem*
ess-PPS	Napf	Zeitspanne	Spanne

'Zeit der Zeitspanne eines Napfes, aus dem man ißt; Zeit, die man braucht, um einen Napf leer zu essen' (652)

Diese Zeitraffer-Formel wird folgendermaßen verwendet: In V. 45 wird durch sie verdeutlicht, wie lange der Held auf die Antwort seiner Mutter wartet. Dieselbe Zeitangabe findet sich in V. 646 und 687, in denen berichtet wird, daß der jüngere Schwager auf eine Antwort seitens des Helden wartet, und, etwas abgeändert, in V. 725.

Nach Aussage dieses Heldenliedes wird die Formel verwendet, wenn man auf eine Antwort seitens einer in demselben Raum befindlichen Person wartet: V. 45 wartet der Held auf die Antwort seiner Mutter, in den Versen 646 und 687 wartet der Bote auf die Antwort des jungen Helden auf die Einladung ins Haus des Schwagers. Während der Abwesenheit des anderen wird die „Zeit einer Fischreuse" abgewartet, vgl. V. 73 f.

Etwas abweichend ist die Parallele in V. 652 'Zeit des Zeitraumes eines Napfes, aus dem man ißt'. Dieser Zeitabschnitt ist erfahrungsgemäß (leider) kürzer als der der Zubereitung der Speise.

Diese poetische Formel ist – teilweise mit kleinen Abweichungen (die entferntere Parallele mit 'Flaschentrinkzeit'; kombiniert mit dem Inhalt des Kessels, i. e. Fisch) – auch in anderen nord-, südostjakischen und wogulischen Texten gut belegt: Páp.[1]: 251 (Kaz.); Páp.[2]: 61 *moʌəm put χū si̊s* ~ *χå̄nəm ān χū si̊s* 'wie lange Teller vollgeschöpft werden'; Steinitz MS I 2, II 12 *ān ma̭r put ma̭r* 'während ein aufgefüllter Teller, ein voller Kessel остыл' (nicht: 'kochte'!); Páp.[1]: 275 *kēvān jēśti χuvat-kēm* 'Flaschentrinkzeit'; Páp.[1]: 158 *mårəŋ χul χū put sis åmɒslem, pătəm χul χū put sis lāulaślem* 'ich warte so lange, wie ein [atmender?] Fisch, ein gefrorener Fisch zum Garwerden braucht' (s. auch DEWOS 955); Páp.[1]: 157 *mårēmati tū jem χul alt mårēmalājen* [habe (so lange) Ausdauer, wie ein Teich-Fisch (Atem hat?)!] (zit. aus DEWOS 956); Páp.[1]: 156 *mårəm χul χū sis*; (Reg) *mären: ạ!* 'id.'; Páp.[1]: 22 V. 368 f. *lol χuli χū put sis* ~ *pātəm χuli χū put sis* 'bis ein ungefrorener ~ gefrorener Fisch gar wird'; PV II: 192/193 Z. 353 ff. *mạrəŋ pü·t màrətā·* ~ *sìsəŋ pü·t sì:sətā·* 'bis ein langsam ~ rasch kochender Topf aufkocht'; PATKANOV 1900: 40 *sisịŋ put siset* ~ *mịrịŋ put mịret* 'bis der siedende (?) ~ langwierige Kessel aufkocht (?) ~ fertig wird'; Patk. *sisəŋ pūt siset* 'so lange (wie ein Kessel kocht) [DEWOS 1378; Patk. ungenau: „bis der siedende (?) Kessel zu kochen anfängt (?)"]; PATKANOV 1897: 51 „ein kleines Zeitmaß bei den alten Ostjaken"; Paas. 1180 *mạrəŋ pụ̈t mạrət* 'hitaasti kiehuva pata kiehahtaa' [solange ein langsam kochender Kessel kocht] (J *mạrrə* 'Zeit'; Kond. *mạr* ['Zeit']); Paas. 2199 *mạrəŋ pụ̈t mạrət, sịsəŋ pụ̈t sịsət* 'nicht lange' [also ohne Übersetzung!]; wog. VNGy. II: 109 V. 66 f. (So.) *jāñkiñ* ~ *tūjtiñ χul pūt-sis jälės* 'er ging so lange, wie ein eisiger ~ schneeiger Fisch im Kessel gar wird'.

3 Formeln in rein pragmatischer Funktion

Diese Formeln dienen der Redeintroduktion; sie zeigen an, daß im folgenden erzählt wird, was jemand gesagt, gehört oder gesehen hat. Eine besondere Wichtigkeit erlangen sie in der Situation des Vortrags: Da generell die Hauptperson in der 1. Person Sg. steht, bedarf es einer besonderen Kodierung, wenn die Form der 1.Sg. auf jemand anders als die Hauptperson referiert.

3.1 Lautäußerungen

3.1.1 Sprechen

Botschaft/Nachricht des Tieres

kel-əŋ	*waj*	*kel-əl*
Botschaft-ADJ	Tier	Botschaft-PX3SG

'Botschaft des Botschaftentieres' (19, 82)

àj-əŋ	*waj*	*àj-əl*	(*-àn*)
Nachricht-ADJ	Tier	Nachricht-PX3SG	(PX2SG)

'(seine, deine) Nachricht des Nachrichtentieres' (18, 52, 81, 353, 594, 688, 728, 731 f., 852, 897, 899, 1322)

àj-əŋ	*waj*	*jim*	*àj-əl*
Nachricht-ADJ	Tier	gut	Nachricht-PX3SG

'gute Nachricht des Nachrichtentieres' (738)

jim	*àj-pi*	*àj-əŋ*	*kel*
gut	Nachricht-AADJ	Nachricht-ADJ	Botschaft

'nachrichtige Botschaft mit guter Nachricht' (647)

Beide Formelgruppen werden üblicherweise als Einleitung von direkter Rede gebraucht. Der dem deutschen Sprachgebrauch fremde Ausdruck „Nachrichten-" bzw. „Botschaftentier" erklärt sich möglicherweise dadurch, daß in der ostj.-wog. Volksdichtung Nachrichten häufig von einem Vogel zum Adressaten gebracht werden, so im Südostj. von einer Eule: PV I: 142/143 Z. 2780 ff. *ùχə̂n i̮əpз· kìtā̆· sèməŋ i̮əpз· kìtā̆·* 'eine köpfige Eule ~ äugige Eule schick!' (auch PV I: 4 ff.); in Š warnt das Vögelchen *śīśkə* den Helden vor der nahenden Gefahr (OA I: 240 f. bzw. 258 f. jeweils Abs. 16–18). Möglicherweise hängt dies ursprünglich damit zusammen, daß Helden der Vorzeit die Eigenschaft zugesprochen wurde, sich in ihr Totemtier verwandeln zu können. Der Vogel ist auch in anderen Formeln 'zuständig' für verbale Kommunikation: Lügender (vielzüngiger) Vogel, vgl. DN *àj tuťťətə pănəŋ čəškə* 'Klatsch verbreitender Mensch' („Nachricht bringendes furzendes Vögelchen"; DEWOS 1396).

Man kann also davon ausgehen, daß aus diesem Grund alle Botschaften, auch die eines Menschen, als für das Nachrichten bringende Tier typisch aufgefaßt werden.

Im Verlauf des Liedes erscheinen die beiden Formeln zusammen achtzehnmal, davon zweimal in Parallelversen. Im Gegensatz zu der inhaltlich nahestehenden Formel ↗*Ende des Nachrichten-Mundes*, die ausschließlich in rhetorischen Fragen auftritt, wird diese in Imperativsätzen (V. 728), Indikativsätzen und tendenziell in nicht rhetorischen Fragesätzen (V. 81 und 594) gebraucht; von den insgesamt achtzehn Belegstellen sind nur zwei in rhetorischen Fragen enthalten (V. 852 und 899).

Mit der vorliegenden poetischen Formel können jedermanns Worte eingeleitet werden (die der Mutter, des Helden, des Großvaters, des Boten, des Schwagers). Je nach Kontext treten sie erweitert auf: Wenn der Bote zum Helden sagt, daß er wohl nicht ins Haus des Schwagers käme, so spricht er von der 'Nachricht des nicht kommenden Nachrichtentieres' (V. 731). Darauf referiert der Held im folgenden V. mit 'Nachricht des so seienden Nachrichtentieres' (V. 732). Wird jemand gefragt, was er zu sagen hat, spricht man von der 'wie seienden Nachricht des Nachrichten-tieres' (Verse 81 und 594). Will man die Hoffnung auf eine positive Antwort implizieren, tritt die Variante 'gute Nachricht des Nachrichtentieres' (V. 738) auf. In einem Fall werden beide Parallelformen unter Auslassung von 'Tier' zu einer neuen Formel kombiniert: *jim ȧjpi ȧjəŋ kel* 'nachrichtige Botschaft mit guter Nachricht' (V. 647).

In der nordostjakischen Folklore ist diese Formel recht häufig belegt, vgl. Páp.[1]: 15, 27,155 *ājəŋ våj ājem pā χoti̊ verlem, kēləŋ våj kēlem pā χoti̊ verlem* 'ich mache die Rede, die Botschaft des Rede-, Botschaft-Tieres (= ich spreche)'; Páp.[1]: 15 V. 88 f., 27 u. a. *ājəŋ vuḁj ājem ~ kēləŋ vuḁj kēlem* 'meine Redewesens-Rede ~ des bekannten Wesens Bekanntmachung'; Páp.[1]: 41 V. 1118 f. *ājəŋ vuḁj ājəl ~ kēləŋ vuḁj kēləl* 'Rede des Redentieres ~ Botschaft des Botschaftentieres'; STEINITZ MS IV 1, 10; IV 8; Kaz. Exp. 25:26 *ājəŋ wɔ̄j tāpət āj*; Š folk. *ajəŋ wɔj tapət aj* 'sieben Nachrichten des Nachrichtentieres' (zit. aus DEWOS 14).

Ende des Nachrichtenmundes

ȧj-əŋ	*lol*	*aləŋ*	(*alŋ-ȧm*; *-ȧn*; *-əl*)
Nachricht-ADJ	Mund	Ende	(PX1; 2; 3SG)

'(sein, dein) Ende des Nachrichtenmundes' (25, 80, 90, 109, 172, 192, 223, 229, 235, 336, 350, 398, 533, 600, 634, 697, 718, 834, 842, 857, 870, 972, 977, 1162, 1176, 1199, 1247)

ȧj-əŋ	*lol*	*alŋ-əl-*	*pȧ*
Nachricht-ADJ	Mund	Ende-PX3SG	PART

'Ende des Nachrichtenmundes' (1294)

Diese direkte Rede einleitende Formel ist im Unterschied zu ↗*Botschaft/Nachricht des Tieres* stets Teil einer rhetorischen Frage, mit *χŏti wer-* 'wie mach-' (meist in der 1. oder 3. Sg., in V. 972 in der 3. Pl.) im Verbalvers verbunden.

Die Attribuierung des Mundes als 'Nachricht habend' ist nicht weiter überraschend, doch stellt sich die Frage nach der Funktion von *aləŋ* 'vorderes od. hinteres Ende' (DEWOS 81 f.). In den Parallelen der nordostjakischen Folklore wird diese Formel übersetzt als „ist hörbar, wie sie ihren gesprächigen Mund öffnen (eig. machen)" (PápE: 175), d. h. *aləŋ* wird im Sinne von DEWOS 81 als „bedeutungsloses Schlußwort folk., in meist mehrgliedrigen Formeln, oft mit dimin.-hypokorist. Schattierung" interpretiert, das häufig in Verbindung mit Körpergliedbezeichnungen belegt ist.[28] MUNKÁCSI (VNGy. II: 762 f.) widmet dieser Frage (v. a. fürs Wogulische, aber auch mit ostjakischen Parallelen) ebenfalls viel Aufmerksamkeit, ohne jedoch das eigentliche Problem zu lösen. In anderem Zusammenhang wird Š *tut-ɔtəŋ* als Kompositum in der Bedeutung 'Mundwinkel' (DEWOS 82) interpretiert. Dies würde auf unseren Fall übertragen 'wie öffnet sie ihren Nachrichten-Mundwinkel' bedeuten, was nicht wirklich überzeugt. M. E. handelt es sich hier bei *aləŋ* 'vorderes od. hinteres Ende' um eine grammatikalisierte Form für die Ablativität als Ausdruck des Ortes, woher die mit dieser Formel eingeleitete Rede entspringt, also ugf. 'wie mach ich [das, was üblicherweise gemacht wird] *vom Mund her*' (vgl. Kapitel III 1.4.2.4).

Mund mit Zähnen

χos	*peŋk-pi*	*peŋk-əŋ*	*uŋ-əl*
zwanzig	Zahn-AADJ	Zahn-ADJ	Mund-PX3SG

'zahniger Mund mit zwanzig Zähnen' (41)

Als Alternative zur Formel ↗*Botschaft/Nachricht des Tieres* und in ↗*Ende des Nachrichtenmundes* wird die in diesem Heldenlied nur einmal verwendete Formel „wie öffne ich (*χŏti puslem*) den zahnigen Mund mit zwanzig Zähnen" zur Einleitung direkter Rede gebraucht.

Die Entsprechungen erstrecken sich bis (mindestens) ins Südostjakische sowie ins Wogulische: Páp.[1]: 15 V. 92–94; Páp.[1]: 23, 25, 83 *jaŋ peŋkpi peŋkəŋ uŋγəl* ~ *χos peŋkpi peŋkəŋ uŋγəl* 'mein zehnzahniger Zahnmund ~ zwanzigzahnige bezahnte Mundritze'; Páp.[3]: 109 V. 65 *u̯èt pèŋkpĭ pèŋgəŋ lòl* 'fünfzahniger zahniger Mund'; PATKANOV 1900: 198 *χūs-peŋk ēdem oŋdəŋ tut* 'zwanzig Zähne erzeugender (gewachsener!) hohler Mund' (über den Bären); wog. VNGy. III: 35 (Syg.) *lḁu puŋkpä puŋkiŋ sūp* ~ *χūs puŋkpä puŋkiŋ sūp* 'zahniger Mund mit zehn ~ zwanzig Zähnen'; VNGy. III: 348 f. (Reg.; LM) *lḁu ńišpä kḁling tuos* 'mein Mund mit dem Zwischenraum von zehn Zähnen'. Zur Formel s. OA II: 272, Kommentar zu V. 90:

> „Dieser Ausdruck wird vom Menschen und vom Bären gebraucht. Bezüglich des Menschen erscheint die Anzahl der Zähne (10 ~ 20) eigenartig; nach der Ansicht V. Tschernetsovs bezog sich der Ausspruch ursprünglich nur auf den Bären."

---

28 Die Interpretation als 'anfangen' mit der Heranziehung des Verbs *wer-* 'machen' aus dem Verbalvers scheidet aus verstechnischen und semantischen („Mund anfangen") Gründen aus. Darüber hinaus ist *aləŋ wer-* in der Bedeutung 'anfangen' liedersprachlich nicht bezeugt.

Vollständige Botschaft

χăləp-	*sem-i*	*tăr-li*	*kel*
Netz	Masche-ADJ	Fehler-ABESS	Botschaft

'[wie] Netzmaschen fehlerlose Botschaft' (730)

χăləp-	*sem*	*tăr-li*	*kel*
Netz	Masche	Fehler-ABESS	Botschaft

'[wie] Netzmaschen fehlerlose Botschaft' (1161)

Diese Formel steht ebenso wie ↗*Botschaft/Nachricht des Tieres* für eine von jemandem erwartete Mitteilung. Damit lenkt sie die Aufmerksamkeit des Publikums auf die im Heldenlied ersehnte Antwort. In beiden Fällen steht sie mit dem Verb 'sprechen': in V. 730 *pŏtərti*, in V. 1161 *lăwȧ*. Die Konnotation ist positiv (PÁPAY gibt in der Fußnote die Erklärung *mȧnem jimȧs lɒwȧ mŏtli lɒwȧ* 'sprich gut, sprich fehlerlos zu mir' an); in beiden Fällen handelt es sich um eine Aufforderung an den jungen Helden, eine vom Sprecher (V. 730 vom Schwager, in V. 1161 vom Großvater) erwartete Antwort zu geben. Die Formel begegnet auch in anderen Texten, vgl. z. B. Reg.[1]: 253 (Páp.) *χå̄ləpsèm torli̯ u̯åi̯* '(erzählt es uns) fehlerlos wie eine Netzmasche' (PÁPAYS Übersetzung; zit. aus DEWOS 1461).

3.1.2 Lachen

lar-	*χălew*	*răχ-mȧŋ*	*ńăχ*
See	Möwe	kreisch-PPT	Lachen

'schrilles Lachen der Seemöwe' (276, 673)

An beiden Stellen leitet diese poetischen Formel direkte Rede ein; man kann davon ausgehen, daß auch diese Formel generell der Einleitung für das unmittelbare Folgen einer direkten Redepassage dient.

Gemeint ist in diesem Lied damit hämisches Gelächter. In V. 276 ist es der Großvater, der angesichts der Schwäche des jungen Helden in solches ausbricht und ihn spöttisch fragt, wie er in diesem Zustand auf die Jagd zu gehen gedenkt; in V. 673 ist es der zweite jüngere Schwager, als er merkt, daß der Held sich vor ihm verbirgt und ihm vorhält, er sei ein Grünschnabel.

Die Formel ist in PÁPAYS Texten recht häufig und weist auch Varianten auf: Páp.[1]: 16 V. 128 ff. *ās-χaleu roχəŋ ńaχ* ~ *lå̄r-χaleu roχəŋ ńaχ* 'schrilles Lachen der Ob-Möwe, der Teich- [DEWOS 1270: See-] möwe'; Páp.[1]: 28 V. 590 f. *lā̤ra lāttı̊ la̤r-χōtaŋ rōχəŋ·sij* ~ *tuwa lāttı̊ tū-χōtaŋ rōχəŋ·sij* 'krächzender Ruf des auf den Teich fliegenden Teichschwanes ~ auf den See fliegenden Seeschwans'; (PB) *lår-χōtaŋ rōχeŋ* (Reg. *lohung*) *sij* 'krächzender Ruf des Seeschwans' (zit. aus DEWOS 1270); Páp.[2]: 128 (O) *lå̀r-χalèu̯ raχmàŋ ńăχ* 'id.' (zit. aus DEWOS 1270).

3.2 Sehen

Augen des Heldenliedes

tàrən	*àri*	*rapχ-əŋ*	*sem*
Heldenlied		blinzel-ADJ	Auge

'blinzelnde Augen des Heldenliedes' (742, 1125)

jiŋk-ət	*want-là*	*tàrən*	*àri*	*rapχ-əŋ*	*sem*
Wasser-PART	seh-PTZ	Heldenlied		blinzel-ADJ	Auge

'Gewässer (oder Gegenden) sehende blinzelnde Augen des Heldenliedes' (144)

Diese Formel ist an allen drei Stellen in eine rhetorische Frage eingefaßt. Sie lenkt die Aufmerksamkeit des Publikums auf das Geschehen der folgenden Verse.

In zwei Fällen (V. 144 und 1125) geht es konkret um das, was der junge Held erblickt, nämlich die auch ihm selbst eigene Schüchternheit der jungen Heldinnen in seiner Heimatstadt (V. 145–47) bzw. daß es sein Großvater ist, der im Kahn am Ufer der Südstadt erscheint, und neben ihm ein weiterer Held (V. 1126–1129).

Nach der Frage in V. 742 folgt eigentlich die Schilderung der Gedanken des jungen Helden: Er überlegt, daß er vielleicht doch zum Schwager zu Besuch gehen könnnte (V. 743–746).

Ursprünglich, in der gesungenen Fassung, dürfte die Formel in V. 142 wohl ein Parallelvers zum vorhergehenden V. (143) *mŏwət wantlà kàt χaspi* 'Land (oder Länder) sehende zwei Seher (Augen)' gewesen sein. *jiŋkət wantlà tàrən àri rapχəŋ sem* 'Gewässer (oder Gegenden) sehende blinzelnde Augen des Heldenliedes' ist aber im Gegensatz zu der in V. 143 sechsgliedrig; *jiŋkət wantlà* 'Wasser sehend' ist klar parallel zu *mŏwət wantlà* 'Land sehend'; während die Parallelverhältnisse im verbliebenen Teil dieser Verse bis auf das letzte Glied aufgehoben sind.

Es handelt sich also um eine Formelkombination von *mŏwət wantlà kàt χaspi* 'Land (oder Länder) sehende zwei Seher (Augen)' und *tàrən àri rapχəŋ sem* 'blinzelnde Augen des Heldenliedes'.

Das Parallelwort zu *mŏw* 'Erde' ist wie gewöhnlich in der Sprache der Folklore *jiŋk* 'Wasser', das in diesem Kontext mit 'Gegend, Stelle' zu übersetzen ist, vgl. OA II: 265 f. und DEWOS 387. Die Zuordnung der Leute zu Gewässern bietet sich aufgrund ihrer Lebensweise an.

PÁPAY übersetzt *rapχəŋ sem* mit „csalódó szem“ [sich täuschende Augen], stellt *rapχəŋ* also zu O *rapəχ* ‘Lüge, Betrug’ (s. DEWOS 1270 f.; Adj. in Kaz. *rɔpχəŋ* bezeugt). Der Kontext legt die Zusammenstellung mit O *ràpsəlt-* ‘blinzeln’ (DEWOS 1280) nahe, wozu auch ein nicht abgeleiteter Stamm (Vj.) *repä-* id. (DEWOS 1279 f.) bezeugt ist: Die Situation des jungen Helden, zum ersten Mal die jungen Edelfrauen aus seiner Stadt zu sehen, legt nahe, daß er in seiner schüchternen Art die Augen niederschlägt, wie dies auch aus PÁPAYS Notiz in Fn.** „*lŏw jăŋətlà, ŏχəl il-esəlləli, iltà wantəl* ‘ő szégyenkezik, a fejét leereszti, lefelé néz’ [er schämt sich, läßt den Kopf hängen, schaut nach unten]“ hervorgeht (vgl. WIDMER 1998: 52 f.).

Bestätigt wird diese Auslegung auch durch die folgenden Verse, in denen zum einen die jungen Heldinnen in ihrer Verlegenheit (V. 145 ff.), zum anderen die Reaktion des Helden auf den Anblick dieser (V. 148 ff.) geschildert werden.

Die Tatsache, daß der weite Vokal der ersten Silbe von PÁPAY als Hintervokal notiert wurde, läßt sich (unabhängig von den ohnehin geltenden inkonsequenten Schreibungen) damit erklären, daß PÁPAY die Schreibung an die von *rapχəŋ* in der Formel *rapχəŋ ńàləm pătət* ‘Boden der täuschenden Zunge’[29] angeglichen hat.

Unklar ist der inhaltliche Zusammenhang mit dem Attribut *tàrən àri* ‘des Heldenliedes’ oder ‘der Überlieferung’: Sollte es darauf referieren, daß der Held als solcher (und damit auch seine Augen) in Heldenliedern besungen wird, dann stellt dieses Attribut einen ungewöhnlichen Bruch in der Erzählebene dar. Sonst treten Metabemerkungen in selbständigen Passagen auf, die mindestens einen Verbalvers füllen.

Augenwinkel

sem-em-	*jir*	*aləŋ*
Auge-PX1SG	Rand	Ende

‘das Ende meines Augenrandes’ (576, 1032a)

Im Verbalvers steht jeweils *nomən puslem* bzw. *nomən päjətlem* ‘ich richte sie hoch/in die Höhe’. Hier wird das Augenmerk des Publikums auf den Anblick gerichtet, der im folgenden Vers geschildert werden soll.

Dies ist in V. 577–78 die Beobachtung des Helden, daß der Tag bereits angebrochen ist. Dieses verspätete Aufwachen hat zur Folge, daß die sieben erfahrenen Helden, die der Großvater dem jungen Helden als Begleitung schicken

29 In dieser poetischen Formel kann eine Bedeutung ‘blinzelnd’ ausgeschlossen werden; ‘täuschend’ paßt kontextuell hervorragend.

wollte, schon ohne diesen aufgebrochen sind; dadurch ist die Notwendigkeit gegeben, daß der junge Held allein seinen Mann steht.

In V. 1032a ist der Anblick nur impliziert: Der junge Held blickt gen Himmel und richtet ein Gebet an den Großvater (V. 1033–48). Auch das Gebet ist folgenreich: Obwohl der Großvater später bestreitet, es gehört zu haben (V. 1224), gelingt es dem jungen Helden, genau in der Weise die Aufgabe zu lösen (V. 1056–68), wie er seinen Großvater im Gebet gebeten hat.

Das Lexem *jir* 'Rand' drückt möglicherweise aus, daß die Augen verdreht werden mußten, um an einen speziellen Ort zu schauen. Dies entspräche also dem deutschen Ausdruck 'aus dem Augenwinkel', mit dem Unterschied, daß nicht nur der Blick zur Seite, sondern auch (und in den vorliegenden Beispielen ausschließlich) der nach oben gemeint ist.

Das zweite 'Teil' bezeichnende Wort, *aləŋ* 'Ende', ist allem Anschein nach eine grammatikalisierte Form, die die Handlungsrichtung angibt (s. Kapitel III 1.4.2.4).

3.3 Hören

Ohr mit Knorpel

pă̌l-em	*-ki*	*säj-*	*ńur*
Ohr-PX1SG	wenn	Schellente	Knorpel

'Schellenten-Knorpel des Ohres' (20, 75, 85, 304, 588, 614, 653, 703, 909)

Diese Formel lenkt die Aufmerksamkeit des Hörers auf die darauf folgende Information des Sprechers. Damit signalisiert der Sänger dem Publikum, daß die nun folgenden Verse wichtig, ja sogar meistens folgenschwer sind:

In V. 20 fordert der junge Held seine Mutter zum Sprechen auf, nachdem er ihr vorgetragen hat, daß er gern auf die Suche nach seinem Vater gehen würde. Die Antwort der Mutter ist für den Verlauf des Heldenliedes von größter Wichtigkeit: Hätte die Mutter an dieser Stelle der Bitte ihres Sohnes nicht nachgegeben und wäre nicht zum Großvater gegangen, um ihn um sein Einverständnis zu bitten, so wäre der junge Held nicht losgezogen und hätte somit auch keine Heldentaten vollbringen können.

Nach dem Bittgang der Mutter hört der junge Held ihre nahenden Schritte (V. 75). Da sie die Botschaft des Großvaters überbringen soll, von dem alles abhängt, ist auch dieser Moment im Liedverlauf sehr wichtig.

In dem Moment, als die Botschaft des Großvaters gesagt werden soll, fordert die Mutter ihren Sohn auf, ihr genau zuzuhören (V. 85); dann folgt die Nachricht, daß der junge Held sich dem Großvater vorstellen soll. Dies ist ein weiterer Schritt, der den jungen Helden seinem Ziel, die weite Welt zu sehen und zu erobern, näher bringt.

Das nächste Mal erscheint die Formel, als der Großvater seinem Enkel zu bedenken gibt, daß sie sich vielleicht nie mehr sehen werden. Dies ist der Anlaß, dem jungen Helden den für Helden unentbehrlichen Namen zu verleihen. Dieser Redeteil wird mit der entsprechenden Formel eingeleitet.

Die nächsten Belege entspringen alle demselben Kontext: Die Schritte des Boten (V. 588) bzw. von einem der jüngeren Schwager (V. 614, 653 und 703) werden hörbar, darauf weist der junge Held anhand der Formel hin. Alle diese Besuche bergen reichlich Spannung: Der junge Held hat ein schlechtes Gewissen und fürchtet sich, bangt um sein Leben.

Der Beleg in V. 909 leitet eine äußerst spannende Passage ein: Der junge Held hört, wie seine Schwager den Schießbogen, den er von seinem Großvater erhalten hat, ins Haus des ältesten Schwagers bringen. Mit Hilfe dieses Schießbogens wird er seine Heldentaten vollbringen.

Die Parallelen aus der ostj.-wog. Volksdichtung (OA I: 341 V. 39; S. 342 V. 60; S. 349 V. 41) zeigen, daß die Übersetzung Pápays als „fülem mögös porcogója" [der Hinterseite habende Knorpel meines Ohres] nicht das Richtige trifft (s. DEWOS 1291 f.).

Der Vergleich mit den Wasservögeln weist auf das gute Gehör hin, vgl. die Parallelen mit teilweise expliziter Nennung des „scharfen; guten Gehörs": Páp.[1]: *palɛm sɔ̄j ńǭr, pa̭lɛm χɔ̄s ńǭr* (*palem saj* [Reg. *săi*] *ńōr, palem χaś* [Reg. *kăs*] *ńōr*); Steinitz MS *pa̭ʌɛm χǭʌəm sɔ̄j ja̭m ńǭr* 'mit den drei guten Entenknorpel meines Ohres'; *χūrijen ɔ̄wlaχ sāŋkə pa̭t, χūrijen ɔ̄wlaχ ka̭tə* (*ja̭m*) *pa̭t* 'mit … scharfem(?) Ohr der wachsamen Eisente'; wog. VNGy. II: 323 Z. 63;66 (So.) *χuri sānki sai̊lėm pal'* 'der du ein so empfindliches Gehör hast wie die ängstliche Ente'; VNGy. II: 334 f. V. 4 f. (Reg.; LM) *sujing sḁang sujing päl'ėn* 'dein der guthörenden schwarzen Ente ähnliches gutes Gehör'; VNGy. II: 368 f. V. 3 (Reg.) *kuri sailem sailem päl'ill*, (Munk.; LO) *χuri* [*ḁuléχ*] *sa'i̊lėm pal'ėl* 'mit empfindlichem Gehör wie das des Haselhuhnes'.

Ohr, hörendes

sarni-là *kăli* *păl*
gold-ADJ scharf Ohr
'scharf hörende goldene Ohren' (1036)

Der Ausruf '(er)höre mich mit den scharf hörenden Ohren' richtet der junge Held an seinen Großvater, bevor er seine zweite Aufgabe löst: Er betet, sein Großvater möge ihn erhören und ihn aus seiner Bedrängnis befreien und den Pfeil durch den Felsen bzw. die sechs Schwager des Südlandes führen. Zum Dank verspricht er dem Großvater das geflügelte Pferd als Opfer. *sarńi* ‘golden’ ist ein häufiges Attribut des Himmelsgottes, weist also auf den Götterstatus des Großvaters hin.

Es handelt sich um eine pragmatische Formel, die intern verwendet wird, auf der Ebene der Erzählung und nicht auf der Metaebene zwischen dem Sänger und seinem Publikum.

3.4 Denken

Inneres mit Gedanken

àr	*nams-əŋ*	*soj-əŋ*	*ontr-em*
viel	Gedanke-ADJ	Friede-ADJ	Inneres-PX1SG

‘friedliches Inneres mit vielen Gedanken’ (376, 412, 749, 780, 939)

Stets in kritischen Situationen wird diese Formel vom Helden verwendet. Durch das Betreten der Metaebene wird der normale Stil durchbrochen. Die rhetorische Frage („wie denkt mein … Inneres?“), in welche diese Formel gebettet ist, hat eine Fokusfunktion: Sie lenkt die Aufmerksamkeit auf die prekäre Situation des Helden und auf die darauf folgende Lösung, die er anstrebt, indem er in sich geht. Zugleich liegt darin ein Neubeginn für den nächsten Abschnitt des Heldenliedes.

Auch in anderen ostj. und wog. Texten ist diese Formel sehr verbreitet (s. u.). Wahrscheinlich stammt sie ursprünglich aus dem Parallelgenre, den Bärenliedern, in denen die Betonung der Friedlichkeit notwendiger scheint als im Fall des Helden.

Durch die Polysemie des Wortes *ontər* ‘Inneres; Magen; Bauch; Gebärmutter’, der ihm zugesprochenen Eigenschaft, Sitz der Gefühle zu sein, und der Parallelverwendung mit *noməs* ‘Gedanke; Sinn’ ist die Variationsbreite der Formel in den verschiedenen Texten enorm:

a) Belege mit Zorn; wog. VNGy. II: 43 V. 306/308 (Syg.) *nḁmtiñ χum nḁmtikėm* ~ *kakriñ χum kakrikėm* ‘mein Verstand des verständigen Mannes ~ mein Zorn des zornigen Mannes’ (ebenso S. 41 V. 273); WV IV: 340 V. 17; 19 (P) *šę₍mŋ nⁱē̆ šęmᵊm* ~ *ɔš́₍šŋ nⁱē̆ ɔš́š́m* ‘mein Grimm der grimmigen Frau ~ mein Zorn der zornigen Frau’.

b) Der Tag kann dem Sinn und dem Inneren (Pápay: „Herzen“) gefallen: Páp.[1]: 32 V. 788 f. *tam nōməs pittˀpa sḁrńi sēm χońmaŋ naj* ~ *tam ontər pittˀpa sḁrńi sēm piltaŋ naj* ‘an diesem dem Gedanken gefallenden, sein goldenes

Auge schließenden [heutigen] Tag, an diesem dem Herzen gefallenden, sein goldenes Auge verschleiernden (?)[30] [heutigen] Tag'.

c) Ebenso wie das Herz bzw. das Innere (i. e. Magen) wird auch der Sinn durch „Speise essend" und „Wasser trinkend" charakterisiert: wog. VNGy. II: 5 V. 73 (Syg.) *tēp tēnė tēpiñ n̥amtėm* 'mein Speise essender Sinn (sinniert)' (ebenso VNGy. II: 7 V. 92 sowie S. 15 V. 233); VNGy. II: 15 V. 235 (Syg.) *vit ajnė vitiñ n̥amtėm* 'mein Wasser trinkender wäßriger Sinn'.

d) Sitz der Vernunft: hier in unserem Text und in PATKANOV 1900: 98 *ündaŋ χoi sor undemna* (Patk.Wb. *ü-*) *tum namasem* 'ich mit einem Inneren begabter Mann dachte in meinem tiefen (?) Inneren' (zit. aus DEWOS 119); PV I: 10/11 Z. 184 ff. *ùnt tšŭ·p wàn n̯amə̑·s ~ pòrə̑χ tšŭ·p wàn n̯amə̑·s* 'des Leibstückes ~ des Rumpfes kurze Vernunft habt nicht'; mit dem Parallelwort 'Gedanke': PV II: 306/307 Z. 603 ff. *n̯amsəŋ χù·i̯ n̯amsətà·t ~ ùntəŋ χù·i̯ ùntətà·t* 'ein Gedanken habender Mann mit seinen Gedanken ~ ein kluger Mann mit seiner Klugheit'; PV IV: 84/85 Z. 1106 ff. *ù:nt wàn n̯amə̑s ~ pō:rə̑χ wàn n̯amə̑s* 'des Inneren ~ des Bauches kurzer Gedanke' und wog. VNGy. IV: 91 V. 74/75 (Mu.; LM) *n̥amting ne n̥amitim* 'meinen Gedanken der Frau mit Gedanken'.

e) Sitz des Überganges von Gefühl und Vernunft, des Amusements: Páp.[3]: 84 V. 362 (Kaz.) *ēu̯əʌtəm u̯òntrèm-loχ i̯ımàś ēu̯əʌʌəm* 'in meinem amüsierten Innern amüsiere ich mich gut' (zit. aus DEWOS 41); STEINITZ MS *ewəʌaŋen nŏm'sεm to̧sa ewəʌ'sεm* 'in meinem verstehenden Sinn verstand ich [Bär die mir gezeigten Tänze] gut'.

In all diesen Fällen ist die Funktion zu beobachten, daß die Aufmerksamkeit auf die Lösung des Konfliktes und auf den Lösungsweg gelenkt wird.

---

30 Zu *piltaŋ* s. DEWOS 1154.

V Zusammenfassung

Das Heldenlied „Lied des Volkes von der Eisstadt“ besticht durch seine poetische und formale Qualität. Es vereint individuelle Inspiration mit genauer Kenntnis der traditionellen mündlichen Heldenepik. Die tragenden Elemente sind Wiederholung und Variation, die sich auch im konstituierenden Element der Nominalverse, den poetischen Formeln, manifestieren.

Aus dem über 1350 poetische Formeln umfassenden Korpus wurden die wichtigsten strukurellen Eigenschaften dieser verskonstituierenden Elemente herausgearbeitet. Es zeigt sich durchgehend, daß poetische Formeln mehr als nur eine Reihe von Attributen mit einem Substantiv darstellen: Sie müssen als Bild rezipiert werden, und die Grammatik folgt ihren eigenen, folklorespezifischen Regeln. Besondere Berücksichtigung wurde dabei denjenigen Konstellationen zuteil, in denen sich aus konkurrierenden spezifischen Regeln der Formelsprache Regelhierarchien herauskristallisieren. Durch Beachtung dieser Regeln und ihrer Hierarchien unter Berücksichtigung der Verstechnik wurden inhaltlich oder syntaktisch undurchsichtige poetische Formeln schlüssigen Erklärungen zugeführt.

Aus der Untersuchung geht hervor, daß die verbreitete Ansicht, derzufolge die sogenannten Füllwörter in rein metrischer Füllfunktion verwendet werden, revidiert werden muß. Die systematischer Analyse zeigt, daß die einen Teil eines Ganzen bezeichnenden Wörter in der versgebundenen Sprache unterschiedliche semantische und syntaktische Kategorien sowie Konkretheit (‘Abschnitt einer Zeit’ aus abstrakten Zeitbegriffen; Singulativität; nomina rei actae aus Verbalabstrakta) ausdrücken können. Für einen eigenen Formeltyp geht aus der Untersuchung hervor, daß grammatikalisierte Fügungen die in der gebundenen Folkloresprache unüblichen Kasussuffixe und Postpositionen syntaktisch substituieren: Eine gut vertretene Untergruppe der XYX-Formeln übernimmt die Markierung von Kasusrelationen.

Obwohl der hier untersuchte Text wegen der speziellen Aufzeichnungssituation in verderbter Form vorliegt, treten der Bau der poetischen Formeln und die metrischen Regeln der Verse klar zutage. Diese Prinzipien lassen sich auch in rezentem, adäquat aufgezeichnetem Liedgut nachweisen.

Aus der konkreten Verwendungsweise im Textzusammenhang geht hervor, daß die poetischen Formeln vom Sänger sehr differenziert und bewußt eingesetzt werden. Die poetischen Formeln leisten dem Sänger und seinem Publikum wichtige pragmatische und diskursanalytische Dienste. Sie gliedern den Handlungsverlauf, ermöglichen dem Sänger ein sicheres Vorgehen und dem Publikum ein schnelles Erfassen bei sich ändernden Situationen. Eine spezielle Untergruppe der poetischen Formeln erleichtert dem Publikum das Erkennen der Diskrepanz zwischen Erzählzeit und erzählter Zeit.

Wie zu erwarten, spiegelt sich in den poetischen Formeln der Heldenepik die Welt der Helden wider: Die meisten poetischen Formeln beschreiben den Helden, seine nächsten Verwandten, seine Braut und seine Widersacher mitsamt der Kleidung, der Rüstung und den Waffen.

Die poetischen Formeln sind im gesamten obugrischen Sprachgebiet i. w. nach einheitlichen Regeln gebaut. Einzelne Formeln sind sogar in identischer Form in allen Dialektgebieten verbreitet. Erst die minutiöse Aufarbeitung des gesamten Textmaterials wird Rückschlüsse auf Alter und Details der obugrischen Epik, auf dialektale und lokale Besonderheiten sowie auf die Rolle der Sängerkompetenz zulassen.

Bibliographie

AUSTERLITZ, Robert 1958: *Ob-Ugric Metrics. The Metrical Structure of Ostyak and Vogul Folk-Poetry.* (FFC 174.) Helsinki.

—— 1963: Der ostjakische Versbau. – *CIFU I.* S. 276–278. Budapest.

BARTENS, Raija 1986a: Die sprachlichen Bilder in den Bärenliedern der Ostjaken und Wogulen. – *JSFOu* 80. S. 29–62. Helsinki.

—— (Hg.) 1986b: *Siivekkäille jumalille, jalallisille jumalille. Mansien ja hantien runoutta.* (SKST 435.) Helsinki.

BASSET, Henri 1920: *Essai sur la littérature des Berbères.* Algier.

BOWRA, Cecil M. 1964: *Heldendichtung. Eine vergleichende Phänomenologie der heroischen Poesie aller Völker und Zeiten.* Stuttgart. (Engl. Original: *Heroic Poetry.* London 1952, [2]1961.)

BURGER, Harald – BUHOFER, Annelies – SIALM, Ambros 1982: *Handbuch der Phraseologie.* Berlin – New York.

ČERNECOV, V.N. 1974: Bärenfest bei den Ob-Ugriern. – *AEH* 23. S. 285–319. Budapest.

COMPARETTI, Domenico 1891: *Il Kalevala; o la poesia tradizionale dei Finni.* Rom. (Deutsch: *Der Kalewala oder die traditionelle Poesi der Finnen.* Halle 1892. Englisch: *The Traditional Poetry of the Finns.* London – New York 1898.)

CSEPREGI, Márta 1997: Szurguti osztják medveünnepi énekek nyelvi jellemzői. – *Folia Uralica Debreceniensia* 4. S. 53–59. Debrecen.

—— 1998: *Szurguti osztják chrestomathia.* (SUA Supplementum 6.) Szeged.

DEWOS = Steinitz, Wolfgang: *Dialektologisches und etymologisches Wörterbuch der ostjakischen Sprache.* Berlin 1966–1993.

EWAia = Mayrhofer, Manfred: *Etymologisches Wörterbuch des Altindoarischen.* Erster Teil: Ältere Sprache. Bd. 1–2. Heidelberg 1986–1992, 1992–1997.

FINNEGAN, Ruth 1970: *Oral Literature in Africa.* Oxford.

—— 1977: *Oral Poetry: Its Nature, Significance, and Social Context.* Cambridge.

FOKOS-FUCHS, D.R. 1963: Aus dem Gebiete der finnisch-ugrischen Verbalnomina. – *CIFU I.* S. 73–92. Budapest.

FOLEY, John Miles 1985: *Oral-Formulaic Theory and Research.* New York – London.

—— 1988: *The Theory of Oral Composition. History and Methodology.* Bloomington – Indianapolis.

GÁLDI, László 1960: A finnugor népi verselés tipológiai áttekintése. – *Irodalomtörténet* 48; 3–4. S. 149–175; 302–323. Budapest [1961.]

—— 1963: Diskussionsbeitrag zum Vortrag von R. Austerlitz. – *CIFU I.* S. 278–280. Budapest.

GEORGOVITS [Györke], József 1930: *Vogul jelzős szerkezetek.* (Specimina dissertationum facultatis philosophicae regiae Hungaricae universitatis Elisabethinae Quinqueecclesiensis 21.) Pécs.

GRÜNTHAL, Riho – SALMINEN, Tapani 1993: *Geographical Distribution of the Uralic Languages.* (Karte.) Helsinki.

GULYA, János 1967: Bemerkungen zur Herkunft der ungarischen Infinitivendung *-ni. ALH* 17. S. 33–40. Budapest.

—— (Hg.) 1968: *Sibirische Märchen. Bd. 1: Wogulen und Ostjaken.* (Die Märchen der Weltliteratur.) Düsseldorf – Köln.

—— 1996: Tűz 'Feuer'. – *Ünnepi könyv Mikola Tibor tiszteletére.* S. 108–110. Szeged.

HANOTEAU, Adolphe 1867: *Poésies populaires de la Kabylie du Jurjura. Textes et traduction.* Paris.

HAUEL, Petra 1994: *Die ostjakischen Personennamen unter besonderer Berücksichtigung der Personennamen des 17. Jahrhunderts.* (VSUA 38.) Wiesbaden.

HEISSIG, Walther 1991: *Heldenmärchen versus Heldenepos? Strukturelle Fragen zur Entwicklung altaischer Heldenmärchen.* (Abhandlungen der Rheinisch-westfälischen Akademie der Wissenschaften Bd. 85.) Opladen.

HELIMSKI 1989 = ХЕЛИМСКИЙ, Е. А.: Глубинно-фонологический изосиллабизм ненецкого стиха. – *JSFOu* 82. S. 223–268. Helsinki.

—— (Hg.) 1994 = [ХЕЛИМСКИЙ, Е. А.]: Таймырский этнолингвистический сборник. Выпуск первый: Материалы по нганасанскому шаманству и языку. Москва.

HEUBECK, Alfred 1974: *Die Homerische Frage.* Darmstadt.

HONKO, Lauri et alii 1993: *The Great Bear. A Thematic Anthology of Oral Poetry in the Finno-Ugrian Languages.* (SKST 533.) Helsinki.

ITKONEN, Erkki 1976: Älteste Elemente der lappischen Volksüberlieferung. – *JSFOu* 74. S. 5–57. Helsinki.

JAKOBSON, Roman 1966: On Russian Fairy Tales. – *Selected Writings. Bd. 4: Slavic Epic Studies.* S. 82–100. Den Haag.

KÁLMÁN, Béla 1962: Über die Rolle der Füllworte und Füllsilben in den wogulischen Liedern. – *Commentationes Fenno-Ugricae in honorem Paavo Ravila.* S. 177–193. (MSFOu 125.) Helsinki.

KANNISTO, Artturi 1908: Beiträge zur wogulischen folklore und dialektenkunde. – *FUFA* 8. S. 162–205. Helsinki.

—— 1930: Voguulien kohtalolauluista. – *Suomi* 5,10. *Juhlajulkaisu Tohtori E.A. Tunkelon täyttäessä 60 vuotta 27. IV. 1930.* S. 202–231. Helsinki.

KARJALAINEN, K.F. 1906–08: Literatur über das ostjakische und die ostjaken. – *FUFA* 6. S. 1–32. Helsinki.

—— 1921–1922: *Die Religion der Jugra-Völker.* Bd. 1–2. (FFC 41; 44.) Helsinki.

KATZ, Hartmut 1986: *Selcupica III. Castréns Nordselkupische Lieder.* (Veröffentlichungen des Finnisch-ugrischen Seminars an der Universität München. Serie C: Miscellanea.) Neuried.

KAYSER, Wolfgang 1976: *Das sprachliche Kunstwerk. Eine Einführung in die Literaturwissenschaft.* 17. Aufl. Bern – München.

KERTÉSZ, Manó 1913–14: Zur ugrischen Wortfolge. – *KSz 14.* S. 306–318. Budapest.

—— 1914: *Finnugor jelzős szerkezetek.* (Finnugor füzetek 17.) Budapest.

—— 1942: Rez. zu Simonyi, Zsigmond: A jelzők mondattana. – *NyK* 43. S. 383–389. Budapest.

KL 1958 = Kannisto, Artturi: *Materialien zur Mythologie der Wogulen.* Bearb. und hg. von E. A. Virtanen und M. Liimola. (MSFOu 113.) Helsinki.

KROHN, Kaarle 1924: *Kalevalastudien I: Einleitung.* (FFC 16, 53.) Greifswald.

KT = *K.F. Karjalainens Ostjakisches Wörterbuch.* Bearb. und hg. von Y. H. Toivonen. Bd. 1–2. (LSFU X.) Helsinki 1948.

KUSTERER, Karin 1987: *Die Jagd im Leben der Völker Westsibiriens.* (Europäische Hochschulschriften. Reihe 19, Volkskunde, Ethnologie. Abt. B, Ethnologie.) Frankfurt/Main – Bern – New York – Paris.

KV = *K.F. Karjalainens südostjakische Textsammlungen.* Neu transkribiert, bearb. und hg. von Edit(h) Vértes. Bd. 1. (MSFOu 157.) Helsinki 1975.

LEHTISALO, T. 1947: *Juraksamojedische Volksdichtung.* Gesammelt und hg. von T. L. (MSFOu 90.) Helsinki.

LEUMANN, Manu 1950: *Homerische Wörter.* (Schweizerische Beiträge zur Altertumswissenschaft 13.) Basel.

LEWY, Ernst 1962: Zur Betonung des Ostjakischen. – *Commentationes Fenno-Ugricae in honorem Paavo Ravila.* S. 285–287. (MSFOu 125.) Helsinki.

LIIMOLA, Matti 1960: Etymologische Bemerkungen. – *FUF* 33. S. 326–350. Helsinki.

LORD, Albert 1960: *The Singer of Tales.* Cambridge, MA. (Repr. New York 1968, Cambridge, MA 1981.)

MEILLET, Antoine 1923: *Les origines indo-européennes des mètres grecs.* Paris.

MEISTER, Karl 1921: *Die Homerische Kunstsprache.* (Preisschriften gekrönt u. hg. v. d. Fürstl. Jablonskischen Gesellschaft zu Leipzig 48.) Leipzig.

MHV = Parry, Adam (Hg.): *The Making of Homeric Verse: The Collected Papers of Milman Parry.* Oxford 1971. (Repr. New York 1980.)

MK = *Wogulisches Wörterbuch.* Gesammelt von Bernát Munkácsi, geordnet, bearb. und hg. von Béla Kálmán. Budapest 1986.

MORRIS, Ian – POWELL, Barry (Hg.) 1997: *A New Companion to Homer.* Leiden – New York – Köln.

MUNKÁCSI, Bernát 1894: *A vogul nyelvjárások szóragozásukban ismertetve.* (Ugor Füzetek 11.) Budapest. (Sonderdruck aus NyK.)

—— 1896: A vogul 'figura etymologica' kérdéséhez. – *NyK* 26. S. 351–355. Budapest.

MUNKÁCSI, Bernát – KÁLMÁN, Béla 1963: *Manysi (vogul) népköltési gyűjtemény.* Bd. 4,2. Budapest.

MURKO, Matija 1909: Die Volksepik der bosnischen Mohammedaner. – *Zeitschrift des Vereins für Volkskunde* 19. S. 13–30.

NIKOLAEVA 1995 = Николаева, Ирина: Обдорский диалект хантыйского языка. (MSUA 15.) Hamburg.

——, Irina 1999: *Ostyak Texts in the Obdorsk Dialekt.* (Studia Uralica. Veröffentlichungen des Instituts für Finno-Ugristik der Universität Wien 9.) Wiesbaden.

OA I–IV = Steinitz, Wolfgang: *Ostjakologische Arbeiten.* Bd. 1–4. Budapest – Berlin – Den Haag 1975–1980.

ORTUTAY, Gyula 1959: Principles of oral transmission in folk culture. – *AEH* 8. Budapest.

Paas. = Paasonen, Heikki: *Ostjakisches Wörterbuch nach den Dialekten an der Konda und am Jugan.* Zusammengestellt, neu transkribiert und hg. von Kai Donner. Helsinki 1926.

Páp.[1] = Pápay, József: *Osztják népköltési gyűjtemény. Az osztják nép hitvilágára vonatkozó hősi énekek, istenidéző igék és medveénekek...* (Zichy Jenő gróf harmadik ázsiai utazása. V. kötet.) Budapest – Leipzig 1905.

Páp.[2] = Pápay, József: *Északi-osztják nyelvtanulmányok.* (Finnugor Füzetek 15.) Budapest 1910.

Páp.[3] = *Északi-osztják medveénekek. Adalékok az obi-ugor népek medvekultuszához.* Saját gyüjtése és Reguly Antal hagyományai alapján feldolgozta: Pápay József. P.J. nyelvészeti hagyatékából sajtó alá rendezte: Fazekas Jenő. A Pápay-hagyaték ismertetésével. Budapest 1934.

PápB = Beke, Ödön: Északi-osztják szójegyzék. – *KSz*/Beilage 8 S. 1–32; 9 S. 33–88. Budapest.

PápE = *Ostjakische Heldenlieder aus József Pápay's Nachlaß.* Hg. von István Erdélyi. (Pápay-Bibliothek 1.) Budapest 1972.

PápV I–VI = *Pápay József osztják hagyatéka. Bd. 1: Próbafüzet. Bd. 2: Hősi énekek I. Bd. 3: Hősi énekek II. Bd. 4: Hősi ének töredékek. Bd. 5: Regék és regetöredékek. Bd. 6: Népélet és egyebek.* Közzéteszi: Vértes Edit. (Bibliotheca Pápayensis.) Debrecen 1989–1995.

PARRY, Milman 1928: *L'épithète traditionnelle dans Homère: Essai sur un problème de style homérique.* Paris.

PATKANOV, S[erafim] K[eropovič] 1897–1900: *Die Irtysch-Ostjaken und ihre Volkspoesie. Bd. 1: Ethnographisch-statistische Übersicht. Bd. 2: Ostjakische Texte mit deutscher und russischer Übersetzung nebst Erläuterungen.* St. Petersburg.

—— 1975: *Der Typ des ostjakischen Helden in den ostjakischen Bylinen und Heldensagen.* (Aus dem Russischen übertragen von Katharina Oestreich-Geib.) (Veröffentlichungen des Finnisch-Ugrischen Seminars an der Universität München. Serie B, Bd. 2.) München.

PATKANOV, S. K. – FUCHS, D. R. 1911: *Laut- und Formenlehre der Südostjakischen Dialekte.* Aufgrund der Sammlungen und grammatischen Aufzeichnungen von S. Patkanow bearb. von D. R. F. Budapest.

PETERS, Martin 1998: Homerisches und Unhomerisches bei Homer und auf dem Nestorbecher. – *Mír Curad. Studies in Honor of Calvert Watkins.* Innsbruck.

PV I–IV = *H. Paasonens südostjakische Textsammlungen, neu transkribiert, bearb. und hg. von Edith Vértes.* Bd. 1–4. (MSFOu 172–175.) Helsinki 1980.

RADLOV, Vasilij V. 1885: *Proben der Volkslitteratur der nördlichen türkischen Stämme. Bd. 5: Der Dialect der Kara-Kirgisen.* St. Petersburg.

RADOMSKI, Rosemarie 1980: Zur Variabilität in der ostjakischen epischen Dichtung. – *FUM* 4. S. 177–189. Hamburg.

—— 1994: *Ortsnamen des ostjakischen Wohngebietes, zusammengestellt und bearb. von R. R.* (Ars Ob-Ugrica Bd. 11.) München.

—— 1997/98: Anfang und Ende in ostjakischen Märchen. – *UAJb N.F.* 15. S. 64–89. Wiesbaden.

RAMBAUD, Alfred 1876: *La Russie épique: Etudes sur les chansons héroiques de la Russie.* Paris.

RÉDEI (Radanovics), Károly 1963: Szófejtések. – *Szótörténeti és szófejtő tanulmányok.* – *NytudÉrt.* 38. S. 12–17. Budapest.

Reg.[1] = *Osztják hősénekek.* Reguly A. és Pápay J. hagyatéka. Bd. 1. Hg. von M. Zsirai. (Reguly-Könyvtár.) Budapest 1944.

Reg.[2] = *Osztják hősénekek.* Reguly A. és Pápay J. hagyatéka. Bd. 2. Hg. von M. Zsirai. (Reguly-Könyvtár.) Budapest 1951.

Reg.[3] od. [3a] = *Osztják hősénekek.* Reguly A. és Pápay J. hagyatéka. Bd. 3,1. Hg. von D. Fokos. (Reguly-Könyvtár.) Budapest 1963.

Reg.[3b] = *Osztják hősénekek.* Reguly A. és Pápay J. hagyatéka. Bd. 3,2. Hg. von D. Fokos. (Reguly-Könyvtár.) Budapest 1963.

SAARINEN, Sirkka 1992: *Suomalais-ugrilaisten kansojen folklore.* 2. Aufl. (Turun yliopiston suomalaisen ja yleisen kielitieteen laitoksen julkaisuja 36.) Turku.

SALMINEN, Tapani 1997: Ecology and Ethnic Survival among the Nenets. – *Northern Minority Languages: Problems of Survival.* (Senri Ethnological Studies 44.) S. 93–107. Osaka.

SAUER, Gert 1967: *Die Nominalbildung im Ostjakischen.* (FUSt 5.) Berlin.

—— 1983: Zur morphologischen Charakterisierung der Adjektive im Ostjakischen. – *NyK* 85. S. 417–419. Budapest.

SCHIRMUNSKI, Viktor 1965: Syntaktischer Parallelismus und rhythmische Bindung im alttürkischen epischen Vers. – *Beiträge zur Sprachwissenschaft, Volkskunde und Literaturforschung. Wolfgang Steinitz zum 60. Geburtstag am 28. Februar 1965 dargebracht.* S. 387–401. Berlin.

SCHMIDT, Éva 1990: Az osztják metrika másik oldaláról. – *NyK* 91. S. 181–194. Budapest.

SCHMIDT, Éva – HUSZÁR, Lajos 1983: Egy kis-szoszvai osztják medveének. – *NyK* 85. S. 9–33. Budapest.

SCHULZE, Brigitte 1975: Zur ostjakischen etymologischen Figur. – *CIFU III.* Pars I. S. 681–684. Tallinn.

—— 1988: *Der Wortparallelismus als ein Stilmittel der (nord-) ostjakischen Volksdichtung.* (SUA 29.) Szeged.

SIPŐCZ, Katalin 1999: Szórendi kérdések a vogulban. – *Ugor Műhely 1997. szeptember 17–19. Budapesti Uráli Műhely I.* S. 151–163. Budapest.

SJAZI 1995 = Сязи, А. М.: Декоративно-прикладное искусство хантов нижней Оби. Тюмень.

SOKOLOVA 1983 = Соколова, З. П.: Социальная организация хантов и манси в XVIII–XIX вв. Проблемы фратрии и рода. Москва.

STEINITZ, Wolfgang MS = *Handschriftliche Formelsammlung aus dem Nachlaß von Wolfgang Steinitz.* Berlin.

—— 1950a: *Ostjakische Grammatik und Chrestomathie mit Wörterverzeichnis.* 2. verb. Auflage. Leipzig 1950.

—— 1950b: *Geschichte des ostjakischen Vokalismus.* (FUSt 1.) Berlin.

SZILASI, Móricz 1896: A finn-ugor névszói összetételek I. – *NyK* 26. S. 129–193. Budapest.

TODOROV, Tzvetan 1967: Tropes et figures. – *To Honor Roman Jakobson. Essays on the Occasion of his Seventieth Birthday. 11 October 1966.* Vol. III. S. 2006–2023. The Hague – Paris.

VÄISÄNEN, A. O. (Hg.) 1937: *Wogulische und ostjakische Melodien.* Phonographisch aufgenommen von Artturi Kannisto und K.F. Karjalainen. (MSFOu 73.) Helsinki.

VÉRTES, Edit(h) 1968: Volksepen der Obugrier. – *Volksepen der uralischen und altaischen Völker. Vorträge des Hamburger Symposions vom 16.–17. Dezember 1965.* S. 36–44. (UAB 16.) Wiesbaden.

—— 1979: Südostjakische Epen und Heldenlieder. – *Neohelicon* 6,2. S. 153–174. Budapest.

—— 1986: *Brautfahrten. Ein ostjakisches Heldenepos.* Hamburg.

VNGy. I–IV = Munkácsi, Bernát: *Vogul népköltési gyűjtemény.* Bd. 1–4. Budapest 1892–1921.

WV I–VI = Kannisto, Artturi: *Wogulische Volksdichtung.* Gesammelt und übersetzt von A. K. Bearb. und hg. von M. Liimola. Bd. 1–6. (MSFOu 101, 109, 111, 114, 116, 134.) Helsinki 1951–1963.

WIDMER, Anna 1996a: Philologische und lautgeschichtliche Bemerkungen zum Dialekt von Nizjam. – *CIFU VIII. Pars III: Sessiones Sectionum Phonologia & Morphologia.* S. 54–58. Jyväskylä.

—— 1996b: *Studien zum Nizjam-Ostjakischen.* (Specimina Sibirica 11.) Savaria.

—— 1998: „Az énekeket nem tanulják és nem is szívesen hallgatják, mert annak nyelvét nem értik" – Pápay obdorszki gyűjtéséről. – *Folia Uralica Debreceniensia* 5. S. 49–55. Debrecen [1999].

—— 2000: Zum westostjakischen Ergativ. – *Göttinger Beiträge zur Sprachwissenschaft* 3. S. 113–130. Göttingen.

—— (i. D. 1): Diachrone Nischen und synchrone Selektion in der ostjakischen Morphologie. – *Akten zum Internationalen Uralistischen Symposium „Diachronie in der synchronen Sprachbeschreibung" (Hamburg, 6.–10. Oktober 1999).*

—— (i. D. 2.): Syntaktische Marker in der nordostjakischen Liedersprache. – *Akten CIFU IX.* (Vorabdruck in: A. Nurk et al. (Hg.): Congressus Nonus Internationalis Fenno-Ugristarum. Pars II. Summaria acroasium in sectionibus et symposiis factarum. Linguistica. S. 315. Tartu 2000.)

WINKLER, Eberhard 1996: Zu Olaus Sirmas lappischen Liedern (1672). – *UAJb N.F.* 14. S. 129–150. Wiesbaden.

VII Indices

1 Personenregister

2 Sachregister

3 Stellenregister

3.1 Ostjakisch

3.2 Wogulisch

3.3 Sonstige Sprachen

4 Speziell behandelte Morpheme, Wörter und Syntagmen

4.1 Ostjakisch

Belege ohne Dialektangabe sind aus dem Dialekt von Obdorsk.

4.2 Andere Sprachen

Verzeichnis der in Kapitel IV vorkommenden Suffixe

Suffix	Abkürzung	Funktion / Das Suffix bildet:	Literatur	Bemerkungen
-(ə)ŋ, -àŋ, -iŋ	ADJ	denominale Nomina possessoris	SAUER 1967: 49-56	
-ən	ADJ	attributive Verbalnomina	SAUER 1967: 40	auch Entlehng. aus dem Wog. möglich
-i	ADJ	denominale attributive Nomina possessoris, die oft das konkrete Verhältnis „mit…“ bezeichnen, pluralische Konnotation häufig	SAUER 1967: 118 ff.	oft schwer zu unterscheiden vom Füllelement *-i*, s. SAUER 1967: 123f.
-(ə)p, -ip	AADJ	selbst attribuierte, meist denominale attributive Nomina	SAUER 1967: 57 ff.; 63 ff.	s. Kapitel III 1.2.1
-(à)pi	AADJ	selbst attribuierte, meist denominale attributive Nomina	SAUER 1967: 65-69	s. Kapitel III 1.2.1
-là	ADJ	denominale Nomina possessoris, v.a. Materialbezeichnungen	SAUER 1967: 11 ff.	
-àl	ADJ	denominale, attributive Nomina	SAUER 1967: 9 f.	
-(ə)m, -àm, -em	PX1SG		HONTI 1982: 122	
-(ə)n, -àn, -en	PX2SG	Possessivsuffixe in possessiver,	Zur	
-(ə)l	PX3SG		metrischen	
-ləw	PX1PL	pragmatischer oder rein metrischer	Funktion der	
-lən	PX2SG/DU		PX2SG s. OA	
-làn	PX2SG/PL	Funktion	II: 50 ff.	
-làl	PX3SG/PL			
-ət	ORD	Ordinalia	SAUER 1967: 37 ff.	nur nach *χoləm* ‘drei’
-àt	ÄQU	Äquativsuffix, zur Bildung von Maß oder Gewicht bezeichnenden Nomina	SAUER 1967: 110 ff.	

-ət	ADJ	denominale attributiva Nomina	SAUER 1967: 92 ff.	
-li	ABESS	Nomina caritiva	SAUER 1967: 17 ff.	denominal und deverbal
-pi, -pȧ, -pil	PART	ursprüngl. fokussierende Partikel mit ausgeprägter metrischer Funktion	SAUER 1967: 78 ff.[1]	nach *-əŋ*-ADJ und PX1,2SG
-ki	PART	'wenn'; fokussierende Partikel mit ausgeprägter metrischer Funktion	OA II: 57 ff.	stets nach PX1SG, PX2SG oder PPS
-nȧ	LOK	Kasusendung des Lokativs		z.T. wohl aus der Prosa restituiert
-ti, -t'	PPS	attributive Verbalnomina	SAUER 1967: 96 ff.	
-əm	PPT	attributive Verbalnomina	SAUER 1967: 23 ff.	
-mem	PPTPX1SG	dass. mit PX1SG	SAUER 1967: 25	in infiniter Funktion
-mȧl	PPTPX3SG	dass. mit PX3SG		
-mȧŋ, -məŋ, -nȧŋ	PPT	attributive Verbalnomina	SAUER 1967: 35 f.	s. Kapitel III 1.1.4
-lȧ	PTZ	Nomina agentis	SAUER 1967: 12 f.	wohl präs.; auch denominal (s. Adj.)
-i	FE	Füllelement	SAUER 1967: 123 f.	nur an G4 klar erkennbar, s. *-i*-Adj.

[1] Hierher gehören m.E. auch die in SAUER 1967: 67, mittlerer Absatz angeführten Beispiele, die allesamt *-pi, -pe* in der Position unmittelbar vor der Zäsur einnehmen.

Anhang

Zuordnung der poetischen Formeln in semantische Felder

Die aufgezählten Ziffern referieren auf die Nummer des Verses, in dem die Begriffe als semantischer Mittelpunkt einer poetischen Formel stehen.

1 Held und andere Personen
1, 7, 8, 12, 13, 15, 24, 26, 28, 32, 40, 46, 47, 53, 79, 83, 84, 91, 99, 101, 104, 110, 119, 134, 145, 146, 147, 148, 149, 154, 156, 159, 168, 174, 186, 194, 199, 201, 206, 226, 231, 233, 234a, 246, 249b, 250b, 265, 297b, 321, 325, 329, 331, 335, 337a, 348, 349, 352, 381, 382, 390, 391, 394a, 463, 525a, 530, 542, 543, 546, 548, 550, 557, 580, 589, 592, 593, 595, 598, 602, 604, 605, 609, 610, 616, 636, 638, 643, 663, 666, 672, 674, 675, 676, 689, 695, 712, 714, 719, 720, 724, 734, 736, 752, 753, 758, 761, 764a, 768, 777, 805, 807, 809, 813, 841, 845, 858, 863, 865, 871, 882, 893, 896a, 901, 903, 912a, 922, 928, 947, 960, 964, 971, 980, 982, 984, 994a, 994b, 1005, 1017, 1033, 1042, 1065, 1082, 1084, 1088, 1089, 1090, 1097, 1099, 1101, 1102, 1104, 1129, 1151, 1168, 1181, 1200, 1204, 1208, 1211, 1216, 1230, 1241a, 1241b, 1245, 1246, 1249, 1254, 1291, 1295, 1299 , 1312, 1314, 1323, 1345

1.1 Heldennamen
50, 87, 89, 165, 182, 222, 230, 245, 310, 311, 394b, 415, 467, 541, 551, 601, 611, 680, 682, 698, 733, 806, 818, 829, 832, 835, 851, 860, 879, 880, 894, 916, 941, 990, 992, 1127, 1139, 1153, 1163, 1177, 1187, 1198, 1213, 1218, 1232

1.2 Personengruppen
111, 130, 131, 141, 142, 309, 1326, 1332

2 Körperteile (inkl. Seele)
9, 10, 11, 20, 21a, 41, 64, 70, 75, 85, 92, 98, 100, 112, 114, 120, 135, 136, 139, 143, 144, 166, 170, 171, 180, 185, 188 , 189, 196, 197, 213, 250a, 258, 271, 274, 275, 278, 284, 300, 302, 304, 306, 326, 332, 345, 372, 374, 376, 385, 386, 388, 409, 412, 416, 419, 437, 446, 448, 458, 468, 470, 477, 490, 515, 560, 564, 564 , 576, 588, 591, 614, 627, 629, 632, 633, 639, 644, 650, 653, 668, 684 , 686, 699, 700, 703, 710, 715, 716a, 717, 722a, 740, 742, 749, 774, 778, 780, 787, 812, 814, 815, 816, 822, 825, 830, 833a, 868, 890, 895, 896b, 909, 918, 919, 920a, 920b, 923, 924, 926, 927, 929, 930, 933, 939, 949, 970, 979, 981, 1004, 1010, 1019, 1021, 1030, 1032a, 1036, 1049, 1053, 1079, 1108, 1121, 1125, 1135, 1143, 1145, 1148, 1149a, 1156, 1164, 1167, 1180, 1190, 1192, 1193, 1195, 1197, 1201, 1203, 1205, 1206, 1212, 1222, 1224, 1227, 1233, 1255, 1258, 1296, 1297, 1301, 1303

3 Soziales

3.1 Kommunikation und Namen
18, 19, 25, 52, 80, 81, 82, 90, 109, 132, 133, 172, 192, 207, 223, 225, 227, 229, 232, 234b, 235, 276, 307, 308, 336, 350, 353, 398, 500, 501, 504, 524, 533, 547, 594, 600, 634, 647, 655, 673, 677, 678, 688, 696, 697, 718, 728, 729, 730, 731, 732, 738, 769, 791, 792, 794, 834, 842, 852, 857, 870, 884, 892,

897, 899, 972, 977, 1098, 1100, 1114, 1116, 1161, 1162, 1176, 1188, 1199, 1247, 1293, 1294, 1322, 1341, 1342

3.2 Gruß; Kuß
191, 313, 555, 664, 685, 701, 1191, 1207, 1304

3.3 Körperfunktionen: Essen, Trinken (inkl. Opferfest); Schlafen
220, 221, 359, 360, 370, 402, 403, 583, 584, 620, 637, 665b, 826, 827, 828, 837, 1306, 1307, 1320, 1339, 1340, 1346, 1347

3.4 Brautpreis
202

3.5 Krieg
21b, 23, 27, 31, 118, 138, 292, 737, 743, 931, 1000, 1001, 1002, 1014, 1015, 1016, 1238, 1239, 1242

3.6 Schamgefühl
150, 177, 549, 671

3.7 Hilfe
746

4 Haus und Hausrat

4.1 Gebäude
14, 36, 54, 55, 71, 88, 94, 113, 124, 125 , 127, 151, 152, 158, 161, 211, 259, 318, 333, 373, 421, 424, 511, 563, 565, 568, 579, 597, 603, 645, 648, 658, 683, 690, 709, 747, 750, 751, 754, 755, 762, 788b, 789, 790, 804, 836, 853, 881, 900, 913, 942, 951, 961, 965, 969, 1214, 1220, 1253, 1282, 1283, 1287, 1290, 1317, 1344

4.2 Mobiliar
42, 66, 67, 68, 69, 78, 121, 122, 123, 153, 157, 160, 162, 179, 181, 184, 253, 256, 261, 264, 269, 282, 288, 314, 315, 316, 334, 340, 347, 384, 422, 423, 529, 570, 590, 621, 623, 624, 626, 628, 630, 649, 656a, 657, 691, 693, 694, 707, 765, 782, 783, 797, 798, 799, 800, 803, 810, 838, 839, 848, 850, 887, 888, 911, 934, 935, 948, 956, 962, 1288, 1289

4.3 Gebrauchsgegenstände
29, 33, 34, 57, 58, 61, 96, 107, 126, 178, 254, 298, 410b, 471, 472, 483, 493, 516, 566, 581, 586, 587, 618, 642, 669, 716b, 725, 739, 801, 802, 843, 844, 1044, 1068, 1092, 1093, 1106, 1109, 1110, 1117, 1119, 1126, 1134, 1136, 1138, 1202, 1248, 1260, 1285, 1313, 1315, 1328, 1331, 1333

5 Kleidung und Waffen

5.1 Kleidung
59, 60, 62, 63, 76, 97, 103, 105, 106, 108, 116, 117, 254, 272, 273, 383, 387, 389a, 405, 406, 408, 559, 573, 574, 640, 641, 721, 757, 760, 763, 764b, 767, 770, 772, 808, 811, 1072

5.2 Rüstung
1022, 1026, 1133, 1149b, 1182, 1189, 1221, 204, 205, 237, 248, 251, 255, 260, 263, 270, 277, 323, 344, 407, 410a, 545, 571, 572, 617, 713, 745, 771, 776, 840, 847, 849, 854, 873, 943, 952, 953

5.2.1 Rüstungsgeräusche
615, 619, 654, 704, 910, 1018

5.3 Waffen
203, 238, 239, 243, 280, 283, 285, 287b, 287a, 289, 290, 293, 295, 296, 297a, 299, 330, 339, 341, 342, 343, 411, 413, 414, 417, 418, 420, 431, 452, 526, 567, 569, 622, 625, 659, 662, 708, 744, 779, 781, 859, 861, 862, 864, 866, 867, 872, 874, 875, 878, 883, 885, 886, 889, 891, 902, 905, 912b, 917, 921, 932, 936, 937, 938, 945, 946, 950, 954, 955, 957, 967, 995, 996, 999 , 1003, 1007, 1009, 1010a, 1011, 1013, 1020, 1024, 1027, 1040, 1050, 1051, 1052, 1056, 1066a, 1071, 1078, 1080, 1081, 1083, 1107, 1131, 1132, 1140, 1144, 1146, 1147, 1166, 1173, 1196, 1235, 1261, 1265b, 1335

6 Stadt mit Stadtplatz, Pfosten
5, 6, 49, 86, 128, 129, 140, 193, 200, 425, 426, 428, 466, 498, 525b, 540, 679, 681, 784, 785, 788a, 817, 823, 915, 940, 963,